CHRÉTIEN EX-GAY

Les âmes à la croisée des chemins

"Laissez vos hommes être des hommes et vos femmes être des femmes"

UNE HISTOIRE VRAIE

ROBERT WILLIAMS

Sauf indication contraire, toutes les citations bibliques sont tirées de la version King James de la Bible.

Le sous-titre provient d'une réprimande prophétique que notre Seigneur nous a adressée un dimanche, principalement à mon intention. Sa parole a déclenché ce témoignage : "Que les hommes soient des hommes et les femmes des femmes".

ISBN: 978-1-961017-90-0 (sc)
ISBN: 978-1-961017-91-7 (e)

Rev. date: 03/08/2023

SOMMAIRE

DÉDICACE

Aux deux adolescents prophètes qui m'ont serré
dans leurs bras, ont souri et ont prophétisé que ce
projet serait une bénédiction pour beaucoup.
Merci, j'en avais besoin !

Aimez toute l'humanité - ne faites confiance qu'à Jésus,
il est plus proche qu'un frère (Proverbes 18:24).

PRÉFACE

Je n'avais aucune envie d'écrire ce témoignage. Je ne crois pas qu'il faille partager des secrets en public, surtout pas les miens. Pourtant, à trois reprises, le Seigneur m'a demandé de m'atteler à cette tâche. La première fois, il m'a dit : "Cela aidera beaucoup de gens ; le monde attend de vous lire". J'ai commencé à écrire et à planifier l'ouvrage, mais je l'ai mis de côté en cours de route.

La deuxième fois, le Seigneur a parlé par l'intermédiaire d'un prophète et a dit : "Cessez de tergiverser. Vous avez les plans, et maintenant achevez l'œuvre". J'ai alors demandé : "Seigneur, de quelle œuvre parlez-vous ? Je n'en suis pas sûr." J'ai pensé qu'il faisait référence à l'une des entreprises électroniques que j'avais explorées.

Le troisième mot était d'une clarté sans équivoque : "Écrivez la vision et rendez-la claire. Vous commencerez à arracher les gens au feu, à l'argile, à la boue et à la fange dans lesquels ils se trouvent. J'ai élargi votre conscience ; partagez donc ce que vous avez appris. Ils vous écouteront alors qu'ils n'écoutent pas les autres. Vous parlerez à des millions de personnes. Assurez-vous de leur donner la parole pure".

Le Seigneur ne fait pas les choses comme je les ferais. Et je l'en remercie ! Je m'assois et je garde les choses secrètes, mais dans ce cas, ce que le monde ne sait pas peut lui faire du mal. Le Seigneur croit qu'il faut partager les témoignages pour que d'autres puissent en bénéficier. Il veut utiliser nos voix comme des trompettes, ne pas crier l'avertissement du haut des toits (Ésaïe 58:1).

Dites-leur : "Le salaire du péché, c'est la mort, mais le don de Dieu, c'est la vie éternelle" (Romains 5:23).

Les voies de Dieu ne sont pas les miennes. Je garde mes secrets personnels sous le coude - et croyez-moi, Satan, lui aussi, préférerait que nous ne partagions pas les échecs et les batailles que nous avons surmontés grâce à la miséricorde et à la grâce imméritée de Dieu. Cependant, dans l'économie du Seigneur, rien n'est gaspillé. Plus la douleur et la souffrance sont grandes, plus la boue et la fange dont Il nous a tirés sont sales, et plus nous sommes appelés à partager avec d'autres la main de Dieu dans la restauration. J'ai observé que même nos souffrances sont conçues et orchestrées par Dieu. C'est un Père si aimant, qui ne nous permet pas de porter plus que ce que nous sommes capables de supporter. L'Écriture nous dit même que "...celui qui a commencé en vous une bonne œuvre l'accomplira jusqu'au jour de Jésus-Christ" (Philippiens 1:6).

Notre confiance en nous est due au fait que Dieu travaille en nous. Nous sommes son ouvrage malgré nos échecs. Il permet nos échecs pour que nous nous perfectionnions, pour nous aider à développer des fondations. "Car je connais les pensées que j'ai à votre égard, dit l'Éternel, des pensées de paix et non de malheur, pour vous donner une fin heureuse. Nos vies ont une grande valeur pour Lui, car nous pouvons prendre notre douleur et encourager d'autres personnes qui passent par des feux similaires dans la vie. Je me souviens d'un passage de l'Écriture qui donne du poids à cette affirmation : "Ils le vainquirent par la parole de leur témoignage." Vous comprenez, chaque témoignage donne aux autres de l'espoir, de l'encouragement et une foi plus forte, ce qui renforce l'agenda de Dieu pour la disparition de Satan. Je suis ici pour vous faire savoir que le Père Dieu peut donner une seconde chance à ceux qui se sont égarés. Il n'y a pas de péché que Ses yeux miséricordieux n'aient pas vu. Et, quelle que soit la manière dont Satan vous tient actuellement lié, il n'y a pas de péché que le sang du Christ ne puisse purifier.

Chaque jour, je réalise que Dieu est en train de lever une armée de fin-des-temps - une épouse (l'église) qui fera tout ce que notre Seigneur Jésus-Christ lui dira. Il place en son épouse un feu qui explosera s'il n'est pas allumé - le type de feu dont Jérémie a fait l'expérience, un feu enfermé dans ses os (Jérémie 20:9). Je dois le dire, indépendamment de ce que les gens peuvent dire ou imaginer. "Moi et ma maison, nous servirons le Seigneur" (Josué 24:15). Nous sommes conscients que le temps est compté et que le besoin est grand !

Dieu est une merveille ! Sa sagesse est sans fin. Que chaque lecteur soit béni ! Je prie pour que, par la grâce de Dieu, vous attrapiez vous aussi le feu et ne permettiez à rien de vous empêcher de courir cette course avec succès. Partagez votre douleur et votre honte ; vous devez aussi tirer les perdus du feu. Car nous savons quelle sera la fin (Hébreux 12:1).

Je ne mâcherai pas mes mots. Dans l'ensemble, les Écritures sont tout à fait exactes lorsqu'elles avertissent que Satan a séduit le monde entier (Apocalypse 12:9).

Nous sommes mal informés, et je dirai les choses telles que le Seigneur me les a révélées. Il m'a permis de faire l'expérience de certaines choses qui se passent dans le monde des esprits - dans les coulisses - des choses non dites et cachées, mais seulement discernées spirituellement.

Satan sait ce qui irrite le Dieu tout-puissant. Par conséquent, son stratagème avec les homosexuels pratiquants et les mariages entre personnes du même sexe est de pousser l'humanité au point où Dieu n'a d'autre recours que d'infliger un jugement sévère à l'Amérique et à ceux qui lui emboîtent le pas. À ce stade, la question est de savoir si ces Américains continueront à réclamer leurs droits ou s'ils se réveilleront à temps, reconnaîtront leur erreur et seront prêts à s'excuser auprès de Dieu et à emprunter son chemin étroit (Matthieu 7:14).

Pensez-y. Si ce chérubin sans foi ni loi (Satan) n'a eu aucune considération lorsqu'il s'agissait de séduire son Créateur, il ne reculera devant rien pour amener l'humanité, ceux qui sont proches du cœur de Dieu, à partager ses souffrances éternelles en enfer. Dieu accorde à l'humanité une grâce qui n'est pas offerte à Satan ; ce serpent, dans sa colère, aveugle la terre à cette vérité.

PROLOGUE

La mission du Seigneur : "AIDEZ LES AUTRES".

SECTION I

UNE ILLUSION FORTE -LE MARIAGE GAY EST-IL UNE RÉPONSE AU MENSONGE

L'Amérique à la croisée des chemins

C'est arrivé : la plus haute juridiction de notre pays a pris une décision monumentale, qui affectera la moralité de tous les Américains : déterminer s'il est légal dans tous les États d'accorder aux couples homosexuels les mêmes droits et privilèges de mariage qu'aux hétérosexuels. C'est la nouvelle tendance. Je vous le dis, si cela est autorisé, j'avertis prophétiquement l'Amérique que cette décision précipitera sa chute. Comprenez que l'on ne se moque pas de Dieu ; il est le Créateur et a déclaré que le mariage est réservé aux hommes et aux femmes. Lorsqu'une nation a l'audace de défier le Tout-Puissant, qu'elle prenne garde. Un châtiment sévère s'ensuivra. Réveillez-vous, Amérique. Satan, le roi de ce monde, vous a aveuglés spirituellement ; il vous tire les vers du nez, vous tape dans le dos et vous dit : "Ce n'est pas grave. Vous avez attendu cette opportunité depuis longtemps, et maintenant elle est là. Saisissez l'occasion".

De nombreuses répercussions se produiront une fois que nous aurons embrassé la question, quelles seront les répercussions dans le monde spirituel ? Il suffit de regarder la colère qui s'est abattue sur Sodome et Gomorrhe, ainsi que sur les villes de la plaine. Leur destruction a été rapide et définitive. Aujourd'hui encore, il reste des vestiges de dosettes de soufre ou de soufre usagé. Ces villes ont été totalement anéanties. La région n'est plus qu'un amas de ruines et ces villes ne sont plus qu'un souvenir. L'Amérique est-elle prête à subir un tel jugement ? Préparez-vous à la colère de Dieu, car elle arrive à grands pas. À moins que cette nation ne se repente radicalement de ce péché qui déclenchera le jugement de Dieu, sa colère doit être appliquée. Et les tendances de l'Amérique font vibrer les cordes sensibles du monde entier.

Oh, Amérique, ne voyez-vous pas que la colère de Dieu approche ? "On n'entendra plus chez vous la voix des joueurs de harpe, des musiciens, des joueurs de cornemuse et des trompettistes. Et l'on ne trouvera plus chez toi de fou, de quelque fou qu'il soit, et l'on n'entendra plus chez toi le bruit d'une meule de moulin" (Apocalypse 18:22).

Où est la voix de l'Église en ces jours de mandat historique ? Où sont nos croyants sages et prudents alors que ces bévues monumentales ornent nos archives historiques ? Est-elle déjà allée trop loin ? La colère de Dieu l'a-t-elle déjà rendue muette ? Sommes-nous simplement en train d'assister à son dernier souffle ? Se pourrait-il que la nation entière soit envoûtée - et sous le coup d'une malédiction qui la rend muette ?

Récemment, j'ai regardé sur YouTube deux jeunes hommes, des jumeaux, qui sanglotaient, luttant avec une passion fervente en partageant leur choix de vie avec leur père ; ils faisaient leur coming out devant le monde entier, diffusant leur déclaration sur YouTube. Ils ont appelé le père et lui ont annoncé personnellement la nouvelle pour éviter le choc qui ne manquerait pas d'arriver de la part des commères. Ils ont essuyé leurs yeux mouillés en partageant l'acceptation ou le rejet de leurs fils par le père. Ils ont poussé un soupir de soulagement lorsque le père les a rassurés en leur disant qu'ils seraient toujours ses fils, quoi qu'il arrive. Plus tard, les frères se sont réjouis de la réaction des téléspectateurs à leur décision de "coming-out". Je me suis senti obligé de donner mon avis. Voici ma réponse, mon point de vue forgé dans le creuset de l'expérience. L'Éternel m'a ordonné de partager mes expériences personnelles à partir du point de vue de la sagesse acquise dans le cadre d'une conscience élargie :

"Bonjour, voici un aspect auquel aucun d'entre vous n'a probablement pensé : Que dit Dieu de votre décision, puisque c'est lui qui vous a créés

? Dieu dit qu'il a créé les deux sexes afin que la cellule familiale puisse perdurer, l'homme et la femme s'unissant et nourrissant leur progéniture

(Genèse 2:18). Il existe également une autre variable que vous avez négligée, bien qu'elle doive être prise en considération.

Lorsque l'humanité n'est pas d'accord avec son Créateur et avec le but qu'il a fixé pour sa vie, Satan et ses démons ont le droit de l'attaquer et de l'aveugler afin qu'elle ne devienne jamais ce que Dieu a prévu pour elle. Bien qu'ils puissent obtenir le succès, la gloire et la fortune dans le monde, ils perdent néanmoins leur âme et passent l'au-delà avec Satan et d'autres personnes en désaccord avec Dieu. Malheureusement, ceux qui se rebellent seront tourmentés à jamais pour avoir refusé de vivre comme Dieu l'a ordonné.

Dieu merci, j'ai réalisé mon erreur avant de quitter cette vie. Et j'espère qu'il en sera de même pour vous".

Mes amis, ce monde est sous le coup d'une grande tromperie, envahi chaque jour par le plan de tromperie de Satan. Et à cause de notre impolitesse, et parce que nous préférons le plaisir à la vérité, le Tout-Puissant nous dit qu'il enverra donc, lui aussi, une illusion extrême pour que nous croyions aux mensonges de ce monde déchu (2 Thessaloniciens 2:11)."

Dieu aime tellement l'humanité qu'il se lamente : "Mon peuple périt faute de connaissance" (Osée 4:6). En vérité, nous voyons nos dirigeants et nos citoyens trébucher gravement lorsqu'ils sont confrontés aux problèmes d'aujourd'hui parce qu'ils rejettent systématiquement le manuscrit du Créateur - la Bible - pour vivre avec succès. La société rejette avec véhémence la vérité et échange les normes glorieuses de Dieu pour accepter la contrefaçon de Satan, un mensonge - quelque chose de honteux, en dessous de leur statut - dans un état que le Tout-Puissant appelle "abominable" (Lévitique 18:22), qui ne convient pas à ceux qu'il a créés à sa ressemblance (Genèse 1:27).

Manifestement, le virus du péché sème la confusion parmi nos concitoyens, et même parmi nos dirigeants, au point que Dieu nous abandonne et nous laisse nous vautrer dans la boue et la fange. Sommes-nous arrivés au point où Satan, "le prince de ce monde" (2 Corinthiens 4:4), a profité de l'occasion pour nous abrutir au point d'en arriver à considérer l'humanité comme un bien et un mal? Nous souffrons de dilution, tout cela parce que l'humanité refuse d'aimer la vérité afin que le Tout-Puissant puisse l'aider et la restaurer (2 Thessaloniciens 2:10).

La plupart d'entre nous ont négligé les tactiques astucieuses de Satan et les défis qu'il lance au Tout-Puissant : "... j'élèverai mon trône..." (Ésaïe 14:13). Avons-nous oublié que ce rebelle construit son royaume pour rivaliser avec celui de Dieu ? Et l'humanité est mise dans la balance, utilisée comme pion dans ce jeu d'échecs de la lutte humaine. L'Écriture nous rappelle que notre adversaire possède une sagesse incroyable qui, en comparaison, rivalise avec celle de Daniel (Ézéchiel 28:3). Daniel n'était pas seulement sage dans le domaine physique (rêves et paroles de connaissance), tellement adapté spirituellement qu'il voyait jusqu'à notre époque, et tellement sage et favorisé par le ciel, que Dieu répondit à ses requêtes le jour même de la demande. Néanmoins, l'ange de Satan retint la réponse. La vision de Daniel était précise et révélatrice au-delà des générations. Satan était persuadé que cette révélation donnerait un avantage à l'humanité ; c'est pourquoi il s'est battu pour garder ces informations détaillées hors de notre vue (Daniel 10:13).

On peut donc en déduire que bien peu de choses concernant l'humanité laissent Satan perplexe. Et avec ses tactiques diaboliques, il prévoit de polluer l'humanité au point que nous serons obligés d'accompagner ce chérubin déchu jusqu'au trône de jugement de Dieu.

Comment modifier Perfection ?

Ceux qui ont été créés peuvent-ils demander au Créateur : "Pourquoi m'as-tu fait ainsi ?" (Romains 9:20 ; Isaïe 45:9). Soyons réalistes et cessons de nous fier aux visages tachés de larmes et aux émotions qui déchirent le cœur. L'humanité a besoin de Dieu, et non l'inverse. Savourons ce fait : lorsque nous contemplons notre destination éternelle et que nous évaluons notre longévité terrestre, nous pouvons nous attendre, tout au plus, à une durée de vie de 60 à 95 ans. L'Écriture, en revanche, met les choses en perspective : "...Notre vie n'est qu'une vapeur qui paraît pour un peu de temps, qui s'évanouit et qui passe. Notre temps n'est pas entre nos mains, mais il est à la disposition de Dieu (Jacques 4:14). Par conséquent, si l'on compare notre existence actuelle à l'éternité et si l'on met en équation la peine infligée par Dieu pour une sexualité aberrante, il serait bon que nous restions célibataires. Le jugement de Dieu prévoit une séparation éternelle d'avec le Tout-Puissant, ainsi qu'un tourment sans fin avec Satan et son entourage démoniaque. L'Écriture l'exprime très clairement : "Comment échapperons-nous si nous ignorons un si grand salut (Hébreux 2:3) ?" Néanmoins, si l'humanité rebelle persiste à faire ce qu'elle veut, elle se prélassera elle aussi dans le lac de lave en fusion qui n'en finit pas (Apocalypse 21:8). Dieu ne joue pas. Il a donné ses commandements et attend de nous que nous les suivions.

C'est clair. Dieu n'a pas besoin des gens rebelles et têtus autant qu'ils ont besoin de lui. Dieu est saint et ne change pas ; il ne modifiera jamais ses lois pour satisfaire ceux qui sont gâtés et déterminés à faire ce qu'ils veulent. Néanmoins, ici, au vingt-et-unième siècle, les partisans des mariages homosexuels veulent convaincre le Créateur et l'univers qu'il s'agit d'une question d'amour et d'égalité.

Mais du point de vue de Dieu, l'humanité doit comprendre : "Sa décision est déjà prise et la question est réglée au ciel. Il ne changera jamais ; Il était le même hier qu'aujourd'hui ; la décision n'est pas réversible, et Sa position restera en place pour toujours". Et quand on y réfléchit bien, comment l'humanité pourrait-elle réviser la perfection ? Dieu, qui a tout fait, demande simplement à ses enfants, ceux qui ont été créés à son image et qu'il aime profondément, de se lever et de refléter la PERFECTION. Soit nous montons dans son wagon, soit nous sommes rejetés. Grâce à la mort et à la résurrection du Christ, l'humanité a la possibilité d'être pardonnée dans cette vie. Ce don de la grâce est extraordinaire.

Quand on y pense, les anges ont eux aussi péché, mais ils ont été jugés et condamnés à la damnation éternelle, sans espoir de salut. L'Écriture le dit à juste titre : "Qu'est-ce que l'homme pour que tu te souviennes de lui, et le fils de l'homme pour que tu t'occupes de lui (Psaumes 8:4) ? Et l'apôtre Paul l'exprime bien : "Comment échapperons-nous si nous négligeons un si grand salut (Hébreux 2:3)

?" Les Américains, malheureusement, élevés dans une société qui répond à leurs caprices et à leur indulgence, sont habitués à ce que les choses soient faites à leur manière, et pour cette même raison, beaucoup se sont détournés du Tout-Puissant, bien qu'Il accepte ceux qui se repentent de leurs péchés. Il pardonnera leur passé, mais ils doivent venir à Lui complètement, pas en partie, mais totalement. Lorsque le pécheur repentant vient à Dieu, il exige un contrôle non pas partiel, mais total. L'Écriture nous rappelle que c'est "le Christ qui est en vous, l'espérance de la gloire" (Colossiens 1:27).

Mariage homosexuel : accepter le mensonge

Lorsque l'humanité rejette par défi la vérité de Dieu, tout en embrassant les mensonges de ce monde, l'Écriture nous dit : "Dieu leur envoie une forte illusion, pour qu'ils croient au mensonge" (2 Thessaloniciens 2:11).

Avez-vous remarqué que la majorité de notre société tourne le dos à Dieu et à ses doctrines ? Nous sommes témoins de ce rejet dans nos salles d'audience, nos écoles et nos bâtiments gouvernementaux (suppression des idoles emblématiques, des dix commandements, de la lecture de passages de la Bible dans nos écoles publiques, etc.) Ce rejet de notre respect et de notre révérence à l'égard du Tout-Puissant est également très visible dans les cérémonies de mariage d'aujourd'hui. Beaucoup ont totalement éliminé la tradition de mentionner le nom de DIEU et d'unir les couples sous la direction et les auspices de ses paroles et de ses préceptes théologiques. Et, pour la plupart, cette suppression est intentionnelle. Ma question est la suivante : si les conseils et les préceptes de notre Père céleste étaient absents, à quel point les fondements du mariage seraient-ils fragiles ? Qui sanctionnerait et légitimerait cette union ?

Je n'oublierai jamais la fois où j'ai eu publiquement honte de reconnaître notre Seigneur et de lui obéir. Le Seigneur m'a rappelé mes péchés et m'a dit d'aller de l'avant et de me repentir. Je n'ai pas voulu, car je ne voulais pas que les autres reconnaissent mon homosexualité. Le Seigneur, dans sa sagesse incontestable, attirant mon attention sur le salaire de mon rejet et de ma désobéissance, a dit : "Si vous avez honte de moi devant ces gens, qui ne peuvent rien pour vous, j'aurai honte de vous devant les saints anges" (Luc 9:26). Notre Seigneur attire toujours notre attention sur le péché et sur la manière dont il affecte notre bien-être éternel. Je remercie le Seigneur de m'avoir pardonné l'insolence scandaleuse dont j'ai fait preuve au cours de cette saison. Chaque fois que le Seigneur donne des instructions, nous devons les suivre immédiatement. Il sait ce qui est le mieux et son temps est parfait.

Connaître l'importance d'obéir immédiatement à notre Seigneur est une grande leçon : nous ne devrions pas nous concentrer sur le temporel, mais plutôt sur la façon dont les décisions d'aujourd'hui affecteront notre destination éternelle. Nous devrions moins rechercher la gratification immédiate et atteindre nos désirs dans cette vie, mais plutôt viser le long terme. Nous devrions être prêts à sacrifier nos désirs terrestres dans ce domaine, et plutôt nous concentrer sur l'endroit où nous espérons passer l'éternité, car nous devrions désirer une existence éternelle avec notre Seigneur et ses promesses de joie et de gloire indicibles (1 Pierre 1:8). Lorsque je compare la courte durée de cette vie à l'éternité, il vaut la peine de se demander si nous ne sommes pas en train de vivre avec le Seigneur, si nous ne sommes pas en train de vivre avec lui.

Unions matrimoniales bénies

Il est logique que l'institution du mariage prescrite par Dieu, l'union d'un homme et d'une femme, ait pour but la prolifération de la lignée (Genèse 1:28). La sagesse de Dieu est un ordre naturel qui assure la continuité de la race humaine. Il est considéré comme le cours normal de la vie, établi et sanctionné par Dieu. Dans cette institution ordonnée, l'homme et la femme se voient attribuer des fonctions ou des rôles distincts. Ce qui manque à l'homme dans l'union, la femme, en tant que compagne, est instinctivement ordonnée à renforcer son mari de manière appropriée. Par conséquent, tout autre type de mariage est illégal, interdit et n'est pas sous la protection de Dieu.

Dans la plupart des cérémonies homosexuelles, il y a très peu de choses qui évoquent ou reconnaissent le Créateur. Lorsqu'on les interroge, la plupart des couples affirment avec véhémence que leur lien est l'expression de "l'amour". Nous devons donc être très prudents, car chaque fois que les sentiments humains prennent le pas sur le projet de Dieu, l'humanité en souffre. Il est donc important de comprendre que le bonheur ne vient pas toujours des sentiments, mais plutôt de l'obéissance et de l'acceptation du plan de Dieu. Si nous nous souvenons bien, Eve aussi a fait ce qu'elle prétendait être correct, et maintenant toute l'humanité souffre. Et pendant ce temps, notre ennemi juré, Satan, rit de l'idiotie de l'humanité. Soyons clairs : toute activité dans laquelle nous avons honte de partager ou d'impliquer le Dieu tout-puissant est bancale. Et si Dieu ne soutient pas une union, le dieu de ce monde, Satan, le fera certainement.

Une institution divine

Une question se pose : pourquoi Dieu a-t-il créé l'humanité, sa plus grande création, et l'a-t-il considérée comme son chef-d'œuvre (Genèse 1:26-2:3) ? L'Écriture nous éclaire à ce sujet : "Tu les as fait descendre un peu plus bas que les anges, tu les as couronnés de gloire et d'honneur (Hébreux 2:7), et tu les as placés au-dessus de l'homme. les œuvres de vos mains". Dieu le Père a sacrifié son Fils unique pour que l'humanité déchue soit rachetée et, en plus, il leur a donné la possibilité de devenir cohéritiers, de régner avec son Fils unique, Jésus (Romains 8:17).

À ce stade, vous vous dites peut-être : "Qu'y a-t-il de mieux que cela ? Eh bien, pensez-y : Dieu a créé l'humanité à son image et lui a conféré la sagesse et l'intelligence nécessaires pour adorer, louer et rendre hommage à ce Créateur dévorant et tout-puissant, qui est aussi un Père aimant. Nous devons regarder plus loin pour comprendre certains de ces privilèges impressionnants. Ce grand Dieu a créé des milliards d'autres êtres, mais il désirait des individus qui refléteraient la famille céleste (le Père, le Fils (le Christ Jésus) et le Saint-Esprit, la mère féminine ou céleste). Je sais que le Saint-Esprit est féminin parce que j'ai personnellement entendu sa petite voix audible. Il m'a fallu des années de recherche pour pouvoir partager ces faits. Rappelez-vous que dans la Genèse, le Père a dit : "...Faisons l'homme à notre image, selon notre ressemblance... (Genèse 1:26-28)" Il n'est pas nécessaire d'être grand pour déduire que le Tout-Puissant veut que la famille humaine soit le type ou l'ombre de ce qui est céleste - la famille céleste ; des personnes avec une volonté libre, qui ont la capacité de comprendre Son cœur et les profondeurs de l'amour et de l'adoration qu'Il partage avec ceux qui ont un cœur pur. Ce seraient des millions de personnes qui sortiraient des épreuves terrestres par le feu - en fait, d'un creuset terrestre, capables d'aimer et d'embrasser Son concept de la famille. Le Père désire de nombreux fils obéissants comme son fidèle Jésus qui a suivi implicitement le Père Dieu - sans usurper l'autorité céleste, mais en marchant sous la direction du Père (Hébreux 2:10). Tout comme Jésus a été éprouvé et testé, nous devons nous aussi nous attendre à ce que le Père Dieu fasse passer chacun de ses enfants par des épreuves terrestres. Job s'est rendu compte de cette révélation et a dit : "Il connaît le chemin que je prends [et il y fait attention]. Quand il m'aura éprouvé, je sortirai comme de l'or [raffiné] [pur et lumineux] (Job 23:10).

Le mariage peut être considéré comme un mystère profond en ce sens qu'il est une réplique de l'union sacrée qui aura lieu entre le Christ et

l'Église, cette épouse bien-aimée que le Père céleste donne à Jésus, son Fils. L'alliance matrimoniale est extrêmement importante pour le ciel.

C'est la raison pour laquelle ces récitals terrestres sont si dramatiques et émouvants. La cérémonie de mariage du Christ et de l'Eglise est un événement anticipé extrêmement cher au Père Dieu et ne doit pas déshonorer ni profaner le dessein du Créateur. Et soyez assurés qu'en tant que don du Père, la cérémonie des noces de l'Agneau, le Père n'acceptera rien d'autre que le meilleur pour Jésus ; il n'y aura pas de réarrangements contrefaits dans cette union. Toutes les épouses (celles de l'Église terrestre) seront saintes et vertueuses. Les répétitions terrestres ne sont donc qu'une réplique de la promesse céleste spéciale. Ceux qui oseront dénaturer le saint rituel du Tout- Puissant seront soumis à un châtiment extrêmement sévère.

Il est logique que l'institution du mariage, que Dieu affirme et donc bénit, soit l'union d'un homme et d'une femme pour la vie. Toute autre union nuptiale n'est qu'une imitation négative, non reconnue par le Père Dieu. En fait, elles sont maudites, illégales et abominables. Les Écritures indiquent clairement que Dieu désapprouve l'homosexualité. Soyez assurés que ces unions dont nous sommes témoins aujourd'hui, les unions entre deux hommes ou deux femmes, selon l'évaluation de Dieu, sont des abominations (Lévitique 18:22, 20:13 ; 1 Corinthiens 6:9 ; 1 Timothée 1:8-10 ; Romains 1:26-27). Ils ne fonctionneront pas correctement.

Le mystère du mariage

Le mariage est une institution reflétée et sanctionnée au ciel.

Examinons le mystère, ou ce qui est caché dans l'union matrimoniale terrestre, et comparons-le à la représentation céleste de Dieu le Père, du Fils (le Christ Jésus) et du Saint-Esprit (la mère, la représentation féminine). Essayez de visualiser la cérémonie de mariage que le Père a conçue pour son Fils bien-aimé (Jésus) et son épouse, l'Église (Éphésiens 5:25-27). Il s'agit de la cérémonie de mariage céleste tant attendue, jouée ou reflétée dans ce rituel terrestre. Il est impératif que nous comprenions cette relation parce que Dieu tout-puissant permet qu'elle soit jouée sur terre pour rappeler à l'humanité son importance, et cette représentation terrestre devrait nous donner de l'espoir et de la révérence. Le mariage, est donc une relation sainte qui ne doit en aucun cas être profanée. Ainsi, nous devons considérer tout mariage qui dépasse les paramètres de la représentation céleste comme une contrefaçon ou un faux et, aux yeux de Dieu, comme abominable (Lévitique 20:13). C'est tragique. Pour la plupart, nous qui nous sommes tellement habitués et installés dans le mode de pensée occidental, nous excluons les principes que le Tout-Puissant a décrits dans sa parole (ses lois et ses statuts décrétés dans la Bible).

Ceux de cette génération disent : "Dieu, vous ne savez pas, vous ne pouvez pas sentir ou comprendre l'amour que j'ai pour ce membre de mon sexe, et je me fiche que vous rejetiez cette relation. Je vais vivre ma vie comme je l'entends !". Ce n'est rien d'autre qu'un ego indépendant - "Je l'ai fait à ma façon". Cette attitude dégage une odeur nauséabonde dans les narines du Tout-Puissant et, à moins qu'il n'y ait repentance, le précieux sang de Jésus ne pourra jamais éradiquer un tel péché volontaire.

Et, malheureusement, Dieu dit : "D'accord, je vous ai donné la liberté de choisir. Allez-y, faites ce que vous voulez. Nous verrons qui aura le dernier mot." L'Ecriture dit même que parce que vous avez rejeté la vérité "... Dieu leur envoie une puissante illusion pour qu'ils croient au mensonge" (2 Thessaloniciens 2:11). Ce mensonge est donc le même acte de rébellion que Satan murmure à l'oreille de l'égaré : "Fais ce que tu veux" (extrait du livre d'Aleister Crowley, Le Livre de la Loi, 1904). Pour ceux qui désirent leur volonté, permettez- moi d'être très clair.

Cette expérience terrestre est la création de Dieu ; il a le droit d'en fixer les règles. Soit l'humanité suit ces règles, soit elle en subit les conséquences éternelles, LE LAC DE FEU, que Dieu n'a pas d'autre choix que de donner à ceux qui s'obstinent à vivre leur vie selon les préceptes de leur cœur (Apocalypse 20:14).

Dieu a établi sa parole, et elle est éternelle (Ésaïe 4:8 ; 1 Pierre 1:25 ; Matthieu 24:35). Le ciel a donc tracé ses frontières et rien ne peut

les franchir. Satan a également établi son mandat, celui de renverser l'autorité de Dieu (Ésaïe 14:13). Satan, réalisant son Satan, qui n'a pas réussi à renverser le Tout-Puissant et qui veut imiter Dieu, a revu son objectif à la baisse et cherche maintenant à corrompre l'humanité et à amener une majorité avec lui sur le trône de jugement de Dieu. Satan est parfaitement conscient qu'en trompant la race humaine pour qu'elle désobéisse à Dieu, il cause de la peine à Dieu, car l'humanité est son amour particulier.

Pour révéler la gravité de ce conflit, imaginez que le Tout-Puissant rançonne son cher Fils Jésus pour récupérer ce qu'Adam a perdu, tout en payant le prix qui rachèterait l'humanité de la damnation et de la séparation éternelles. Maintenant, le Tout-Puissant, en tant que souverain juste et équitable, a placé la décision finale du choix sur les épaules de chacun de Ses enfants, pour qu'ils acceptent Sa voie et Sa sainteté, ou qu'ils choisissent leur indépendance, se rangent du côté de Satan et subissent son sort. Comprenez bien que Dieu n'envoie personne en enfer ; au contraire, l'humanité a la liberté de choix, c'est elle qui décide de son destin éternel.

Le mariage est une alliance scellée par le sang

Le mariage est une alliance établie par Dieu ; c'est l'engagement de toute une vie. Saviez-vous que ce contrat est si sacré que Dieu tout-puissant a mis au point une cérémonie de consommation pour sceller chaque alliance ? Cet engagement est un accord solennel entre deux parties, qui initie un testament, un document légal par lequel des biens peuvent être transférés aux héritiers, généralement au moment de la mort (Hébreux 9:16). Comprenez que le mariage est bien un contrat contraignant, ratifié par le sang.

Ce contrat est conclu lors de la première rencontre sexuelle - idéalement, les deux parties entrent dans l'union en étant vierges. Au cours de l'acte, l'hymen de la femme est rompu (le sang est libéré) et le sperme de l'homme émet également des traces microscopiques de sang dans le sperme, et la promesse ou le contrat est scellé. Cette union est un engagement devant Dieu que ce couple est devenu un, et le seul moyen de démanteler cette union est l'infidélité ou la mort d'un des partenaires (Genèse 23-1-20).

L'alliance du mariage ordonnée par Dieu exige une promesse solennelle. En présence de Dieu, l'homme et la femme acceptent de partager leur vie dans l'amour et la protection pour toujours, jusqu'à ce que la mort les sépare. Le mariage est une alliance de sang. La société actuelle n'honore pas le mariage comme une alliance de sang, mais Dieu dit que c'est le cas (Malachie 2:14 ; Proverbes 2:17).

Dieu protège le lit légitime du mariage

Un combat spirituel se déroule dans les chambres à coucher des couples homosexuels. Qu'on le sache ou non, les mauvais esprits sont sept fois plus nombreux que la race humaine ; ils se disputent férocement, polluent et volent la vertu pour corrompre l'humanité. En revanche, les enfants obéissants de Dieu, ceux qui font confiance et suivent ses ordres, sont protégés contre les attaques et les ruses de Satan.

Vous pouvez être sûrs que la protection de Dieu n'est pas avec les couples de même sexe, car dans ces unions, c'est clairement l'inverse de la défense de Dieu qui se produit. D'ailleurs, ceux qui passent d'un lit à l'autre sans réfléchir sont-ils conscients des conséquences éternelles ? Les péchés commis dans le lit conjugal souillent de nombreuses personnes et alimentent les feux de l'enfer pour des millions d'autres. Pour ceux qui occupent illégalement le lit conjugal, Satan a le droit de détruire et d'entraîner la chute et la damnation d'âmes ignorantes qui pèchent involontairement contre Dieu. Il n'y a pas de protection, car leurs relations sont illégales. L'Écriture se réfère à ce que signifie souiller le lit conjugal d'un homme et d'une femme (Hébreux 13:4). Le chapitre contient une série d'avertissements de l'apôtre Paul. Au verset 4, il recommande à tous de considérer le mariage comme honorable et de veiller à ce que "l'union conjugale soit sans souillure" (la KJV dit "et le lit sans souillure"). Le mot grec traduit par "sans péché, sans tache" est amiantos (Strong's Concordance #G283), qui signifie "non souillé ou

pur". La dernière partie du verset 4 est un avertissement selon lequel ceux qui "souillent leur lit", comme les adultères, seront jugés par Dieu. Pour comprendre ce que signifie une relation conjugale non souillée, nous devons savoir ce qui peut la souiller. L'Ancien Testament a beaucoup à dire sur la façon dont les gens peuvent se souiller par le sexe.

Dieu nous dit de NE PAS commettre d'adultère avec le conjoint d'une autre personne (Exode 20:14 ; Lévitique 18:20). Il nous est également ordonné de ne pas avoir de relations sexuelles avec des animaux (Lévitique 18:23). Et, plus important encore, les relations sexuelles entre personnes du même sexe sont non seulement interdites, mais Dieu les qualifie d'abominables, dignes de mort (verset 22). En évitant ces pratiques, non seulement on évite les conséquences négatives qu'elles entraînent, mais on préserve aussi (pour les personnes mariées) le "lit conjugal" ou la relation coïtale avec son partenaire, sans tache et sans sanction.

Le livre du Nouveau Testament, 1 Corinthiens 7, nous donne des principes concernant les relations sexuelles au sein du mariage. Le mari et la femme doivent tenir compte des besoins de leur conjoint. Chacun doit considérer son corps comme appartenant à son conjoint (1 Corinthiens 7:1-5). Outre ce qui précède sur la manière de ne pas souiller le lit conjugal, la Bible n'impose aucune restriction sur la manière dont les couples se comportent sexuellement ; cependant, je crois qu'il est impératif que nous jugions tous notre comportement dans la chambre à coucher. Nous devrions être en mesure de tester ce comportement en nous demandant : "Est-ce que Dieu désapprouverait ce que je suis en train de faire en ce moment ?" Car en toutes choses, nous devons nous juger nous-mêmes. "...Travaillez à votre salut avec crainte et tremblement (Philippiens 2:12). Si nous jugeons et corrigeons notre comportement, le Seigneur ne nous jugera pas.

Je suis certain que nous sommes tous d'accord : notre salut est trop précieux pour que nous y renoncions à cause de ce que beaucoup qualifieraient de simple détail technique. Le feu de l'enfer est insupportablement chaud et l'éternité trop longue pour rater le paradis à cause d'un péché que Dieu qualifie de détestable, alors qu'on nous a fait croire qu'il s'agissait d'une inßaction mineure. N'oubliez pas que si nous nous jugeons nous-mêmes, Dieu n'aura pas à le faire. Comme les apôtres nous l'ont dit, "Petits enfants, gardez-vous purs" (1 Jean 5:21 ; Actes 15:29).

Les Écritures nous rappellent qu'il est de notre devoir de "faire tous les efforts possibles pour rester sans tache, irréprochable et en paix avec Dieu" (2 Pierre 3:14 ; Apocalypse 3:4). Pensez-y - le Christ revient pour une épouse qui s'efforce de rester pure et propre. En fait, les chrétiens sont des pèlerins sur ce plan terrestre ; notre véritable résidence est au ciel. Que nos cœurs aspirent à

Nous ne devons permettre à aucun acte pécheur d'entacher cette espérance bénie (Philippiens 3:20-21). Nous devons être constamment et instantanément en prière et le Christ nous gardera purs et irréprochables jusqu'au jour de son retour ; car c'est un chemin étroit que nous sommes appelés à parcourir à travers cette dimension pour le Père. Suivons l'exemple du Christ. Pendant qu'il était sur terre, et avant de faire quoi que ce soit, il a cherché à obtenir les conseils et l'approbation du Père, parce que les âmes de toute l'humanité étaient en jeu. Cette marche terrestre est étroite et limitée dans le temps ; il ne voulait pas manquer l'esprit et la volonté du Père céleste. Même à l'heure la plus difficile, le Christ a refusé de suivre sa propre voie : "Mon Père, s'il est possible, que cette coupe soit ôtée de moi. Cependant, ce n'est pas comme je veux, mais comme tu veux" (Matthieu 26:39). Lorsque nous cédons et obéissons aux ordres de Dieu, nous consolidons la défaite de Satan. L'obéissance du Christ a gagné la bataille. Le Père attend de ses enfants terrestres qu'ils suivent cet exemple. Père, aide-nous à rechercher ton plan - ta volonté - avec des cœurs soumis.

Maintenant que nous connaissons l'objectif de Satan, qui est de corrompre l'humanité entière en toute impunité, et quelques-uns de ses principaux champs de bataille, j'en viens à mon témoignage personnel. Ici, je me penche sur certaines des ruses de Satan, sur ses tactiques diaboliques dans les coulisses, que peu de gens peuvent voir aujourd'hui.

Il existe des frontières terrestres dont la majorité de l'humanité est totalement inconsciente. C'est pourquoi cette ignorance remplit l'enfer à ras bord.

En raison de ces principes tacites, Satan s'en donne à cœur joie et, dans la plupart des cas, le Seigneur a choisi de ne pas passer outre à ses lois établies. Il existe des limites qui laissent l'humanité sans protection grâce à la grâce salvatrice et aux garanties rédemptrices du ciel.

Ce témoignage de première main révèle quelques-uns des pièges et des dangers inexprimés qui se cachent en dehors des limites des lois et des directives établies par DIEU, et qui attendent ceux qui, dans la famille humaine, ne tiennent pas compte de ces directives clairement établies dans la parole de Dieu, la Bible, et les violent. En conséquence, le contenu qui suit est une expérience personnelle surprenante, que le Seigneur a permis et demandé que je partage.

avec d'autres. À vous de juger et d'éviter de considérer cette vie comme acquise ou comme un hasard, car comme l'a dit Salomon, "...il y a un but pour tout ce qui est sous le ciel" (Ecclésiaste 3:1). Et rappelez-vous que ce monde a été créé par le Dieu tout-puissant, dans l'espoir qu'à travers les afflictions du Christ, il amènerait "...beaucoup de fils et de filles à la gloire" (Hébreux 2:1).

SECTION II

UNE RENCONTRE DÉMONIAQUE PERSONNELLE - UNE EXPÉRIENCE ENRICHISSANTE

Un appel à l'aide :

Mon Seigneur, écoute ma voix et envoie tes anges pour me délivrer"
(Nombres 20:16).

C'était un dimanche et une matinée exceptionnellement chaude à
Manhattan, dans le quartier de Harlem à New York, en octobre 1986.
Je me tenais devant cette structure familière, cette maison de Dieu -
un centre de culte pentecôtiste que ma mère, ma sœur et moi avons
fréquenté tous les dimanches pendant des années, sans faute. Cependant,
aujourd'hui, alors que ma main saisissait la poignée de la porte, j'ai senti
pour la première fois des étincelles tomber du toit de ce vieux bâtiment
de trois étages. Ces étincelles me tombaient dessus, comme celles qui
tombent du chalumeau d'un soudeur lorsqu'il soude du métal sur du
métal. Ces étincelles tombaient au hasard sur ma tête, mon visage et
mes bras.

J'ai pensé : "Wow, Seigneur". "Qu'est-ce que c'est ?

L'Esprit de Dieu a aussitôt parlé à mon cœur, comme un message
émanant de ma conscience : "C'est le feu du chandelier de Dieu placé sur
le toit comme un phare. Souviens-toi donc d'où tu es tombé, repens-toi
et fais les premières œuvres, sinon je viendrai à toi rapidement et j'ôterai
ton chandelier de ce lieu, à moins que tu ne te repentes" (Apocalypse
2:5). Dans les Ecritures, le symbole du chandelier est un sermon en
soi. Dans le livre de l'Apocalypse, il représente les Églises qui affirment
l'essence même et la nature de Dieu brillant dans ce monde de ténèbres.
Ce symbole est si important qu'il nous est demandé individuellement

de laisser notre chandelier briller comme un phare, exposant la gloire de Dieu (Matthieu 5:14-16) , car nous sommes la lumière du monde.

Bien que je n'aie pas pu voir ce qui produisait les étincelles, je soupçonne que le chandelier était comme une fusée éclairante qui, à l'inverse, servait d'avertissement à tous les esprits mondains contraires : "Ce bâtiment abrite l'œuvre de Dieu. Soyez avertis : Vous entrez dans ce temple à vos risques et périls".

En entrant dans le bâtiment, j'ai pris conscience d'une présence qui semblait attachée au centre de mon front. C'était un intrus, une présence non invitée qui n'aurait pas dû être là. Toutes sortes de questions me sont venues à l'esprit : Qu'est-ce que cette chose sur mon front ? Comment est-elle arrivée là ? De quel droit envahit- elle mon espace ?

En avançant dans l'église, j'ai trouvé mon banc habituel et je me suis assise à l'entrée pour pouvoir sortir rapidement en cas de besoin.

Alors que j'écoutais le service, j'ai remarqué que le poids de ma tête devenait de plus en plus lourd. À un moment donné, c'était si intense que je n'en avais plus le contrôle. Je ne pouvais pas la tenir en l'air pour maintenir une bonne posture, ni la tourner d'un côté à l'autre. J'étais obligée de pencher la tête en avant, le menton pointé vers la poitrine, comme si je méditais. Oui, des entités maléfiques m'avaient capturé - et moi, un chrétien né de nouveau !

Il était difficile de comprendre comment une aventure homosexuelle avait pu me conduire à cet état abominable. Pourtant, j'étais là, prisonnier de transgressions qui m'avaient valu une calamité incontrôlable. J'avais commis un péché et abaissé la haie de protection de Dieu, accordant ainsi à cette compagnie démoniaque le droit d'envahir mon corps - le temple de Dieu.

Pendant des mois, j'ai senti ce démon leader se déplacer sur mon front, s'agiter de temps en temps et excréter périodiquement quelque chose sur mon visage. Je ne pouvais qu'imaginer qu'il s'agissait de déchets ou de crachats, car je ne pouvais en être certain. Mais quelque chose tombait sur mon visage. Jusqu'à présent, l'intrus n'avait pas manifesté un contrôle aussi puissant. Maintenant, il me pressait de me soumettre à sa domination. Je voyais bien que le démon était férocement agité. Là, depuis le point de vue de ma tête, il était exposé à un service religieux pentecôtiste oint. Très mal à l'aise, ce démon exprimait son mécontentement avec véhémence.

Au fur et à mesure que le service se poursuivait, ce poids oppressant devenait de plus en plus distinct et insistant à chaque instant. Plus je restais assis, exposant cet esprit au service oint, plus je perdais le contrôle physique. J'ai commencé à crier silencieusement au Seigneur. "Seigneur, s'il vous plaît, quelle est cette chose ? S'il vous plaît. Qu'est-ce que c'est ? S'il vous plaît, aidez-moi, Seigneur ! Je suis désolé pour mes péchés contre vous". J'ai remarqué que l'esprit révélait sa présence de manière provocante. "J'appelle l'Éternel, et il me répond du haut de sa montagne sainte" (Psaume 3:4 ; 69:13- 20).

Confus, déconcerté et désespéré, j'ai continué mon appel à l'Éternel, car à ce moment-là, j'avais totalement perdu le contrôle de ma tête. J'étais emprisonné là, incapable de bouger.

Peu après que le démon se soit manifesté sur mon front, j'ai remarqué que non seulement un esprit s'y trouvait, mais aussi que d'autres esprits étaient positionnés dans d'autres parties de mon corps. Ces entités avaient rapidement saisi leur chance et s'étaient précipitées avec vengeance. D'une certaine manière, je savais qu'elles étaient deux fois plus grandes que moi. Je les imaginais minces, sombres et vindicatifs. J'ai senti que deux d'entre elles commençaient à fuir. J'ai senti qu'ils étaient excessivement grands et qu'ils s'étaient pourtant contorsionnés pour entrer dans ma flamme d'un mètre quatre-vingt-dix. Comment cela était-il possible ?

Ils ont continué à se détacher de mon corps, comme s'ils tiraient de la glace d'un énorme bol de gelée, fuyant comme des rats d'un navire en train de couler. Au fur et à mesure qu'ils se détachaient, je sentais mon corps trembler, comme s'ils se détachaient de mes organes vitaux. "Les démons s'enfouissent dans la structure même du corps humain - les organes, l'esprit ou l'intellect, les émotions et les affections" (Penn-Lewis, 1973). Il semblait que ces intrus étaient en quelque sorte attachés à mes poumons et à mon cœur. J'ai haleté. Tandis qu'ils se pressaient et s'arrachaient à leur résidence, je sentais leur colère tandis qu'ils s'extrayaient à contrecœur et avec vengeance, chacun d'eux me causant un inconfort notable lorsqu'ils se retiraient. Ils semblaient conscients que Dieu avait entendu Leur présence n'était plus autorisée. Leur voyage dans le ßee était terminé.

Cependant, l'esprit qui avait élu domicile sur mon front refusait d'abandonner son contrôle. Et dans son entêtement, il m'a envoyé un avertissement, non pas par des mots, mais par le degré de force qu'il a appliqué sur mon corps, qui m'a rendu complètement immobile et désorienté. Cet esprit me fait savoir de manière subliminale que plus je resterai dans cet environnement, plus son contrôle implacable se poursuivra, et plus je serai exposé à cette expérience puissante, sainte et ointe, plus il fera de ma vie un enfer.

J'ai quitté le service du dimanche en réalisant que de nombreux démons étaient encore en moi. Je n'étais plus maître de mon corps, de mon temple, de la liberté que Dieu m'avait donnée. Je me suis rendu compte que mon péché avait ouvert une porte-Une porte qui avait permis à des entités de prendre le contrôle. J'ai été brutalement réveillé et j'ai eu peur que si cet ennemi prenait le contrôle complet de mon esprit, le centre de contrôle de mon être, il finirait par contrôler toutes mes facultés - et je ne pourrais rien faire.

J'ai continué à assister à ce service hebdomadaire rempli de l'Esprit pendant trois autres dimanches. Nous avions pour tradition de nous avancer vers l'autel de l'église pour prier et chercher Dieu. Un dimanche particulier, j'ai prié avec des cris sincères à Dieu, implorant le pardon pour les péchés hebdomadaires. Par le passé, j'avais toujours fait l'expérience de sa proximité et de son réconfort, et j'avais ressenti la présence attachante de mon Père, sa puissance et l'assurance qu'il répondrait à mes requêtes en temps voulu, selon sa volonté. J'avais donné à Dieu mes problèmes et, au cours de la même semaine, Il avait corrigé de nombreuses difficultés insurmontables et réglé des situations d'une manière qu'aucun humain ni moi ne pourrions faire.

À de nombreuses reprises, j'ai pu sentir son contact guérisseur dans diverses parties de mon corps, et j'ai su que seule sa prévoyance miraculeuse avait le contrôle. À plusieurs reprises, j'ai senti qu'Il touchait des zones, peut-être cancéreuses, que ni mes médecins ni moi ne pouvions explorer. De ces expériences sur l'autel, j'ai appris que Dieu me rencontrerait, et les bénédictions, au-delà de toute mesure! Et maintenant, j'étais confrontée à une nouvelle horreur avec une tournure cauchemardesque. Alors que je m'agenouillais devant mon Seigneur et que j'exprimais mon adoration, mes besoins et mes désirs pour la semaine à venir, j'avais l'impression que Dieu n'était pas présent. Je ne sentais plus sa présence vivifiante, son contact familier et sa reconnaissance. De plus, j'ai de nouveau senti cette présence malfaisante commencer à se manifester sur mon front, et j'ai senti sa désapprobation énergique. Alors que je m'agenouillais, déversant mon cœur et mes pensées les plus intimes à Dieu, ce démon s'est à nouveau manifesté et a pris le contrôle. Plus j'essayais de me rapprocher de Dieu, plus ce démon commençait à réguler mon équilibre. Il s'en prenait à ma volonté, m'empêchant de m'agenouiller, de prier et de communier avec mon Père céleste. Plus je priais, plus il exerçait de force et de contrainte, me déséquilibrant. D'une certaine manière, il comprimait mon cerveau, me donnant le vertige. Tout effort pour entrer en contact avec Dieu provoquait cet ennemi qui, en retour, manifestait son mécontentement, me causant ainsi des étourdissements et des pertes d'équilibre accablants. C'était comme si ce démon était à la barre et qu'il donnait des ordres stricts.

La contrainte de cet esprit était si puissante que je me suis sentie captive et impuissante. J'étais prisonnière, il m'était interdit d'entrer en contact avec mon Père, mon ami le plus cher, mon Dieu en qui j'avais appris à avoir confiance, car il m'avait prouvé que je pouvais me réfugier en sa présence, trouver du réconfort après une semaine horrible d'épreuves et de tribulations, et trouver un refuge.

D'une certaine manière, je savais que plus je restais là, à chercher Dieu, plus ce démon manifesterait son mécontentement. Je me suis sentie faible et complètement hors de contrôle. Cette créature m'a forcée à sortir de la pièce en courant, sinon je m'évanouirais devant l'autel. Oui, j'étais chrétien, mais par le péché, j'avais permis au mal d'entrer dans mon corps, dans mon temple, dans ce sanctuaire intérieur qui jusqu'alors était réservé exclusivement à Dieu. J'ai couru, effrayé, dans la pièce voisine, n'importe où, loin de la présence de Dieu. Plus je m'éloignais de l'autel et de la présence de Dieu, plus je gagnais en maîtrise physique. Oui, cela allait être une bataille, mais dans mon cœur, j'ai juré de gagner !

Tout au long de cette épreuve, je n'oublierai jamais les rires de la femme du ministre. Cette sœur était l'une de mes collègues. Nous avions déjà travaillé ensemble dans le département de l'école du dimanche, où j'étais enseignante à la Primaire et surintendante adjointe. Rétrospectivement, en y réfléchissant, je vois que cette sœur a compris ce qui se passait ; elle m'a vu essayer de prier, mais elle s'est moquée de ma situation difficile. Elle a vu que j'étais hors de contrôle et que j'échouais dans chacune de mes tentatives de prier, mais au lieu de courir à mes côtés et de prier pour moi, cette sœur, qui était autrefois mon amie, riait maintenant sous son souffle. Peut- être ne savait-elle pas quoi faire. (Peut-être était-ce plus une réaction instinctive qu'un trait d'humour ?) Cependant, comme vous pourrez le constater, le corps du Christ (les membres de mon église) n'était absolument pas préparé à venir en aide à un autre chrétien qui avait servi côte à côte pour le Seigneur, mais qui se trouvait maintenant en difficulté. Au lieu de venir à mon secours, ils étaient prêts à me jeter sous le bus, pour ainsi dire. Ils m'ont laissé en plan, confus et déconcerté !

Bien que j'aie été un chrétien pratiquant depuis l'âge de sept ans, j'étais, à l'âge de trente-sept ans, dans une spirale descendante qui m'éloignait de la présence constante de Dieu et m'entraînait vers des territoires dangereux et jamais explorés. Je crois fermement que Dieu sait ce qu'il y a de mieux. Il connaît tous les pièges et les dangers associés à notre voyage sur terre. C'est pourquoi il nous a donné les dix commandements, le livre du Lévitique et d'autres lois bibliques qui servent à nous garder sur la bonne voie et à nous préserver des dangers qui pourraient nuire à notre esprit et nous éloigner ainsi de sa protection. Lorsque nous enfreignons les lois de Dieu, nous donnons à Satan un avantage, un point où il a la permission de nous attaquer. La Parole nous rappelle que "... Satan rôde comme un lion rugissant, cherchant ceux qu'il peut dévorer" (1 Pierre 5:8).

Satan, qui connaît parfaitement la parole de Dieu, cherche chaque jour un enfant de Dieu qui baisse sa garde par la désobéissance. Le Père Dieu n'est pas un rabat-joie. Il ne fait pas exprès de rendre la vie la plus ennuyeuse possible. Non, il sait que le méchant désir de Satan est de faire honte à Dieu, c'est pourquoi il attaque et combat les enfants de Dieu. Satan sait que les enfants de Dieu sont proches de son cœur.

Si nous désobéissons aux instructions de Dieu, nous laissons tomber notre mur de protection et nous donnons à Satan une invitation à nous attaquer. Il se jette alors sur nous à corps perdu. Sans aucun doute, je suis convaincu que cela a été le début de ma chute. Ainsi, comme Job, lorsque la protection a pris fin (Job 1:10), Satan s'est fait un plaisir de répondre à l'appel.

Bien que ma déchéance ait été importante, je n'échangerais pour rien au monde l'expérience que j'ai acquise. J'ai eu un aperçu du monde des esprits, une vision des ruses et des stratégies de Satan, une vision dont peu de gens ont été témoins ; lorsque l'occasion m'a été donnée de partager mes connaissances avec le corps du Christ, ayant été témoin de beaucoup de choses, j'ai saisi l'occasion. Dieu a éveillé mes sens pour que je puisse revenir et partager cette révélation. Je suis convaincue que la Parole de Dieu est vraie et extrêmement précise ; et si nous suivons Ses instructions, nous serons épargnés de beaucoup de chagrin.

Comme dans le cas d'Adam et Ève dans le jardin, Dieu a donné un ordre simple à suivre, mais a choisi de ne pas entrer dans les détails. Il leur a dit de ne pas manger d'un certain arbre parce qu'ils mourraient sûrement (ou perdraient leur conscience de Dieu). C'est ainsi que Dieu opère avec nous aujourd'hui. Il nous donne sa parole, la Bible, et des enseignants oints pour nous guider et nous expliquer plus complètement l'amour et le désir de Dieu pour nos vies. Comme pour Adam et Eve, Dieu attend de ses enfants qu'ils croient à la valeur nominale de sa parole. Il attend de nous que nous lui fassions implicitement confiance parce qu'il nous aime et qu'il a nos intérêts à cœur. Il est Dieu et existe depuis toujours. Il connaît toutes les ruses et tous les pièges. Tout ce qu'il veut, c'est que nous lui fassions confiance et que nous suivions ses directives. Nous pouvons considérer qu'il s'agit d'un test. Dieu nous met souvent à l'épreuve pour voir si, par la foi seule, nous pouvons simplement obéir. Il s'agit de petits pas avant de nous conduire vers des aventures plus avancées. Nous devons comprendre que Dieu nous aime. Nous sommes sa plus grande création. Il nous a choisis pour être ses coregents lorsqu'il établira son royaume sur la terre.

Prière pour la liberté

Je libère mon esprit, ma volonté et mes émotions de toute assignation et de tout esprit des ténèbres au nom de Jésus.

Pieds démoniaques sous la table de Dieu

Cette semaine-là a été rude et décourageante. J'ai travaillé dur dans l'équipe de nuit d'un entrepôt, où je sélectionnais et expédiais de la peinture et des fournitures aux clients. Oui, malheureusement, le temple de mon corps abritait encore certains de ces démons. Je ne connaissais pas le nombre d'intrus, car ceux qui habitaient à l'intérieur de mon corps passaient inaperçus. Cependant, j'ai senti les mouvements périodiques du chef, le démon attaché à mon front comme un écureuil, et à peu près de la même taille - son corps s'enfonçait à moitié dans ma tête. Je savais que sa tête et ses pattes s'étendaient vers l'avant et sur mon visage.

J'ai remarqué ses mouvements aléatoires. Je ne pouvais pas le toucher physiquement ; il se trouvait dans une autre dimension.

De temps en temps, elle laissait tomber de la substance sur mon visage et mon menton. J'ai également commencé à ressentir une sorte de vide intérieur, comme si ma compassion et ma capacité d'empathie avaient disparu. J'adoptais les caractéristiques froides et dures de ces démons.

Ainsi, à l'approche du dimanche, j'étais gonflé à bloc et prêt, impatient d'entendre le Seigneur. Je savais que le seul moyen de me protéger de ces intrus était de venir dans la maison du Seigneur, car je savais par expérience que cette maison consacrée de croyants et cet environnement rempli d'Esprit exigeraient que les démons se manifestent.

Ce jour de novembre, ma mère, ma sœur et moi-même avons fidèlement parcouru les soixante miles qui nous séparaient de Goshen, dans l'État de New York, une petite communauté de banlieue au nord de Manhattan, pour nous rendre dans cette église majoritairement américaine à Harlem, dans l'État de New York.

Il s'agissait de Soul Saving Station, une église pentecôtiste vieille de quatre-vingt-dix ans, dont on parle dans de nombreux coins du

monde comme d'un lieu de culte oint. Cette église abritait la présence du Seigneur, et son feu sacré provoquait la reddition immédiate de la plupart des mauvais esprits. Chaque dimanche, il était courant de voir des visiteurs venus de France, d'Angleterre, d'Allemagne, d'Amérique et du Brésil. La liste des visiteurs est longue. L'église s'était fait connaître comme un lieu où la puissance de Dieu était vraiment réelle et puissante. Vous n'osez pas fréquenter cette église après une semaine de fornication ou de péchés majeurs, car Dieu, par l'intermédiaire de ses prophètes, vous rappellerait à l'ordre.

Je me souviens qu'un dimanche, avant que le pasteur ne commence son sermon, l'un de nos prophètes s'est mis à parler en langues (glossolalie, un langage connu uniquement de Dieu et des fidèles remplis de l'Esprit). Après avoir parlé quelques instants en langues, le prophète a commencé à interpréter en anglais. "Vous êtes ici aujourd'hui. Vous osez entrer dans ma maison après une semaine de fornication. Je peux le sentir maintenant. Vous êtes ici aujourd'hui après une semaine de fornication. Montez à l'autel et repentez-vous".

Malheureusement, personne n'a eu le courage d'admettre qu'il ou elle était le coupable. Je vous garantis que cette personne était à l'église ce jour-là et qu'elle avait sans aucun doute commis ce péché.

Mais revenons à mon histoire : ma famille a fait le voyage d'une heure depuis la banlieue pour participer au dimanche de la communion et prendre part aux sacrements. Chacun a reçu sa part et la cérémonie s'est terminée. Plus tard, l'un des prophètes a commencé à prophétiser, d'abord en langues, puis en anglais : "Je vois vos pieds sous ma table. Vous osez entrer dans ma maison et partager mon service ?" (Dieu châtiait et avertissait les démons logés en moi).

J'ai remarqué que le démon sur mon front se manifestait à nouveau. Il pesait tellement sur ma tête que je n'avais pas la force de la soulever. Il faisait jouer ses muscles, me faisant savoir qu'il voulait sortir immédiatement de cet environnement. J'ai reconnu l'opportunité qui s'offrait à moi et j'ai commencé à crier intérieurement à Dieu le Père : "Seigneur, aide-moi, s'il te plaît ! Vous savez que je suis votre enfant. Je vous ai aimé et servi toute ma vie. Aidez-moi, Seigneur, s'il vous plaît ! Je suis sincèrement désolé. Aidez-moi, Seigneur ! Aidez-moi !" J'ai commencé à réciter les Écritures dans mon cœur. "Invoquez l'Éternel au temps de la détresse et je vous montrerai des choses grandes et puissantes que vous ne connaissez pas. (Jérémie 3:3 ; Psaume 50:15, 91:15) Je ne te quitterai jamais et je ne t'abandonnerai jamais" (Deutéronome 4:31).

Soudain, sans que je puisse ouvrir les yeux ou lever la tête, j'ai senti quelqu'un flotter, se déplacer en zigzag jusqu'à l'endroit où j'étais assise. J'ai senti tout cela parce que je n'avais aucun contrôle. Je ne pouvais pas lever la tête ; le démon contrôlait ma tête. Cependant, je ne pensais pas que c'était le Seigneur Jésus qui se déplaçait vers moi. J'ai pensé que c'était un ange. Cet ange s'est tenu directement devant moi pendant que je continuais à implorer l'aide du Seigneur.

Rapidement, l'ange a pointé quelque chose sur mon front. J'ai supposé qu'il s'agissait de son épée. J'ai senti la chaleur et la pointe émettait quelque chose comme un rayon laser ou de l'électricité statique. C'était puissant ! J'ai senti le faisceau concentré, mais il ne m'a pas fait mal et ne m'a pas brûlé ; la pointe de l'épée a indiqué l'emplacement de l'intrus. La pointe de l'épée indiquait l'emplacement de l'intrus. Je pouvais dire que l'envahisseur avait certainement senti le rayon. Puis j'ai senti que quelque chose tombait de cette zone. L'épée chauffée détachait ce que le démon avait utilisé pour se fixer. La substance avait la consistance de la cire rigide qui tombe d'une bougie. Je suppose qu'il s'agit d'une substance de liaison.

Quelques instants plus tard, le démon est sorti de mon front. J'ai senti qu'il se tenait à côté de moi. Il ne se tenait pas sur le sol, mais juste à côté de mon épaule. Il a sans doute atterri dans une autre dimension. Si cela s'était produit dans notre monde physique, je suis certain que j'aurais ressenti un certain malaise.

Confus, déconcerté et désespéré, j'ai commencé à louer le Seigneur, le remerciant pour son don indescriptible (2 Corinthiens 9:15).

Après ma délivrance, j'ai continué à demander au Seigneur pourquoi il était venu si patiemment à mon secours lorsque ces mauvais esprits m'avaient lié, car j'avais péché et méritais d'être puni. Le Seigneur m'a révélé que mes prières étaient conformes aux Écritures, car je pleurais intérieurement, comme un enfant égaré qui a besoin de la protection de son Père. Mon cri témoignait de ma confiance dans le Seigneur ; et lorsque l'on est sincère, Dieu entend et répond. J'ai trouvé, gravée dans les Écritures, une raison valable pour laquelle Dieu a répondu à mon cri.

Psaume 91, 10-14 :

1. Aucun mal ne vous atteindra, aucun malheur n'approchera de votre tente.
2. Car il ordonnera à ses anges de vous garder dans toutes vos voies.
3. Ils vous prendront dans leurs mains, afin que vous ne heurtiez pas votre pied contre une pierre.
4. Ẹ Vous marcherez sur le lion et le cobra, vous foulerez le grand lion et le serpent.
5. "Parce qu'il m'aime, dit le Seigneur, je le secourrai, je le protégerai, car il reconnaît mon nom.

Ce qui m'a le plus frappé, c'est le verset 14. Dieu dit que je vais sauver mon enfant parce que mon enfant m'aime et confesse qu'il me connaît - qu'il sait que j'existe.

Les démons avaient violé mon esprit, mon corps et mon âme ; j'étais en colère, mais encore plus déterminée à obéir aux lois de notre Père céleste aimant. C'est dans ce but qu'il a établi ses lois ; elles nous font prendre conscience que nous avons des ennemis invisibles dans ce monde. La Parole de Dieu nous informe et nous aide à éviter les pièges de Satan. Notre Père aime tellement l'humanité qu'il a conçu des méthodes pour nous protéger de l'ennemi pendant que nous sommes sur cette terre. Le problème, c'est que beaucoup d'entre nous considèrent la Bible comme allant de soi. Or, j'ai appris qu'il nous incombe de la lire quotidiennement, afin d'éviter des tragédies telles que celle dont j'ai été témoin. Oui, j'ai vécu une invasion démoniaque ; j'étais encore en colère, exaspérée et exacerbée. Je n'ai pas pu m'empêcher de penser que si les démons sont réels, alors il n'y a aucun doute - la parole de Dieu doit être vraie. Ce démon est parti et n'est pas revenu.

Une personne enlevée

Je remercie mon Père céleste d'avoir entendu mon cri et d'avoir expulsé ce cruel démon chef. Bien que j'aie continué à voir d'autres démons logés dans mon corps, ils ont progressivement commencé à partir. Certains s'envolaient pendant que j'étais à l'église. Certains d'entre eux me faisaient taire et me faisaient dormir pendant le service lorsqu'ils ne voulaient pas que j'écoute ces messages oints. Je veux dire que c'était l'extinction des feux ; je ne pouvais vivre aucun des services, mais je me réveillais en me sentant rasséréné. Il a fallu plus de deux mois pour que l'ange extraie le démon principal.

Périodiquement, d'autres sont chassés de l'intérieur.

Je me souviens d'être rentré chez moi un dimanche après le service religieux. J'ai allumé la télévision, en m'assurant que j'avais choisi un service gospel avec beaucoup de chants gospel. J'ai commencé à louer et à adorer Dieu dans mon cœur. Nos cœurs sont des sanctuaires que le Saint-Esprit occupe. Lorsque nous adorons le Dieu tout-puissant en esprit et en vérité, il nous visite et sa présence est comme un feu, un feu que Satan et ses démons ne peuvent pas tolérer.

Bien qu'à moitié endormi, j'ai remarqué que de plus en plus de démons s'extirpaient de mon corps - quittant l'endroit où ils s'étaient logés pendant des mois. Le feu de la présence de Dieu était trop fort pour eux ! Je les sentais s'éloigner de mon corps. C'était comme si quelqu'un retirait un objet d'une gélatine figée. Ce n'était pas douloureux, mais c'était une incontestable liberté !

Plusieurs mois après mon installation, je me souviens d'un autre incident intéressant. Je faisais la navette en train jusqu'à Manhattan. Dieu m'avait fidèlement donné un emploi dans la fonction publique, et le salaire valait le déplacement. Après avoir géré deux trains bondés ce matin-là, je suis arrivé à la 34e rue, Harold Square. Comme des milliers d'autres personnes qui se frayaient un chemin, épaule contre épaule, dos contre dos, j'essayais anxieusement d'atteindre ma destination. J'ai regardé par inadvertance le quai du métro d'en face et j'ai remarqué un Asiatique d'environ dix-neuf ou vingt ans. Il m'a repéré avec une certaine excitation anxieuse, comme s'il avait identifié un partenaire familier de longue date. Parmi les milliers de navetteurs qui se bousculaient pour atteindre l'extérieur, ce jeune homme m'a repéré et a commencé à essayer désespérément de me rejoindre. En quelques instants, il était à mes côtés. Nous avons monté les marches, épaule contre épaule. Nous avons monté les marches, épaule contre épaule.

Je suis restée bouche bée. Qui était cette personne et pourquoi se comportait-elle comme si elle me connaissait ?

J'ai continué sur une quarantaine de mètres jusqu'au passage piéton, puis je me suis arrêté au feu. Il pleuvait légèrement et je portais une veste à capuche. À ma grande surprise, il s'est placé devant moi et, sans dire un mot, a soulevé ma capuche en regardant directement mon front, comme s'il s'attendait à retrouver un ami perdu de vue depuis longtemps. Il ne l'a pas vu, Dieu merci. Il est sorti rapidement et je ne l'ai jamais revu depuis. (Les démons ont un système de réseau). D'une manière ou d'une autre, les habitants de ce jeune asiatique ont supposé que son camarade vivait toujours dans mon front ; il s'attendait sans doute à de grandes retrouvailles. Il s'attendait sans doute à de grandes retrouvailles, mais il s'est enfui, tristement déçu.

Ce fut une triste révélation de voir ce jeune homme contrôlé par des démons. Il n'avait pas son mot à dire. Ils l'ont probablement endormi pendant qu'ils faisaient ce qu'ils voulaient. C'est ce que le démon du front avait en tête pour moi ; il prévoyait d'entrer dans mon corps et de prendre progressivement le contrôle. Et la méthode de son contrôle, prendre la tête, et le reste suivra ? Je suis convaincu que seul Jésus, dans cet environnement d'église oint, aurait pu me libérer.

L'un de mes passe-temps favoris consiste à parcourir les librairies locales le week-end. Un après-midi particulier, alors que je cherchais le dernier genre spirituel ou métaphysique, j'ai remarqué un jeune vendeur asiatique qui regardait par-dessus la bibliothèque derrière moi.

D'une manière très lente et prudente, il m'a demandé : "Puis-je vous aider à trouver quelque chose ?" Je lui ai dit que je ne faisais que regarder à ce moment-là, mais que je le trouverais quand j'aurais besoin d'aide.

J'ai poursuivi ma recherche. Lorsque j'ai atteint la dernière allée et que j'ai tourné dans la suivante, le jeune Asiatique se trouvait à environ cinq mètres devant moi. Soudain, son comportement a changé du tout au tout. Sa tête a commencé à se transformer en une image ressemblant à une tête de cheval. Elle s'est allongée jusqu'à ce qu'elle prenne l'aspect d'un cheval. Il m'a alors regardé directement et a commencé a taper le sol avec ses pieds, chaque pied en succession alternée.

Cela rappelait le comportement d'un taureau battant le sol avant d'attaquer son ennemi. Je suis resté transi, observant cette transformation. Elle s'est produite en moins de trois minutes. De toute évidence, les démons contrôlaient la situation. Lorsque ses démons ont compris que je n'étais pas là pour voir leur jeune captif, ils l'ont progressivement relâché.

Une autre fois, j'ai vu un autre jeune homme possédé par des démons interlopes. Le jeune homme était retenu en captivité et les démons n'en faisaient qu'à leur tête. Ces exemples de possession me rappellent la situation difficile dans laquelle se trouvait le disciple de Judas-Christ (Jean 13:2, 27). Plus il s'abandonnait aux mensonges de Satan, plus il tombait dans le mal. Il est probable qu'à partir de ce moment-là, Satan a pris le contrôle total. Et il est possible que Judas ait été à peine conscient qu'il avait contribué à cette prise de pouvoir (en mentant, en déformant la vérité, en cherchant à s'enrichir, en volant le plus grand prophète de tous les temps et en manquant de respect à ceux qu'il avait maltraités).

Lorsque l'on cède si complètement à l'ennemi, on ouvre un chemin à Satan. Judas a rempli sans le savoir les conditions sur lesquelles les mauvais esprits travaillent. Par conséquent, par défaut, Satan avait le droit de prendre le contrôle des facultés physiques, mentales et émotionnelles de Judas. Si seulement il s'était souvenu du commandement du Seigneur,

"Aime ton prochain comme toi-même" (Marc 12:30-31), la parole de Dieu nous aide à vaincre Satan à chaque fois.

De tout mon cœur, je voulais parler avec ce jeune homme, savoir comment ces démons étaient entrés dans sa vie. S'agissait-il d'un péché personnel ou d'une malédiction ancestrale ? (Certaines malédictions ancestrales proviennent de pratiques occultes et d'arts martiaux ; ces malédictions sont transmises aux troisième et quatrième générations, et Dieu nous avertit de nous éloigner des faux dieux et de leur culte). Ce point est détaillé plus loin (Deutéronome 6:8 ; 7:25, 26 ; 11:28 ; 12:3 ; 13:6-10).

Tout au long de l'histoire, n'est-ce pas ce que Dieu a souhaité pour ses enfants ? Que nous lui fassions confiance et que nous lui obéissions sans réserve ? Regardez Adam et Ève. Dieu les a créés, a établi leur extraordinaire vie (dans tout le Moyen-Orient), et a donné une condition : dans tout le jardin, il ne faut pas manger le fruit d'un seul arbre. Dieu a choisi de ne pas entrer dans les détails. Cependant, je crois qu'il s'agissait d'un test pour voir s'ils lui obéiraient, pour voir s'ils pouvaient lui faire confiance sur une foi aveugle. Bien entendu, ils ont échoué à ce test et nous souffrons tous aujourd'hui de cet échec cuisant.

Pourtant, tous les enfants de Dieu sont soumis à des épreuves quotidiennes similaires. Notre Père aimant nous donne sa parole et attend de nous que nous lui obéissions et que nous lui fassions confiance. Il est le Créateur et nous aime tendrement. Il ne nous donne pas une grande leçon d'histoire ni une longue explication sur ce que Satan nous fera probablement si nous ne tenons pas compte de sa parole. Non, il attend de nous que nous lui fassions confiance par la foi et que nous nous fassions à ses antécédents et à ce qu'il a fait dans le passé. Regardez les exemples de confiance que le Christ a illustrés. Son exemple bénit ses disciples et nous guide dans notre marche quotidienne. "Mais à tous ceux qui l'ont reçu, il a donné le pouvoir de devenir fils de Dieu, à ceux qui ont cru en son nom" (Jean 1:12).

Dieu préfère que nous marchions par la foi dans ce royaume terrestre, et le degré de notre marche et de notre confiance en Lui détermine le niveau de croissance et de bénédiction que nous recevons. Notre confiance en sa fidélité prouve que nous sommes ses disciples et ses enfants. L'Écriture nous informe que "sans la foi, il est impossible de plaire à Dieu" (Hébreux 11:6).

Regardez Pierre lorsqu'il tente d'imiter la marche miraculeuse de Jésus sur l'eau. "Seigneur, est-ce que c'est toi ? Puis-je faire cela aussi ?" Jésus l'a invité à venir. Pierre a timidement marché, mais comme sa foi diminuait, il a commencé à couler. Toute cette leçon porte sur la confiance et la foi. Jésus dit encore : "Pierre, pourquoi as-tu douté ?" En conséquence, la puissance de Dieu est établie en proportion de notre capacité à croire et à faire confiance à sa capacité.

Vous trouverez ces leçons dans toute la Bible. Notre Père veut que nous sachions qu'il s'agit avant tout de faire confiance et de s'en remettre totalement à son caractère et aux événements historiques. Tout au long de la Bible, la foi est mise à l'épreuve et le niveau de confiance que nous plaçons en notre Père céleste détermine l'étendue de notre bénédiction.

Lorsque les trois aveugles ont cherché à guérir de leurs maladies, Jésus a évalué le degré de guérison en fonction de leur capacité à faire confiance. "Il dit au centurion : "... parce que tu as cru, cela est arrivé" (Matthieu 8:13). Notre foi en la capacité de Dieu détermine le niveau des bénédictions reçues.

Ainsi, notre niveau de croissance et d'avancement dans le Royaume de Dieu correspond au degré auquel nous sommes prêts à nous éloigner de la parole et de l'histoire de Dieu. Oui, nous devrions avoir des exemples tellement positifs de l'histoire de Dieu et de son bilan que nous n'avons pas besoin de lui demander un test ou un autre exemple pour nous rassurer. Nous devrions simplement répondre en faisant fidèlement confiance aux défis quotidiens qu'il permet de rencontrer sur nos chemins. Nous devrions pouvoir dire: "Dieu l'a dit, et je le ferai. Dieu est bon pour cela ; il me soutient. Et je lui fais confiance. C'est le joyau de la foi qui touche le cœur de Dieu (comme une mère qui s'occupe de son petit). Cette confiance fait que Dieu remue ciel et terre pour honorer cette foi manifestée dans la vie de son enfant.

Comment tombent les puissants

En raison de mes fautes d'inattention, j'ai du mal à comprendre la destruction que j'ai apportée dans ma vie. Mes péchés ont terni ma réputation. J'ai brisé le cœur de Dieu et la confiance qu'il avait en moi. Cependant, je ne cesserai jamais de le remercier car, malgré tout, lors de ma chute sur les pentes glissantes de la réalité, j'ai senti l'amour et la compassion durables du Seigneur jusqu'au fond. Si je n'avais pas connu les promesses écrites dans la Bible, les promesses de Son amour inconditionnel, que Ses oreilles étaient ouvertes à mes cris, que les ennuis d'un chrétien ne durent pas toujours, je suis certaine que j'aurais tout arrêté à un moment ou à un autre de ma lutte. Pourtant, la présence de Dieu était toujours proche. "Le Dieu éternel est votre refuge, et sous lui se trouvent les bras éternels. Il repousse devant toi l'ennemi, et il dit : Détruis-les !"

(Deutéronome 22:27). Et aussi : "Nombreuses sont les souffrances du juste, mais l'Éternel l'a délivré de toutes" (Psaume 34:19). Ces paroles d'espérance et les fondements ont été profondément gravés dans mon cœur. Ce parachute scriptural a rattrapé mon âme en chute libre et a amorti la douleur. David a dit : "J'ai été jeune, et je suis vieux ; mais je n'ai jamais vu le juste abandonné, ni sa postérité mendier son pain" (Psaume 37:25). Quel Père, quel Sauveur et quel Saint-Esprit aimants nous avons ! Leur amour est indéfectible !

Comme l'eau qui ondule sur les rochers d'une rivière, la Parole de Dieu a réconforté et apaisé mon âme troublée alors que tout autour de moi échouait et que tous ceux que je connaissais m'abandonnaient, comme des rats abandonnant un navire en train de sombrer. Qu'est-ce qui vous a poussé, en tant que chrétien, à tomber dans le péché, permettant ainsi à ces démons de prendre le dessus dans votre vie ? Eh bien, tout a commencé de manière assez innocente.

La promesse d'une vie fructueuse

J'ai obtenu ma licence en 1971 et mon master en éducation en 1973. Peu de temps après, j'ai commencé à enseigner dans des écoles primaires publiques. Je me souviens qu'un jour, certains de mes élèves de sixième année sont venus me voir en me disant : "Pourquoi le magasin Mom and Pop au coin de la rue a-t-il ces mauvais livres (pornographie) sur les étagères, là où les enfants peuvent les voir ?"

Quelques semaines plus tard, j'ai décidé de me rendre au magasin pour découvrir les livres cochons que les enfants regardaient (je suis sûr que Satan avait quelque chose à voir avec cette pensée).

Je suis entré dans le magasin et les enfants avaient raison. Il y avait là, bien en vue, sur les étagères du milieu, des photos de femmes et d'hommes nus en plein ébat sexuel. J'avais l'intention de parler au gérant et de lui demander s'il pouvait placer les magazines hors de la vue de mes élèves. Cependant, alors que je commençais à regarder les livres, le désir de les regarder pour mon excitation sexuelle a commencé à germer. Mon appétit s'est accru à mesure que je regardais les photos, m'imaginant en train d'adopter certaines de ces positions. J'ai commencé à me rendre au magasin chaque semaine pour voir quels nouveaux magazines avaient été publiés.

Est arrivé. Avec le recul, je peux voir le stratagème de Satan depuis le début : me faire visiter le magasin pour le bien des enfants. C'était la ruse de Satan. Son hameçon consistait à exposer ma vie au désert inextinguible de la pornographie - et je suis tombée dans le panneau. Je n'en avais jamais assez. Il n'a pas fallu longtemps pour que mon palais pornographique désire quelque chose de plus fort, de plus révélateur et de plus "risqué".

J'ai remarqué des publicités au dos des magazines pour l'achat de vidéos. Le distributeur local était en fait situé dans le centre de Manhattan, à New York. À une quarantaine de minutes en voiture de mon domicile. J'étais donc là, un chrétien né de nouveau, en train de planifier une excursion d'un samedi dans la ville pour visiter un grand magasin pornographique. En me promenant dans le magasin, j'ai remarqué toutes sortes de matériels conçus pour stimuler toutes les persuasions sexuelles. Je n'ai pas tardé à remarquer des étiquettes vidéo montrant des actes homosexuels entre hommes. Ce matériel était totalement nouveau pour moi. J'ai néanmoins choisi quelques vidéos et quelques magazines et j'ai commencé à rentrer chez moi.

Une chose que j'ai remarquée au début, lorsque je prenais un magazine pour le feuilleter, je me souviens très bien que je n'arrivais pas à assimiler le contenu. C'était comme si mon esprit refusait de saisir ce qui se trouvait sur les pages, comme si Dieu avait placé un blocage du Saint-Esprit sur mes yeux pour m'empêcher de contempler le péché. Je dois ajouter que cela ne s'est pas produit lorsque j'ai regardé les magazines hétérosexuels, mais que seul le matériel homosexuel a été bloqué, m'empêchant de le regarder. Oui, j'étais un chrétien, rempli de l'Esprit ; j'avais été un chrétien pratiquant pendant trente ans, et d'une certaine manière, je sentais dans ma conscience que Dieu, en m'empêchant de regarder, faisait un dernier effort pour m'empêcher de ruiner mon témoignage chrétien et ma marche pieuse. Je n'arrivais pas à voir et à comprendre les scénarios sexuels qui se déroulaient sur les photos. Je les tournais à l'envers, à droite et à gauche, mais je n'arrivais pas à comprendre ce qui se passait. Je devenais de plus en plus ßustré à chaque minute, et je me souviens avoir dit dans mon cœur : "Je veux voir ça !". Et dès que je l'ai dit, tout est devenu clair - tous les actes immondes étaient visibles. J'ai appris depuis que ni Dieu, ni notre ange, ni Satan n'auront raison de notre volonté ße. "Résistez au diable et il s'enfuira" (Jacques 4:7). Et il est sage de fuir les situations qui sont tentantes et peuvent vous conduire sur les chemins de la damnation. Prenez-en de la graine : fuyez, courez, repositionnez- vous. Vous éviterez ainsi toute une vie de chagrin, de regrets et de honte.

Cette pornographie maudite m'a donné un appétit insatiable et m'a entraînée dans une spirale de honte et de destruction. Je me souviens d'avoir entendu cet adage, et il exprime bien ma situation. "Le péché vous emmène plus loin que vous ne voulez aller, vous retient plus longtemps que vous ne voulez rester et vous coûte plus que vous n'êtes prêt à payer. C'est tout à fait vrai. J'avais volontairement, bien qu'ignorant, laissé tomber la barrière de protection de Dieu et pris le parti du diable, et il est entré comme une inondation. Un chrétien piégé par l'ennemi alors qu'il visitait une épicerie. J'en étais arrivé au point où les magazines ne suffisaient plus à satisfaire mes envies. Oui, j'étais accro à la pornographie, et c'était insatiable - non seulement aux magazines, mais aussi aux vidéos et finalement à l'Internet, un smorgasbord de pornographie qui durait toute la nuit. Je me vautrais dans la porcherie de la pornographie. On ne compte plus les histoires sur la façon dont cette industrie détruit des vies. Je dois dire à ceux qui produisent cette saleté et s'enrichissent en ruinant la vie des individus et en causant la destruction des familles, en initiant le divorce, l'infidélité, le suicide, le meurtre et tous les types de fornication, que leur punition sera d'une sévérité inimaginable en enfer. Je peux m'imaginer sept fois plus chaud que les autres souffrants (sept est le chiffre de la perfection selon Dieu).

Je n'ai pas tardé à remarquer que la pornographie commençait à affecter mon témoignage spirituel. Alors que je travaillais dans la maison de Dieu, j'avais toujours à l'esprit le rappel lancinant que j'enfreignais la loi de Dieu - j'achetais en cachette de la pornographie - et j'avais encore le culot de me considérer comme un dirigeant chrétien. Et Satan, lui aussi, a eu beau jeu d'accentuer ce fait.

À ce moment-là, je n'étais pas conscient du pouvoir destructeur de la pornographie (un concept maniaque conçu pour saisir et piéger le spectateur dans un esclavage sans fin) ; mais Dieu était certainement conscient et essayait désespérément d'attirer mon attention. Ce que j'ignorais, c'est que lorsqu'une personne regarde de la pornographie et ne détourne pas immédiatement son regard, elle embrasse par défaut la vision de Satan.

Et ils sont immédiatement introduits dans le royaume des ténèbres : "Sortez du milieu d'eux, et séparez-vous, dit le Seigneur ; ne touchez pas à ce qui est impur, et je vous accueillerai" (2 Corinthiens 6:17). Ne touchez pas à ce qui est impur, et je vous accueillerai" (2 Corinthiens 6:17). Il est ordonné à l'enfant de Dieu

de ne pas toucher ce qui est impur. Si j'avais su qu'en touchant ce qui appartient à Satan, je devenais son agent, j'aurais immédiatement compris l'importance de l'avertissement du Seigneur. Dimanche après dimanche, il m'a appelé à l'autel de l'église pour me libérer des griffes de Satan, mon ennemi juré.

Je me souviens des avertissements de Dieu lors des cultes chaque dimanche pendant près d'un an. Au début, je pensais qu'Il parlait de quelqu'un d'autre. Mais chaque dimanche, une prophétesse annonçait : "Il y a quelqu'un ici aujourd'hui, et il est empêtré dans la pornographie. Venez à l'autel et demandez-lui pardon."

Chaque dimanche, juste avant le sermon principal, l'appel de Dieu à l'avertissement était fidèlement prononcé. Chaque dimanche, le même scénario, j'en suis arrivé à un point où j'étais fatigué de l'entendre. C'était dégoûtant ! Quelqu'un dans l'église avait le culot de regarder de la pornographie ! Je me souviens d'avoir regardé l'assemblée, essayant de repérer le coupable, et je me souviens d'avoir dit dans mon cœur : "Qui que soit cette personne, j'aimerais qu'elle obéisse à Dieu parce que j'en ai assez d'entendre cela." Puis, un dimanche, c'est devenu clair - c'est comme si Dieu m'avait parlé directement : "CETTE PERSONNE, C'EST TOI ! Montez sur le pont et demandez la prière, et je vous guérirai." J'étais choqué de réaliser que Dieu était au courant de ma dépendance à la pornographie. Mais le pire, c'est que j'avais trop honte pour aller de l'avant. Si j'avais obéi à Dieu, si j'avais été conciliant, j'aurais évité de détruire davantage ma vie spirituelle et ma carrière que j'avais eu tant de mal à acquérir. Une autre chose dont je me souviens : pas une seule fois la prophétesse ne s'est tenue à côté de moi lorsqu'elle a dénoncé le péché. Tous les regards se seraient tournés vers moi si elle s'était tenue à mes côtés. Dieu est en effet un parfait gentleman. Il ne veut pas nous couvrir de honte en public. Cependant, je l'ai vu parfois envoyer un prophète vers quelqu'un et lui dire : "Je vois déjà la mort sur toi, et tu ferais mieux de monter à l'autel pour prier." Néanmoins, je peux comprendre la différence.

Lorsque la vie et la mort sont en jeu, être exposé en public est le moindre des soucis.

Je me souviens d'avoir regardé un soir une émission de télévision chrétienne, The 700 Club, une émission très puissante, remplie de l'Esprit, où l'animateur fonctionne sous le giV du discernement. Les animateurs permettent au Seigneur d'adresser des paroles de connaissance aux téléspectateurs, même à travers les ondes, et de les corriger ou de les encourager. Ce soir-là, Ben Kinchlow était co- animateur de l'émission The 700 Le ministère des clubs. Je me souviens qu'il disait : "...Il y a quelqu'un dans le public qui est accro à la pornographie. Dieu veut que vous preniez les articles maintenant et que vous les détruisiez. Allez-y. Prenez-les tout de suite, pendant ce programme, et détruisez-les."

J'ai su immédiatement que le Seigneur me parlait. J'ai pris les dix cassettes vidéo, j'ai trouvé un marteau et je les ai détruites sur place.

Puis Ben dit : "Maintenant, plaidez les mérites du sang versé par Jésus sur eux, pour enlever les images de votre esprit. Allez-y, détruisez- les toutes. Maintenant, plaidez le sang sur eux."

J'ai suivi ses instructions et cela a marché. Je suis resté éloigné de la pornographie pendant six mois ou plus. Puis les désirs sont revenus. Cette fois, j'ai commandé plus de porno et, à mon grand étonnement, cette fois, l'addiction était sept fois plus vorace qu'elle ne l'avait été.

Un dimanche, à l'église, la prophétesse a repris la parole. "Je vous ai délivré une fois de la pornographie, et vous recommencez. Vous feriez mieux de la détruire."

C'était indubitablement le Seigneur qui me parlait à nouveau, essayant de m'éloigner de ce matériel maudit. Malgré tout, j'étais tellement accro à ce matériel à l'époque que ce n'était pas facile à faire. Oui, j'avais détruit toutes les cassettes, mais maintenant je pouvais facilement les commander tous les soirs sur le "World Wide Web". Bien que conçue dans un but noble, cette plate-forme est devenue le terrain de jeu de Satan. Satan, comme d'habitude, l'a principalement détournée pour La tentation peut attirer et profaner nos esprits, de sorte que nous n'atteindrons pas nos destinées divines. Je suis convaincu qu'à notre époque, nous devons être sur nos gardes face aux fléchettes enflammées de Satan, et que la tentation devient de plus en plus intense à mesure que nous approchons de la fin de cette époque.

J'ai remarqué que Dieu est si doux et qu'il garde ses lois intactes, quelles que soient les tentations que subissent ses enfants ; il ne passe pas outre leur choix - ni n'oublie leur volonté. Ces épreuves et ces tentations sont permises dans les limites de sa volonté permissive. Il y a un temps limite qu'Il a fixé pendant lequel Satan et ses démons peuvent agir en toute impunité, et ce temps n'est pas encore arrivé. J'ai le sentiment que ce temps s'écoule rapidement. Les démons font des heures supplémentaires parce qu'ils savent que le Christ, LE ROI DES ROIS ET LE SEIGNEUR DES SEIGNEURS, reviendra bientôt pour prouver par l'exemple que ce monde peut être établi dans la paix et la justice pendant mille ans (Apocalypse 20).

D'inspiration satanique sans aucun doute, je suis certain que toute l'industrie pornographique est issue des plans de l'enfer. Dans le seul but de détruire l'homme, cette industrie rapporte plus de 13 milliards de dollars par an. Elle est incontestablement l'outil de Satan. Il s'en sert comme d'un hameçon pour piéger les esprits. Les spectateurs finissent par être dominés, consommés, contrôlés et asservis par un appétit qu'il n'est pas facile d'assouvir. Elles finiront par vouloir s'engager dans l'activité décrite. Plus on les regarde, moins on a de contrôle et plus le comportement compulsif est fort. Cette motivation est à l'origine de crimes sexuels brutaux et inimaginables. L'esprit humain capte chaque scène et Satan la rejoue encore et encore, en promettant qu'il s'agit de l'expérience ultime de sa vie. À un moment donné, le toxicomane se sent invincible ; il est voracement contraint de participer à des actes obscènes, quelles qu'en soient les conséquences.

Il est difficile pour le commun des mortels de comprendre la majorité de ces histoires qui révèlent comment les individus les plus insoupçonnés ruinent leur mariage et perdent leur carrière à cause d'un crime sexuel irréfléchi ; ce qui est évident pour le public, c'est que l'auteur sera forcément arrêté. Pourtant, dans ce monde irréel, sous l'emprise d'une telle influence démoniaque, l'auteur est forcément arrêté.

Le coupable se réjouit de son arrestation. Pour l'instant, il est ßee, et le cauchemar va prendre fin. Ils sont tellement asservis que cela n'a plus d'importance. Ils veulent arrêter, mais l'impulsion est trop forte. L'hameçon de Satan est aussi irrésistible que cela. Il faut le sang de Jésus, et généralement une vie ruinée, pour ramener les délinquants à la réalité. Comment le sais-je ? J'étais pris au piège et je ne le savais pas. Le Christ voulait que j'accepte Sa voie de sortie ; mais, têtu, je refusais d'écouter, même si Dieu voulait me pardonner et me guérir. Satan et la majorité de l'humanité refusent de pardonner ou de permettre au converti d'oublier les péchés que Dieu tout-puissant a jetés dans la mer de l'étourderie (Hébreux 8:12 ; 10:17).

Une fois que Satan a pris le toxicomane sous son emprise, il joue avec lui comme avec une marionnette. Cependant, il finit par abaisser la rampe, tirer les couvertures et exposer le coupable au monde entier. C'est son travail : voler, tuer, diffamer et détruire, en dévastant totalement le caractère et la réputation d'une personne. Cela m'est arrivé, croyez-moi. J'ai perdu mon travail, je suis allé en prison et, ce qui est le plus douloureux, j'ai perdu la famille de mon église qui avait perdu sa confiance en moi. Ma famille religieuse ne m'accueillait plus en sa présence.

Le Seigneur m'avait dit de détruire tout le porno et de plaider les mérites du sang du Christ sur lui. Sans intervention divine, les images pornographiques ne sont jamais conçues pour quitter le subconscient d'une personne. Quel puissant outil d'asservissement Satan a mis en place dans son arsenal. J'ai écouté le témoignage récent d'un frère chrétien qui a été initié au royaume démoniaque de Satan de manière tout à fait innocente. Il naviguait sur YouTube, la chaîne Internet, et a vu par inadvertance de belles jeunes femmes exposées de manière indécente. Un esprit de convoitise s'est immédiatement emparé de lui. Il a assisté à un service religieux et le ministre de la délivrance a interrogé le démon pour savoir comment il avait pu entrer dans le corps du chrétien. Le démon a répondu : "Je suis entré en lui parce qu'il ne s'est pas immédiatement détourné de ce qu'il voyait. J'avais le droit d'entrer en lui, et je l'ai fait !".

Regarder de la pornographie semble sûr et inoffensif derrière des portes closes. Comprenez bien qu'il s'agit là d'un piège de Satan, d'une simple illusion. Il ne faut jamais oublier : Dieu voit tout. Nous ne pouvons rien cacher à sa vue et il garde trace de tout ce que nous faisons (Hébreux 4:13).

Le plus grand stratagème de Satan consiste à rendre une personne dépendante, puis à détruire son entourage. L'ennemi ne s'arrête pas une fois qu'il a détruit la vie d'un toxicomane ; il vise la ruine de toute la famille. Le salaire du péché est en effet la mort et la destruction (Romains 6:23).

Les démons font partie des êtres spirituels qui manipulent et réalisent les plans diaboliques de Satan. Les humains sont des êtres spirituels, confinés dans des corps corporels, qui luttent contre un ennemi invisible qui réside dans une autre dimension. La guerre qui fait rage est entre Dieu et Satan. Satan ne peut pas toucher Dieu, alors il se dispute le contrôle et la manipulation de nos corps charnels et physiques. L'humanité commet l'erreur de prendre le péché à la légère et de jouer avec lui, en croyant que nous sommes plus puissants que les ravages du péché et que nous avons la volonté d'abandonner n'importe quelle habitude par notre propre volonté. Prenez-le de ma part, cela ne sera pas aussi réussi et permanent sans l'implication du Christ. Je remercie le Christ, il m'a libéré ! Merci, mon Seigneur !

Satan et ses démons, eux, ne jouent pas, ils profitent de toutes les occasions. Nous devons être conscients que notre vie de pensée leur donne l'occasion de nous suggérer, de nous donner des images mentales et de permettre à certaines scènes d'entrer dans notre champ de vision. Par le biais de scènes télévisées, nous sommes attirés et piégés par la tentation. La Bible nous avertit de ne pas céder au diable, et je suis tout à fait d'accord. Si nous entrouvrons la porte de l'opportunité, Satan et ses démons saisissent toutes les occasions d'envahir nos vies paisibles. Les agents de Satan nous observent, cherchant nos faiblesses pour gagner des voies d'accès - des voies plus grandes pour l'anéantissement. Nous devons apprendre à saisir toute pensée ou idée mauvaise et à la chasser immédiatement de notre esprit (2 Corinthiens 10:5).

Et je dois dire que nous sommes bombardés quotidiennement par les actes subtils de tentation du Diable. Parce que les individus ne parviennent pas à saisir la tentation dès qu'elle est suggérée, de nombreuses vies sont ruinées. Comme le dit la Bible, nous devons "détruire les arguments et toute prétention qui s'élève contre le la connaissance de Dieu, et de rendre toute pensée captive pour l'amener à obéir au Christ" (2 Corinthiens 10:5).

Les démons ne sont pas omniprésents ; ils savent lire notre langage corporel. Ils disposent d'une armée très disciplinée qui travaille en réseau et partage des informations sur les coupables. Ils fonctionnent de la même manière qu'une armée bien disciplinée, qui sait très bien travailler avec un appareil bien huilé. Satan les convainc qu'ils finiront par gagner. L'un de leurs stratagèmes consiste à faire croire à l'humanité qu'elle a atteint des situations ou des dilemmes insurmontables que personne ne peut supporter, puis à suggérer à l'individu d'en finir, de mettre fin à cette vie et d'aller dans un endroit meilleur.

Sans l'approbation de Dieu, les démons n'ont pas le droit d'ôter une vie. Néanmoins, avec leurs jeux d'esprit, ils ont affiné et prouvé leurs compétences victorieusement à travers les âges ; leur folie convainc les individus de se suicider. Ils atteignent généralement un individu lorsqu'il est vulnérable, au plus bas. Alors, par défaut, ils ont gagné - une âme de plus tombe en enfer par ignorance. Nous devons lire la Bible, car c'est là que nous trouverons notre défense. Satan ne veut pas que nous lisions la Bible. Il garde l'humanité occupée à perdre son temps à regarder des feuilletons, des émissions de télé- réalité, à cuisiner, à faire du shopping, ou toute autre chose qui nous empêche de réaliser ce que Dieu offre - le salut et l'opportunité de devenir cohéritier avec Jésus-Christ (Romains 8:17).

Le salaire du péché - Incarcération

Quelle horrible expérience ! J'étais là, un enseignant qui avait travaillé si dur pour atteindre le sommet de la réussite scolaire. Et pourtant, j'étais là, menotté et escorté jusqu'à la prison du comté. Un autre passager partageait le siège arrière de la voiture de police. Nous nous sommes salués et je suis certain que les mêmes pensées ont envahi son esprit, tout comme la peur et l'inquiétude ont envahi le mien : Que se passera-t-il derrière ces murs ? Les autres prisonniers seront-ils hostiles ? Toutes sortes de craintes aléatoires ont couru à profusion m'ont traversé l'esprit et m'ont laissé sans voix. Après trente minutes de trajet, nous sommes arrivés à la prison du comté et y sommes entrés.

Ils nous ont arrêtés, avec prise d'empreintes digitales et de photos. Nous avons tous deux été escortés vers des cellules de détention individuelles pour la nuit. Le lendemain matin, nous avons été conduits à différents niveaux (cellules disposées autour d'un poste de contrôle central ou d'un bureau). J'estime qu'une vingtaine de personnes peuplent chaque étage et que chaque prisonnier dispose d'une cellule individuelle.

Les délits commis par la population allaient de la conduite en état d'ivresse au non-paiement de la pension alimentaire, en passant par le désordre, la maltraitance des enfants, etc. Tous ces délits étaient des délits mineurs. Par conséquent, toutes les peines allaient de trente jours à environ un an. Il n'y avait pas de braqueurs de banque, de meurtriers ou de criminels parmi ces délinquants. La plupart des prisonniers étaient des types ordinaires qui avaient enfreint la loi, et les tribunaux rendaient la justice applicable. Je n'ai pas mentionné la raison exacte de mon incarcération, car je ne voulais pas que les autres fassent preuve d'hostilité. J'avais entendu dire que les populations carcérales étaient notoirement négatives et extrêmement menaçantes pour les crimes commis sur des enfants. Et je n'étais pas sûre d'être physiquement capable de me défendre. Je n'étais pas du tout en forme. J'ai été condamnée pour avoir touché, à travers leurs vêtements, les parties intimes de six garçons de ma classe. La peine aurait été de plusieurs années si je les avais touchés peau contre peau, et à l'inverse, le fait de toucher à travers les vêtements a été considéré comme une infraction mineure, un délit mineur passible de six mois de prison.

La prison est un lieu de recueillement. Toute la journée, il n'y avait rien d'autre à faire que lire, dormir, jouer à des jeux de société, écouter de la musique, regarder la télévision ou converser les uns avec les autres. Ce n'est pas facile d'être enfermé avec une bande d'hommes, chacun ayant une personnalité différente. Nous étions là pour payer nos dettes à la société - c'était d'ailleurs ma principale préoccupation. Je voulais purger ma peine et rentrer chez moi.

Ma pire expérience a été d'avoir dans notre groupe une personne à la personnalité dominante et écrasante - une personne qui était obligée d'avoir des relations sexuelles avec d'autres personnes.

Il nous a dit à tous comment il voulait que les choses se passent. Il a pris sur lui de dire à tout le monde ce qu'il pensait, que nous le voulions ou non.

Teddy, notre compagnon de prison autoritaire, a été incarcéré plus de fois que n'importe qui d'autre au sein de l'équipe ; et son ingérence a rendu un séjour de six mois en prison misérable. Malgré tout, je dois admettre qu'en une occasion, il avait vu juste ! Les responsables de la prison avaient distribué un rasoir jetable pour l'ensemble de l'étage, qui comptait douze hommes. Nos âges allaient de dix-sept à quarante ans. Et ce rasoir devait servir aux douze hommes à tour de rôle.

Teddy a contacté les administrateurs de la prison et a attiré leur attention sur un risque sanitaire potentiel. Avec la menace du sida qui sévit, c'était un moyen sûr de déclencher une épidémie de VIH/sida sur notre territoire. Teddy, fidèle à lui-même, a ouvert la bouche une fois de plus, mais cette fois-ci pour une bonne cause. Immédiatement, le problème a été résolu. Merci, Teddy. Vous avez sauvé la situation !

Une autre situation effrayante s'est produite lorsque l'un des gardiens est devenu vindicatif et a décidé de s'en prendre à moi. Il avait sans doute lu mon profil, qui expliquait la raison de ma condamnation. Agacé, le jeune gardien a décidé de se venger.

Chaque fois que je passais dans le bloc cellulaire, il appuyait rapidement sur le bouton, ce qui provoquait la fermeture brutale d'une énorme porte coulissante en métal, tentant de m'écraser avec la porte qui se refermait. Cela n'a jamais fonctionné, alors il est allé raconter à certains de mes codétenus la véritable raison de mon incarcération. Cela n'a pas fonctionné. Ces types ne semblaient pas s'en soucier. Ils étaient tous en train de soigner des problèmes personnels, et j'étais donc le cadet de leurs soucis. Dieu merci, ma crainte n'était pas nécessaire, car personne ne m'a jamais parlé de mon incarcération pour abus sexuel sur enfant. Peut-être me jugeaient-ils en fonction de mon caractère apparent. J'étais discret, et s'ils le savaient, ils gardaient certainement leurs inquiétudes pour eux. Nous étions tous dans le même bateau, à purger notre peine et à planifier notre vie après la prison.

Je suis certain que le Seigneur m'a protégé tout au long de cette épreuve. J'étais toujours en prière et je sentais que le Seigneur me disait que cette incarcération faisait partie de mon jugement, car il vaut mieux faire face à des verdicts de ce côté-ci de la gloire que de faire face à son jugement après la mort. L'Écriture nous dit : "...Si nous nous jugions nous-mêmes, nous ne serions pas jugés" (1 Corinthiens 11:31) ; et aussi, il nous est ordonné de travailler à notre salut avec crainte et tremblement (Philippiens 2:12). La connaissance totale de la parole de Dieu est attendue de tous ses enfants matures, afin qu'ils puissent, par leur discernement, identifier le péché, le corriger, demander pardon et continuer à marcher sur le bon chemin.

Cela aurait pu être bien pire, mais il était avec moi tout au long de cette épreuve. Bien que j'aie péché, son amour et sa compassion n'ont jamais failli. Comme le dit l'Écriture, "là où le péché abonde, la grâce de Dieu abonde encore davantage" (Romains 5:20). Oh, si seulement les disciples du Christ ne pointaient pas si négligemment le doigt de dédain lorsqu'ils sont témoins de la chute ignominieuse d'un frère ! Ils doivent se souvenir de ce verset : c'est grâce à l'amour de Dieu que nous ne sommes pas détruits (Lamentations 3:22) ; car toute l'humanité a péché et n'a pas atteint la gloire de Dieu (Romains 3:23). Nous sommes tous ensemble dans cette expérience et nous devons rendre compte de notre marche individuelle. Nous avons un ennemi, et ce n'est pas notre voisin. Dieu merci, il me l'a fait savoir. Je devais payer pour mon péché à ce moment-là ou ici-bas, et il est beaucoup plus facile de payer le jugement de l'homme que de comparaître après la mort au tribunal de Dieu. J'ai donc dû faire l'expérience de la prison ; néanmoins, à travers tout cela, Il m'a été incontestablement fidèle (Ésaïe 43:2).

Permettez-moi d'ajouter ici que Dieu m'a enseigné une leçon importante, des faits que j'avais négligés pendant des années. La plupart des abuseurs sont si égoïstes qu'ils ne tiennent pas compte du mal monumental causé aux jeunes qui leur sont confiés. Je n'ai pas

pensé aux dommages résiduels que j'infligeais à de jeunes esprits. En les exposant à des abus sexuels, que le contact soit minime ou excessif, aucun enfant n'est psychologiquement préparé à faire face à une stimulation sexuelle initiée par d'autres, en particulier par des adultes en qui eux-mêmes et les membres de leur famille ont placé leur confiance.

Malheureusement, j'ai appris que les enfants victimes d'abus sexuels prolongés peuvent développer une faible estime de soi et se sentir inutiles et anormaux. Leur vision de la sexualité peut rester à jamais erronée. Ils peuvent se replier sur eux-mêmes et se méfier de tous les adultes - et une telle expérience peut les conduire au suicide.

Ce qui m'a le plus choquée, c'est d'apprendre que certains enfants abusés peuvent avoir des difficultés à établir des relations avec les autres, sauf sur le plan sexuel, et que certains peuvent finir par devenir des abuseurs d'enfants, des prostituées ou développer d'autres problèmes graves une fois arrivés à l'âge adulte. Quelle vérité dérangeante et éclairante ! J'ai donc promis au Seigneur que s'il me pardonnait et sauvait ces enfants des horreurs de la maltraitance, pour le reste de ma vie, je ne toucherais plus jamais à un autre enfant. Et je ferais tout ce qui est en mon pouvoir pour me racheter. Je prie sincèrement pour que d'autres personnes qui sont actuellement dans ce péché apprennent de ma malheureuse situation.

Pendant mon incarcération, j'ai pensé que Dieu était sévère en me permettant d'aller en prison, mais avec le recul, je me suis rendu compte que c'était la meilleure correction que j'aurais pu recevoir. J'ai appris de nombreux faits qui m'ont fait mûrir et réfléchir, surtout au sort des enfants victimes d'abus sexuels. Et j'avais sa promesse, sa parole et son salut ; par conséquent, peu importe ce que je traversais, il ne me laisserait pas sans réconfort, il était avec moi. Sa parole m'a réconfortée. "Je suis avec toi et je veillerai sur toi partout où tu iras..." (Genèse 28:15). Cette promesse m'a permis de rester saine d'esprit pendant l'enfermement.

En examinant la genèse de l'accès démoniaque, j'ai déduit que la porte d'entrée démoniaque avait dû se produire pendant que j'étais en prison. Il y a eu une période où j'étais faible et curieux. On m'a classé parmi les homosexuels, les pédés, les tapettes, etc. Je n'avais jamais participé à une activité sexuelle entre hommes, et j'admets que je voulais savoir ce qui rendait les actes homosexuels épouvantables et odieux.

La solitude et l'émerveillement me poussant, j'étais déterminé à expérimenter, à enquêter et à dissiper les doutes. J'ai rencontré un jeune homme très sympathique. Il m'a raconté ce qui l'avait amené en prison. Je lui expliquai Il m'a expliqué qu'il avait été accusé d'abus sexuels et a remarqué qu'il n'était pas choqué, qu'il n'avait pas l'air d'être repoussé ou offensé. Il m'a raconté qu'il avait volé un bus commercial et s'était déchaîné, échappant aux voitures de police et terrorisant la communauté. Je lui ai dit que je me souvenais avoir entendu parler de son affaire deux mois plus tôt. Son histoire avait été diffusée sur toutes les stations de radio locales. Je lui ai demandé s'il était bien le coupable. Il a répondu par l'affirmative et je lui ai demandé ce qui lui était passé par la tête à ce moment-là. Il m'a répondu que c'était quelque chose qu'il avait décidé à ce moment-là, qu'il était obligé de le faire. (Je dois vous dire qu'en écoutant son scénario à la radio, je me souviens avoir dit : "Ce type doit être possédé par un démon. Sans aucune formation professionnelle, il conduit un énorme bus dans toute la ville ; et il se faufile dans toute la circulation, sans pour autant percuter les bâtiments et en refusant de s'arrêter alors que la police est à ses trousses". Une grande partie de ce qu'il faisait semblait humainement impossible. Il devait être sous une influence démoniaque.) Je me souviens avoir dit que je ne voudrais pas être mêlé à ce personnage et à ses démons.

C'est là, en prison, que j'ai commis ma première fellation. Nous nous sommes arrêtés brusquement avant d'atteindre l'orgasme. Nous avons simplement perdu l'intérêt. Je n'arrivais pas à croire à quel point tout cela semblait superficiel. Il n'y avait pas d'amour, pas de proximité, rien d'autre qu'une expérience physique. J'avais essayé et je n'avais rien trouvé d'attrayant. Ce n'était que du sexe égoïste et insatisfait.

Je dois admettre qu'en dehors des desseins de Dieu, cette forme particulière de sexe n'était qu'un acte. Ce n'était pas quelque chose qui bouleversait mon monde. Personnellement, je crois que de nombreux homosexuels confondent l'acte sexuel avec une sorte de syndrome de la faim d'amour. Ils confondent le romantisme avec la luxure et le besoin de compagnie, de chaleur et d'attention mutuelle. Dans les Écritures, Dieu a créé l'acte sexuel dans le cadre du mariage pour que l'homme et la femme ne fassent qu'un et se complètent l'un l'autre. L'homme partage les forces et les attributs que Dieu lui a donnés, tout comme la femme. Ils forment une unité et, en fondant une famille, deviennent co-créateurs avec Dieu. Leur union produit une nouvelle vie et accomplit le commandement et le but de Dieu. "Soyez généreux et multipliez, et remplissez la terre" (Genèse 1:28 ; 9:1).

Je peux comprendre nos communautés égarées ; par leurs interactions sociales, les homosexuels et d'autres sont exposés à des chaires sataniques à la télévision, à la pornographie et à des exemples de fornication dépeints même dans les plus hautes fonctions du pays. Satan ment ; il dit à l'humanité que c'est la voie à suivre. Ce comportement devient de plus en plus courant, une seconde nature, une autre façon de mener sa vie. Le monde entier se laisse prendre aux mensonges de Satan et punit légalement ceux qui osent s'élever contre les droits de l'homme des homosexuels.

Un vœu pour vivre Saint

Si vous êtes un enfant de Dieu et que vous êtes déterminé à vivre comme le prescrit la parole de Dieu, vous devez vous armer, car vous allez connaître des moments difficiles ; tout l'enfer sera contre vous. Satan et ses sbires tenteront d'ébranler et de détruire votre témoignage. Ces agents démoniaques sont six fois plus nombreux que la race humaine. (Lorsqu'on est sauvé, sanctifié et qu'on essaie de vivre pour le Seigneur, le combat sera rude, mais Dieu sera avec nous).

Le véritable christianisme est une bataille constante pour garder sa vie propre, pure et loin des attraits et des pièges du monde. Satan contrôle la plupart des institutions terrestres. Même la plupart des églises sont endormies - sous sa stupeur hypnotique - restant sur la touche, se battant les unes contre les autres et se disputant sur des débats doctrinaux plutôt que d'obéir à notre Seigneur et de "s'occuper jusqu'à ce qu'il vienne". "Je vous exhorte donc, frères, par la miséricorde de Dieu, à présenter vos corps comme un sacrifice vivant, saint, agréable à Dieu, ce qui sera votre service raisonnable. Ne vous conformez pas au monde présent, mais soyez transformés par le renouvellement de votre intelligence, afin que vous discerniez quelle est la volonté de Dieu, ce qui est bon, agréable et parfait" (Romains 12:2).

Je m'engage à courir cette course et à rester avec le Seigneur jusqu'à la fin. C'est la seule façon d'avancer quand on sait ce que sera la fin. Permettez-moi de vous le dire : Satan nous lance toutes les armes de son arsenal aussi souvent qu'il le peut.

Il travaillait sur moi depuis longtemps - il mettait des gars sur mon chemin juste pour me piéger, me faire trébucher et me ramener sous son contrôle. Je ne connaissais pas ces jeunes hommes et ils ne me connaissaient pas non plus. Je ne les invitais pas, je n'essayais même pas de les attirer. C'était comme si quelqu'un leur disait de m'approcher.

Je me souviens qu'après quatre mois, j'avais purgé ma peine et commencé à travailler dans un entrepôt. Satan avait systématiquement bloqué toutes les possibilités d'emploi pour lesquelles j'avais été formé professionnellement. Le fait d'avoir fait des études et d'avoir des diplômes ne signifiait rien. Je me suis souvenu des paroles de l'inspecteur de police qui m'avait arrêté. "Je n'arrive pas à croire tous ces diplômes que j'ai vus dans vos dossiers. La plupart d'entre nous, inspecteurs, n'avons pas accompli ce que vous avez accompli. Vous pouvez obtenir un emploi dans la fonction publique après avoir terminé votre formation. Vous avez beaucoup d'atouts en main. Vous n'avez qu'à passer les tests de la fonction publique. Vous y arriverez." Je savais que ce qu'il disait devait être Dieu qui parlait à travers lui, que Dieu trouverait un moyen. Il y a de l'espoir et une lueur d'optimisme au bout de ce tunnel lugubre.

Juste avant ma libération, j'ai entendu aux informations locales que la police avait arrêté un homme portant le même nom que moi, qui avait été pris pour un double meurtre, et qu'elle l'avait placé dans la prison que je quittais. D'après ce que j'ai compris, les administrateurs de la prison sont devenus sadiques et ont décidé de m'affubler de tous les antécédents criminels de ce prisonnier. (Il n'est pas difficile d'identifier l'auteur de cette suggestion, et les efforts de Satan ont été très efficaces).

J'ai suivi une formation de conducteur de poids lourds. Après avoir obtenu mon diplôme, j'ai contacté une entreprise de transport locale. On a vérifié mes antécédents et le directeur m'a dit avec colère : "Nous ne pouvons pas vous embaucher avec toutes ces accusations de meurtre". Puis il a pointé du doigt la porte. Je n'ai pas essayé de le corriger. Dieu merci, mes crimes étaient des délits mineurs et non des crimes. Essayer de corriger le malentendu aurait causé plus de tort que le mensonge. Voyez-vous, Satan était déterminé à détruire l'esprit, le corps, l'âme - et moi. Il avait anéanti ma carrière d'enseignant ; Il était en train de détruire ma nouvelle carrière de camionneur durement gagnée avant même qu'elle ne commence.

Comme on m'a refusé un emploi dans le secteur du camionnage, je n'ai pas eu d'autre choix que de commencer à travailler dans un entrepôt local de distribution de produits alimentaires. J'ai travaillé très dur. Dès mon arrivée, l'ennemi a commencé à faire défiler des jeunes gens autour de moi, essayant de m'entraîner dans une relation homosexuelle. Satan voulait que j'enfreigne les lois de Dieu, ce qui lui donnerait une raison de demander à Dieu d'enlever ma haie de protection. Il avait l'intention de me frapper avec tout ce qu'il pouvait rassembler. C'est pour ces raisons que Jésus a averti ceux qu'il avait tués : "... Va et ne pèche plus, à moins qu'il ne t'arrive quelque chose de pire" (Jean 5:14).

Nous utilisions des fourches (machines motorisées avec un bout fourchu, utilisées pour transporter des palettes chargées de marchandises). J'ai remarqué dès le début que, chaque jour, ce type roulait à côté de moi sur sa machine. Il me regardait fixement, puis repartait. (Je dois vous dire que ce type ne m'avait jamais dit un mot, ni moi à lui ; c'est pourquoi j'ai su que c'était un coup de Satan). Il a continué cette routine pendant deux mois. Un jour, il m'a suivi dans les toilettes pour hommes. J'ai terminé ce que je faisais et, sans même lui jeter un coup d'œil, j'ai quitté les lieux rapidement, car je savais ce qui était censé se passer ; et la Parole nous dit de fuir les convoitises de la jeunesse (2 Timothée 2:22 ; 1 Corinthiens 6:18).

Un autre jour, cependant, il a garé sa machine et s'est placé au bout de l'allée que je devais traverser. Il se tenait là, s'assurant que je puisse observer le contour de l'érection massive qui descendait jusqu'à la moitié de sa cuisse. Je savais que c'était la tentative de Satan de m'enfermer définitivement dans un mode de vie homosexuel. Dieu merci, j'ai mûri et j'ai profité de mes erreurs. Satan n'abandonne jamais ; il ne cessera jamais de tenter et d'essayer d'entraîner les chrétiens nés de nouveau dans le péché afin de pouvoir s'approcher de Dieu et demander la permission de les attaquer et de les vendre comme du blé (Luc 22:31). Il ne travaille pas aussi dur pour les non sauvés - ils lui appartiennent déjà.

Presque chaque semaine, j'étais confronté à des tentations similaires. Satan faisait des heures supplémentaires, espérant me trouver à un moment faible de ma vie. Il espérait me prendre au piège, prendre au piège un vrai disciple du Christ, pour le ramener dans la porcherie du péché. Cependant, avec l'aide du Christ, j'étais déterminée à respecter la parole de Dieu et à rester fidèle à Lui et à ma marche chrétienne. Je sais à quel point Satan est mauvais, sournois et déterminé. Il n'abandonne jamais et d'innombrables démons guettent l'occasion qui leur permettra de commettre leurs pires méfaits. Quel combat nous menons, et la plupart des gens ne sont pas conscients de ce qui se passe. Dieu nous avertit : "Soyez sobres, veillez : votre adversaire, le diable, comme un lion rugissant, rôde, cherchant qui dévorer..." (1 Pierre 5:8-11).

J'ai récemment entendu parler d'un prédicateur qui croit en l'évangile de l'"inclusion". Il croit que Dieu n'enverra personne en enfer, qu'il sauvera tous les hommes et toutes les femmes.

Je prie pour ce prédicateur car il souffre d'une forte illusion et conduit ses adeptes dans cet enfer qu'il ne croit pas exister. Je prie pour ce prédicateur parce qu'il souffre d'une forte illusion et qu'il entraîne ses disciples dans cet enfer dont il ne croit pas à l'existence. Mais laissez-moi vous dire, mon ßiend, que Satan se moque de savoir si nous croyons ou non à l'enfer ; son but est d'y envoyer le plus grand nombre d'humains possible. Nous devons éviter cet enseignement. Cette fausse doctrine est un exemple des stratagèmes diaboliques de Satan, jusqu'à faire croire qu'il n'existe pas, qu'il est inoffensif et qu'il n'y a rien à craindre. Vous devez comprendre que si vous n'êtes pas poursuivi, persécuté et attaqué par cet ennemi, c'est qu'il vous tient déjà sous son emprise. Courrez vers Jésus et repentez-vous. Demandez-lui de faire de vous son guerrier.

Reconnaissez la tromperie

En regardant rétrospectivement mon passé, je vois que la vie est un voyage ; nous sommes avertis de ne pas nous laisser prendre par les paillettes et le glamour de ce monde, car tout cela n'est qu'une illusion. Ce n'est pas réel. Ce que nous voyons est destiné à capter nos cœurs, nos esprits et nos émotions. Tout est stratégiquement placé pour nous éloigner de la réalité en détournant notre temps, notre énergie, de la vérité trouvée en Christ, de son amour éternel et de son dessein pour notre vie.

Satan, quant à lui, désire que nous, les héritiers élus et choisis par Dieu, manquions notre héritage. C'est pourquoi il nous incombe à nous, l'Église, d'être cette épouse obéissante que le Père a choisie pour son cher Fils. Nous y parviendrons et nous devons y parvenir. Bien que nous soyons parfois vaincus par le mal, nous réussirons néanmoins à marcher avec le Seigneur. L'Écriture nous dit : "Celui qui vaincra héritera de toutes choses ; je serai son Dieu, et il sera mon fils" (Apocalypse 21:7). "Car les noces de l'agneau sont venues, et son épouse s'est préparée" (Apocalypse 19:7-9). "Je suis jaloux de vous d'une jalousie pieuse, car je vous ai fiancés à un seul époux, afin de vous présenter au Christ comme une vierge pure" (2 Corinthiens 11:2). L'Église obéissante embrasse cette espérance alors qu'elle anticipe l'arrivée de son Époux (Jésus-Christ).

Le don de la souffrance

Personne ne veut être considéré comme un paria, un étranger, un intouchable. Carl Jung, le célèbre psychologue, l'appelle "l'ombre", cette zone sombre de la vie que l'on préfère garder secrète, que l'on refuse de partager parce que cela ne ferait qu'accroître la douleur, le rejet et la solitude. Un certain prophète et son groupe de collègues prophètes approfondissent ce sujet et conviennent que "... Cette faiblesse que l'on ne reconnaît pas et que l'on ne corrige pas peut devenir soit une bénédiction, soit une malédiction, car elle finit par affecter l'individu plus tard dans sa vie".

Lorsque l'"Ombre", la possibilité créative cachée de notre nature intérieure, est autorisée, elle se développe. Ainsi, ironiquement, au centre de l'"Ombre", l'endroit sombre, lorsque l'on trouve cette profondeur secrète, qui mène à cet endroit sombre, cette douleur peut faire naître le plus grand dessein de l'individu. Si l'on ne permet pas à la douleur (chagrin, échecs, pertes, etc.) de détruire la capacité créatrice d'un individu, alors, de ce lieu sombre, le Phénix peut surgir comme un diamant exquis à l'état brut.

Lorsque nous explorons la vie de Joseph au cours de son périple biblique, nous constatons qu'il a été victime de mensonges et laissé pour mort par ses frères jaloux, puis vendu.

Là aussi, des mensonges l'ont mis en prison. Il a été totalement diffamé et déshonoré. Néanmoins, il savait que son Dieu était avec lui. En effet, Dieu l'avait placé dans cette situation pour le développer davantage afin que, de cette fleur écrasée, sa véritable flagrance soit révélée à tous. Joseph avait enfermé dans son "ombre" la préservation de toute la nation d'Israël et de son monde. Ses adversaires n'étaient que du papier de verre travaillant sur les aspérités de son caractère. Peut-être était-il devenu un peu orgueilleux et pompeux face aux révélations de Dieu dans ses rêves : la royauté, ses frères et sœurs s'inclinant devant lui, et même l'hommage à sa mère et à son père. Tout cela aurait pu donner naissance à un ego démesuré. Mais Dieu, le maître craVsman, a utilisé le papier de verre de l'adversité pour faire naître ce que nous réalisons être le salut des nations.

L'homosexuel, au lieu de laisser le rejet et l'ignorance des autres le bloquer et l'emprisonner, devrait au contraire prendre cette douleur, cette blessure, non pas en la repliant sur elle-même pour s'autodétruire et se rendre inutile, mais plutôt en la considérant comme une opportunité de se transformer en immenses pinceaux. Ensuite, en utilisant le monde comme une toile, il devrait faire naître la plus belle et la plus unique des créations que lui seul pourrait exprimer, ces gris, ces violets et ces éclats irisés, que seules la douleur et les périodes de rejet pourraient exprimer. Personne d'autre ne pourra créer ce que vous avez peint, car vous seul avez été témoin de ces couleurs ; ainsi, sur cette toile de la vie, ce qui était sombre s'est transformé en lumière.

Lorsqu'une personne blessée choisit de cacher et d'embouteiller le lieu sombre de l'"Ombre", ce lieu ne produit rien de bon. La douleur, lorsqu'elle est embouteillée et qu'on la laisse se putréfier, se transforme en vinaigre, pour ainsi dire. Elle devient aigre, amère et désagréable ; rien de bon n'en sort. Conservez le don de la souffrance comme une bénédiction et non comme une malédiction.

Le suicide n'est pas une option

Dieu nous a aimés et l'a prouvé au cours de son voyage sur terre. Il a tout fait pour nous prouver son amour. Il a démontré la véritable raison d'être de la vie. Pouvez-vous vous imaginer naître dans une étable et avoir une mangeoire en bois ? Pouvez-vous imaginer le froid ? Pouvez-vous imaginer être le créateur du soleil et de toute la chaleur de l'univers, et avoir besoin du souffle d'une mule et d'une vache pour vous protéger du froid ? Pouvez-vous imaginer où nous en serions aujourd'hui si le

Christ avait levé les bras au ciel et dit : "Je suis désolé, mais je ne peux pas continuer" ? Cette vie est trop dure, mon Père. Je prends cette vie et je la jette à la poubelle"?

Un soir, alors que je priais, j'ai eu cette conversation avec le Tout- Puissant : "Père, vous nous demandez de vous faire entièrement confiance et de vous permettre, avec le temps, d'apaiser nos souffrances, nos blessures et notre malaise. Pourtant, Seigneur, je ne peux plus supporter les rires, les taquineries et les insultes sexuelles dont on se moque de moi. Les gens me détestent à cause de mon apparence. Je suis différent. Je ne comprends pas pourquoi, mais je suis différent.

"Oui, votre vie ne le montre pas maintenant mais, comme Jésus, pendant qu'il est sur terre, ses enfants sont des échantillons de son amour divin, de sa patience et de sa force. Leur vie, leurs talents et leurs dons parlent à des millions de personnes qui observent leurs sacrifices consciencieux en apprenant à persévérer ; ensuite, elles acceptent elles aussi Son sacrifice à la croix. Votre vie est un témoignage de ce que les mains du "Potier" peuvent accomplir (Jérémie 18).

"Merci, papa. Si, par exemple, mon expérience allège le fardeau d'une personne, cela en vaut la peine. Faites ce que vous voulez, Seigneur".

Le nombre de jeunes qui s'enlèvent la vie, avant même d'avoir pu explorer le but que Dieu leur a donné, me révolte. Le génie de l'informatique Steve Jobs, co-créateur des ordinateurs Apple et Macintosh, a déclaré : "Vous ne pouvez pas relier les points en regardant vers l'avant. "Vous ne pouvez pas relier les points en regardant vers

l'avant ; vous ne pouvez les relier qu'en regardant vers l'arrière. Vous devez donc avoir confiance dans le fait que les points se connecteront d'une manière ou d'une autre dans votre avenir. Vous devez avoir confiance en quelque chose - votre instinct, votre destin, votre vie, votre karma, etc. Cette approche ne m'a jamais déçu et a fait toute la différence dans ma vie". En d'autres termes, vous devez continuer à vivre pour apprécier les contributions uniques que votre existence ajoutera à la tapisserie finale de la vie. Dieu vous a créé et a placé en vous quelque chose de précieux qui sera une perte pour sa vision globale si vous n'êtes pas en mesure de le faire.

Vous quittez cette vie sans sa permission. Dieu, le maître architecte, vous a introduit dans cette mosaïque - il a seulement le droit de vous en retirer.

Les homosexuels rachetés doivent garder à l'esprit que le Seigneur les a rachetés des griffes de l'enfer - rachetés au prix des souffrances de Jésus, de sa mort et, surtout, de son sang. Personne ne peut donc plus vous accuser de ce péché, à condition que vous collaboriez avec Jésus, le défenseur de votre âme, et que vous gardiez votre vie pure - et que vous continuiez à avancer avec Lui. Permettez-lui de devenir votre aspiration quotidienne, votre raison de vivre. Refusez de permettre au péché non confessé de remporter la victoire sur votre nouvelle vie irréprochable. Et, oui, comme tous les autres chrétiens, vous ferez des erreurs ; vous êtes humain. Cependant, refusez de régresser et de vous vautrer dans la saleté de tout acte de fornication (tout péché sexuel en dehors du mariage). Quelle que soit votre apparence aux yeux des autres, vous êtes pardonné.

L'homosexualité est doublement nuisible. Non seulement le pécheur enfreint les lois de notre Père et de son cœur précieux, mais les contrevenants s'ouvrent également aux attaques et à l'ingérence de Satan. Satan s'adresse au Père et lui dit : "Parce que votre enfant a enfreint vos lois, j'ai le droit de l'attaquer". Ne donnez pas à Satan l'occasion de placer des démons dans votre vie. Ne donnez pas de place au diable ou à ceux qui attendent de secouer le doigt en disant: "Hmm, ne vous avais-je pas dit que cela arriverait ? Une fois qu'une personne est homosexuelle, cette dégradation demeure, vous ne pouvez pas délivrer ces personnes."

Gardez à l'esprit, en gardant la tête haute, que même si les autres ne peuvent pas être témoins de votre libération de l'esclavage du péché et de votre joie dans le pardon du Seigneur, rappelez-vous que le Seigneur vous gardera. "Ne crains rien, car je suis avec toi ; ne sois pas effrayé, car je suis ton Dieu ; je te fortifierai, je te secourrai, je te soutiendrai par la droite de ma justice" (Ésaïe 41:10).

N'oubliez jamais le Saint qui est éternellement à la droite du Père. Jésus, notre Seigneur victorieux, est toujours là. Il est notre champion, notre héros et, ne l'oubliez pas, notre Seigneur. Lorsque le monde entier doute de votre salut, lorsqu'il se moque de votre démarche, qu'il vous montre du doigt et vous traite de tous les noms, N'oubliez pas de garder la tête haute, car plus ils vous taquinent, plus Jésus vous bénira et vous encouragera. J'aime ce que le roi David a dit lorsqu'un homme l'a calomnié devant ses hommes. Le général de David voulait tuer l'homme sur-le-champ, mais David a dit quelque chose qui me reste en mémoire dans mes moments sombres : "... Qui sait, peut-être que Dieu lui a dit de me maudire pour pouvoir me bénir" (2 Samuel 16:12-13).

Tant que vous vivrez, n'oubliez jamais que vous aurez des bons et des mauvais jours. Il y aura des moments où vous aurez l'impression que personne d'autre n'a jamais traversé les problèmes que vous rencontrez. Vous aurez l'impression que c'est la fin, que vous ne pouvez pas aller plus loin. J'ai vécu un certain nombre d'années maintenant et j'ai découvert qu'il n'y a rien que vous vivrez sur cette terre que d'autres n'aient pas vécu avant vous ; de nombreuses personnes ont souffert de la même manière que vous, certaines plus gravement, d'autres non. Cependant, sachez qu'il n'y a rien que Dieu ne puisse vous sortir ou vous aider à surmonter, et dans de nombreux cas, il vous protégera et empêchera les autres d'ajouter à votre situation plus de honte ou de mal que vous n'êtes prêt à en supporter. Je sais que nous sommes parfois à l'origine de ces situations horribles en raison de notre manque de sagesse ou de notre incapacité à lire la parole de Dieu. Malgré cela, lorsque vous échouez et manquez la cible de Dieu, Lui seul ne vous abandonnera jamais et ne permettra pas que les circonstances vous donnent plus que vous ne pouvez supporter. N'oubliez pas que vous avez toujours un ßiend à vos côtés. C'est un ßiend qui est plus proche que quiconque sur cette planète - le ßiend le plus proche que vous ne trouverez jamais. Tout ce qu'il vous demande, c'est de vous confier à lui. Vous n'avez même pas besoin de parler, il suffit de prier en silence et Il vous entend. Rappelez-vous, j'en ai parlé au chapitre 1. J'ai crié en silence et le Père Dieu a envoyé un ange qui m'a aidé.

Il y a des moments dans cette vie où chaque jour représente un défi, un endroit extrêmement sombre, mais le lendemain, il y aura de la lumière. Dieu nous donne un jour nouveau, jamais vu auparavant. J'ai vu Dieu résoudre des problèmes majeurs, des situations qui me semblaient impossibles à corriger ; pourtant, notre Seigneur les éclaire et les résout du jour au lendemain. Satan, lui, voudrait nous faire croire que c'est fini. Personne ne viendra jamais à bout de vos dilemmes particuliers, mais il ne fait que vous mentir, espérant que vous résoudrez le problème en abandonnant, ou en vous suicidant.

Il n'a pas le droit de le prendre à cause de votre ßee volonté. J'ai appris que, quelles que soient les épreuves auxquelles vous êtes confronté dans la vie, il ne faut jamais, au grand jamais, faire une telle chose. Vous manquerez les plans que le Seigneur a conçus pour vous rendre victorieux. Et Satan se réjouira parce qu'il vous aura pour l'éternité. N'oubliez pas que vous êtes un esprit. Votre vie n'expirera jamais. Lorsque vous quittez ce monde, vous allez soit au paradis, soit en enfer. C'est vous qui choisissez votre lieu de résidence pour l'éternité, en fonction de votre mode de vie - prenez donc la bonne décision.

Salomon, le deuxième homme le plus sage, après le Christ, à parcourir cette vie, a dit : "Il n'y a rien de nouveau sous le soleil" (Ecclésiaste 1:9). Tout ce que vous pouvez expérimenter, quelqu'un vous a déjà devancé. Ne faites pas l'erreur de penser que vous êtes le seul ; des millions de personnes ont vécu les mêmes circonstances, voire pire. Apprenez à parler à notre Père céleste ; il vous fera traverser victorieusement toute épreuve difficile ! Il ne permettra pas aux autres de vous rendre honteux ou trop embarrassé pour aller de l'avant. Le pire qu'ils puissent faire est de tuer votre corps, mais même dans ce cas, Dieu vous soutient. Il dit : "Invoque-moi au temps de la détresse, et je te ferai voir des choses grandes et puissantes que tu ne connais pas" (Jérémie 33:3). Et il est certain qu'il le fera : "Qu'il vous soit fait selon votre foi" (Matthieu 8:29).

Apprenez à parler en tête-à-tête avec le Père, mais vous devez être sincère et tout partager. Il sait déjà tout de vous. Alors, allez-y, confiez-lui votre vie. Permettez-lui de vous faire traverser ces événements douloureux. Ne permettez pas au diable de vous éliminer. Notre Père a beaucoup de choses prévues pour vous, alors restez dans les parages. Il se fera un plaisir de faire de vous une étoile brillante.

Rendez-nous service à tous. N'écoutez pas les mensonges de Satan. Tant que le soleil se lève chaque matin et se couche le soir, il y a de l'espoir. Tant que Dieu est sur son trône, il y a de l'espoir.

Dieu ne peut pas laisser ses enfants sans défense et il ne le fera pas. Il remuera ciel et enfer pour atteindre ses petits qui luttent. "Car je connais les pensées que j'ai à votre égard, dit l'Éternel, des pensées de paix et non de malheur, pour vous donner une fin heureuse" (Jérémie 29:11).

Satan ne peut pas vous toucher. Il ne peut pas violer votre ße volonté, mais il vous mentira en espérant que vous accomplirez l'acte maléfique à sa place - le suicide - et voilà ! Il a accompli ce qu'il a passé sa vie à essayer d'accomplir, et vous lui avez offert votre âme sur un plateau sanglant. Si vous cédez et prenez votre vie, vous serez tourmenté en enfer pour toujours. Vous supplierez de revenir juste une minute, juste un instant pour vous repentir. Mais cela n'arrivera jamais. Le don de la vie ne vous est accordé qu'une seule fois. Vous n'avez qu'une seule occasion de trouver le Christ et de le voir marcher avec vous et pardonner vos péchés. Vous n'avez qu'une seule vie et une seule chance de la mettre au service de son royaume (Luc 11:2 ; Matthieu 6:10). Satan a follement renoncé à tout pour ressembler au Très-Haut. Quelle ironie ! Dieu accorde à l'humanité, à ceux qui le choisissent comme Seigneur, d'être cohéritiers du Christ (Romains 8:17). Il nous appartient donc d'obéir à Dieu le Père et de choisir de suivre le Christ, et non Satan.

Prenez en main votre situation

Il y a eu une saison où j'ai jonglé avec tant de responsabilités. J'étais soumis à un stress incroyable. Je venais de quitter l'armée de l'air américaine et de m'inscrire dans une université locale. J'avais de nombreux devoirs à rendre et je travaillais souvent sans dormir. En plus de mon travail scolaire, j'enseignais à l'école primaire du dimanche et nous organisions des spectacles de Noël et autres. Je devais participer à l'élaboration des pièces de théâtre avec les costumes, puis attribuer les rôles individuels, avec les chansons. De plus, je chantais dans la chorale de l'église. J'avais un solo que j'étais la seule à pouvoir chanter.

Je me souviens avoir dit dans mon cœur, en désespoir de cause : "Seigneur, je suis fatiguée, tellement fatiguée de tout ce travail". Je n'arrêtais pas de le répéter dans mon cœur, essayant de relâcher la pression. D'une certaine manière, j'avais envie de lever les bras au ciel, de tout arrêter et de prendre de longues vacances.

À la fin de la semaine, j'étais ravie d'assister au service religieux du dimanche matin. J'avais appris que la prière collective aidait à remettre les choses en ordre et à rendre la semaine suivante beaucoup plus facile.

Les services ont commencé et une parole prophétique a été prononcée. "VOUS AVEZ DIT QUE VOUS ÉTIEZ FATIGUÉ. IRRITÉE, N'EST-CE PAS ?"

Je savais que le Seigneur me parlait de mon cri exaspéré pour le soulagement que j'avais cherché au cours de la semaine écoulée. Mais n'étais-je pas en train de me défouler ? Néanmoins, j'ai appris que le Seigneur entend tout, même la moindre de nos prières, et que cela le concerne. C'est comme s'il me disait : "Vous êtes fatigué. M'avez- vous déjà entendu prononcer ces mots au cours de ma vie terrestre ? J'ai jeté tous mes soucis sur le Père et il m'a dirigé. Vous n'avez pas le droit de crier ainsi. Moi aussi, j'étais fatigué, mais je me suis souvenu de vous et de votre besoin de salut. Où en seriez-vous aujourd'hui si j'avais crié

: "Je suis fatigué, je n'en peux plus ! Je ne peux pas continuer ! Ces mots m'ont profondément touché, et j'ai promis au Seigneur de ne plus jamais répéter un tel cri. Et j'ai sincèrement demandé pardon.

Je me souviens de l'histoire du Seigneur dans le jardin, attendant sa dernière grande épreuve. Désespéré, il a demandé au Père sa volonté. Pouvait-il laisser passer la coupe ? Pourtant, ce n'était pas la volonté du Seigneur qui était en jeu. C'était la volonté du Père - ses plans, son but et son objectif - quelque chose de grand en jeu qui dépassait de loin la pression égoïste et momentanée d'un individu. Le destin de l'humanité et du Royaume reposait sur les épaules du Seigneur.

Le Seigneur m'a enseigné de nombreuses leçons précieuses ce jour-là :

Dieu entend chacune de nos paroles, chacune de nos pensées, car le Saint-Esprit habite en chacun des croyants (Matthieu 12:36).

Toutes nos paroles sont enregistrées (Matthieu 12:36-37).

Dieu châtie ou corrige toujours ses enfants pour qu'ils mûrissent (Hébreux 12:6).

Notre vie ne nous appartient pas. Elle appartient à notre Seigneur. Nous sommes sa propriété. Ce n'est pas à nous de dire ce que nous ferons ou ne ferons pas. Cette décision appartient à Dieu seul. Notre vie et notre mort sont son dessein (1 Corinthiens 6:19-20).

SECTION III

COMBATTRE SATAN, LE MONDE ET L'ÉGLISE

Combattre l'enfer, la chair, le monde et l'église

Un verset puissant revenait sans cesse et me donnait de la force pendant mes épreuves, alors que je ne désirais rien de plus que d'abandonner. Je savais que Jésus, au cours de sa mission terrestre, avait refusé d'abandonner parce qu'il regardait dans l'éternité et voyait le résultat que son sacrifice engendrerait ; c'est pourquoi il a enduré la croix et méprisé la honte affichée par l'ignorance du monde. Le Christ a résisté à tout. Il a envisagé l'avenir glorieux, la JOIE que son sacrifice engendrerait. Il a été témoin d'un retour important sur son sacrifice et son investissement.

"Nous aussi, nous devons nous concentrer sur Jésus, la source et le but de notre foi. Il a vu la joie qui l'attendait, il a donc enduré la mort sur la croix et ignoré le déshonneur qu'elle lui apportait. Puis il a reçu la position la plus élevée dans le ciel, celle qui est à côté du trône de Dieu" (Hébreux 12:2).

Je crois que le Christ a observé toutes les âmes qui parviendraient au pied de la croix à cause de ce moment crucial de l'histoire. Je suis certain qu'il s'est rendu compte des bénéfices éternels que son travail de renoncement à soi apporterait à travers les âges.

Le Père Dieu était en effet satisfait, car il a dit : "Celui-ci est mon Fils bien-aimé, en qui j'ai mis toute mon affection" (Matthieu 3:17). Plus important encore, n'oublions jamais que notre Seigneur et Sauveur, Jésus-Christ, est le seul homme-Dieu capable de mener à bien cette mission.

L'Église, épouse de Christ

L'Église doit comprendre. L'amour recherché par la plupart des homosexuels est, par ignorance, une recherche de l'amour de Dieu, car Dieu a placé dans notre esprit une demeure creuse, un temple destiné à être occupé.

Beaucoup essaient de le remplir avec des drogues, des relations sexuelles illicites, etc. Comprenez-moi bien.

Dieu voit nos larmes dans les cours de minuit, la misère de la solitude et de la séparation. Rappelez-vous : "En effet, nous n'avons pas un grand prêtre incapable de compatir à nos faiblesses, mais nous en avons un qui a été tenté de toutes les manières, comme nous, mais sans péché" (Hébreux 4:15).

Dieu se tient devant vous les bras tendus, non pas pour vous juger, mais avec un cœur rempli de grâce, de miséricorde et d'amour. Il vous poursuit sans relâche pour vous corriger. Pour ceux qu'il aime, il les flagelle et les corrige (Hébreux 12:6). Je prie pour que vous entendiez sa voix vous appeler dans ces messages. Je connais et je compatis à votre douleur, et je sais que le Christ veut être tout ce dont vous avez besoin qu'il soit. Je le sais, car c'est ce qu'il m'a dit un jour.

Tout au long de ce projet, j'ai remarqué l'urgence du Seigneur à appeler ses enfants incompris et désorientés à sortir d'une vie de péché. Ceux qui se sont égarés et ont erré au hasard dans la boue - cette saleté humide de ce monde - qui s'attache si facilement à leur âme. Il vous appelle à sortir de la fange de la vie, de cette boue profonde et visqueuse du péché, dont il est si difficile de se défaire. Il vous appelle à sortir de l'argile de la vie qui désigne une vie tellement habituée au péché qu'il devient une seconde nature, enfermant totalement dans un mode de vie dépravé. Sachez que s'Il n'était pas intervenu, vous seriez resté dans cette prison de dissolution sexuelle pendant toute l'éternité. Comprenez que pour de nombreuses victimes, ce mode de vie impie semble inéluctable en raison de leur ignorance de la parole de Dieu.

Beaucoup ont permis à Satan et à d'autres de profiter de leur ignorance et de la volonté libre de Dieu. "Il y a tant de gens en enfer en ce moment, souhaitant, du plus profond de leur âme, pleurer et se lamenter, se demandant pourquoi personne ne se soucie de leur âme" (Baxter 1993).

Sachez que le Seigneur aime ses fils et ses filles homosexuels, mais pas leur comportement sexuel rebelle. Toute relation sexuelle en dehors du mariage (une alliance entre une femme et un homme) n'est pas de Dieu, et son jugement sévère sera appliqué. Sa parole est définitive et ne peut changer. Il donne des lois et des commandements pour nous guider et nous corriger. Considérez la Bible comme votre carte routière, pour vous maintenir sur le bon chemin. Comprenez que "le salaire du péché, c'est la mort" (Romains 6:23). Si le croyant échappe à la mort éternelle qui fait partie du salaire du péché, il n'est pas en mesure d'échapper à la mort présente, qui découle de la malédiction du péché originel (Jacques 1:15, 21). Rappelez-vous que cette vie vous donne l'occasion de vous réconcilier avec votre Créateur et qu'après cette vie vient le jugement de Dieu (Hébreux 9:27).

L'Ecriture nous rappelle que "l'âme qui pèche mourra" (Ezéchiel 18:20).

En d'autres termes, pour sauver son âme et sa vie, il faut se comporter comme Dieu nous le demande. Plus nous péchons, plus nous embrassons l'autodestruction (la mort). Si la mort n'est pas immédiate, il est clair que le péché ne paie jamais. Lorsque nous péchons ou enfreignons les lois établies par Dieu, nous sommes automatiquement jugés et devons en subir les conséquences (prison, détérioration rapide de notre corps, abus de drogues, perte de cellules cérébrales ou dépendance à une spirale sans fin d'esclavage compulsif et coûteux). Dieu est-il à l'origine de cette situation ? Non, ce sont nos péchés qui ont déclenché cette chaîne d'événements, ce qui accélère notre disparition. En connaissant et en respectant les principes de Dieu, nous évitons bien des souffrances. En effet, par notre ignorance des lois de Dieu, nous avons permis à la destruction de raccourcir notre durée de vie. Les lois de Dieu sont destinées à nous guider dans le labyrinthe de cette vie, et non à nous faire du mal. Notre durée de vie est comme une vapeur, mais l'éternité est sans fin.

N'oubliez jamais que Dieu nous aime d'une affection éternelle. Je ne le dirai jamais assez. Son cœur nous tend la main chaque jour, espérant que ses enfants verront l'erreur de leurs voies, clairement décrites dans son livre d'amour (la Bible). Nous devons nous déterminer à faire les bons choix.

Ce thème est omniprésent dans le livre des Proverbes. À plusieurs reprises, nous lisons des déclarations telles que : "La crainte de l'Éternel prolonge les jours, mais les années des méchants sont abrégées" (Proverbes 10:27). "Dans la voie de la justice, il y a la vie, et dans son sentier, il n'y a pas de mort" (Proverbes 12:28). "Le mal poursuit les pécheurs" (Proverbes 13:21). "La crainte de l'Éternel est une source de vie, qui détourne des pièges de la mort" (Proverbes 14:27). "La dureté de la discipline est pour celui qui abandonne la voie, et celui qui hait la correction mourra" (Proverbes 15:10). "Celui qui sème l'iniquité moissonnera le chagrin" (Proverbes 22:8). Pour le croyant comme pour l'incroyant, le péché ne paie jamais. Le Père Dieu a été très clair à ce sujet ; il n'y a donc pas d'excuse.

Lorsque vous vivez une vie de péché, sachez que l'auteur des mensonges (Satan) murmure à votre esprit : "Vous n'êtes pas comme les autres. Vous n'êtes pas à votre place. Regardez-vous, vous êtes si différent. Je le vois dans votre expression, dans votre démarche et dans vos manières efféminées/masculines. Vous ne serez jamais accepté ! Malheureusement, nous embrassons ses mensonges et nous attirons autour de nous d'autres personnes qui vivent les mêmes expériences; c'est ainsi que le mode de vie homosexuel devient réputé.

Rappelez-vous que Dieu était là lorsque vos cœurs étaient marqués et meurtris, lorsque les autres ne comprenaient pas et que vous ne pouviez pas comprendre pourquoi vous étiez comme vous êtes. Dieu était là quand vous avez souffert des mauvais traitements infligés à votre corps ; quand vos pairs se sont moqués de vous et vous ont rejeté, vos cœurs sensibles se sont déchirés. Vous ne vous en êtes pas rendu compte, mais Satan a utilisé toute la douleur, les cicatrices et la racine de la perte parce que vous vous sentiez différent. Ce sont les poignées que Satan utilise pour attaquer votre esprit. Il ne s'arrêtera jamais tant que nous n'aurons pas tout donné à Jésus et permis la guérison. Pour la plupart des gens, cela ne se résoudra pas du jour au lendemain. Pour la plupart, cela prendra toute une vie. Vous devez comprendre que, même si vous avez accepté le Christ, que vous servez dans l'église et que vous êtes un adorateur sincère, Satan reviendra toujours pour voir s'il peut restaurer les zones blessées et les moments où vous avez échoué. Il cherche à restaurer votre douleur et à détruire votre salut. Ce n'est pas le cas. Il se tient prêt à reconstituer cette nature de péché du passé.

Votre péché est peut-être une dépendance à la pornographie. Satan se tient dans les coulisses et veille à ce qu'il y ait de nombreuses occasions pour que du matériel sexuel séduisant passe à votre portée. Il peut s'agir d'une publicité télévisée inoffensive. Néanmoins, il déclenche l'attirance qui vous a rendu accro au départ. Son but est de réintroduire ce péché. Rappelez-vous que le salut consiste à abandonner quotidiennement sa vie au Christ, car lui seul nous empêche de tomber. Nous ne sommes pas surhumains. C'est pourquoi nous devons faire un effort conscient pour confesser nos fautes et nos échecs à Dieu. Il nous couvrira alors des mérites de son sang versé. "Mais c'est à celui qui peut faire beaucoup plus que tout ce que nous demandons ou pensons, selon la puissance qui agit en nous, que revient la gloire dans l'assemblée, en Jésus-Christ, pour toutes les générations, dans les siècles des siècles, Amen" (Éphésiens 3:20). Nous devons toujours être prêts à nous repentir et à rechercher la purification et la correction pendant que nous sommes dans ce monde de péché.

Comprenez que vous n'êtes pas un surhomme et que Dieu n'attend pas de vous que vous le soyez. Vous êtes son enfant, vous grandissez et mûrissez constamment à travers les épreuves et les erreurs, mais soyez toujours prêt à courir vers le Père Dieu, à admettre votre échec et à demander le pardon et la force de résister aux tentations. Satan veut que vous leviez les bras et que vous disiez qu'il n'y a pas d'espoir. Bien-aimés, tant que vous marchez sur cette terre, il y a de l'espoir en

Christ. C'est pour cette raison que le Père Dieu a donné au monde ce qu'il a de meilleur, la vie même de son Fils unique, en sacrifice pour vos faiblesses.

Le Seigneur comprend et vous tend les bras avec des cordes d'amour. "Je les ai conduits avec des cordes d'homme, avec des liens d'amour, et j'ai été pour eux comme celui qui fait tomber le joug de leurs mâchoires ; je me suis penché et je les ai nourris" (Osée 11:4).

Trop nombreux sont ceux qui subissent les tourments de l'enfer parce qu'ils ont refusé d'écouter les avertissements de Dieu. N'oublions jamais : "C'est à cause du grand amour du Seigneur que nous ne sommes pas détruits, car sa compassion ne tarit pas" (Malachie 3:6). Tant que nous sommes de ce côté-ci de la vie, suivons Dieu. À notre mort, le jugement a déjà été prononcé. On tombe dans les tourments de l'enfer ou dans le lieu de paix de Dieu. Le péché doit être réglé avant de partir

Rappelez-vous toujours que le sacrifice du Christ sur la croix est la seule offrande que le Père accepte pour les péchés de l'humanité. Nous devons passer par le Christ pour obtenir le pardon de nos péchés.

L'Église hypercritique d'aujourd'hui

Webster définit le mot "occuper" comme le fait de remplir ou de prendre (de l'espace ou du temps). Il est certain que cela reflète parfaitement la situation de l'Église dans le monde entier. Il est triste de constater que trop de chrétiens attendent que le Royaume de Dieu vienne dans le futur alors qu'ils ne réalisent pas que son Royaume est déjà arrivé. Le Royaume est à l'intérieur de chaque chrétien. L'Église cherche Jésus, mais il est là, bien vivant. Oui, il y aura la seconde venue de notre Seigneur Jésus-Christ, et nous y travaillons, mais l'Église ne montera pas tant qu'elle n'aura pas mûri. J'attends le retour de mon Seigneur et je m'y prépare. Néanmoins, il nous est demandé d'occuper ce monde jusqu'à ce qu'il vienne. Notre Seigneur attend de nous que nous nous emparions de la terre et que nous reprenions le territoire que Satan a astucieusement usurpé.

Lorsque Dieu a conclu des alliances dans le passé, il ne parlait pas du ciel, mais de la possession de territoires ici, sur la terre, avec tous ses défauts, ses échecs et ses ennemis tenaces. Dieu a créé l'humanité pour qu'elle domine, et non pour qu'elle squatte et prenne des parts. Lorsqu'il a chargé Adam, il a parlé de sa domination sur sa création terrestre. Il a ensuite ordonné à Noé de dominer également, d'être ßuitful, de multiplier et de réapprovisionner la terre. Lorsqu'il a conclu son alliance avec Abraham, il lui a dit de regarder la terre - et aussi loin qu'il pouvait voir, cette terre était la sienne.

Dieu a donné à Moïse l'alliance, et il lui a été dit de posséder Canaan. De même, il a conclu une alliance avec l'Église actuelle. Il attend d'elle qu'elle soit victorieuse dans la possession de cette terre et dans la lutte pour les âmes des brebis perdues. "J'ai encore d'autres brebis, qui ne sont pas de cette bergerie ; il faut que je les amène ; elles entendront ma voix, et il y aura une seule bergerie" (Jean 10:16).

Satan, quant à lui, se bat inlassablement pour chaque âme, en particulier celles que l'Église rejette au hasard. Jésus attend de son Église qu'elle se batte pour toutes les âmes, et non qu'elle les rejette par préjugé, par ignorance et par méchanceté. L'Église dit qu'elle cherche les perdus. Pourtant, elle fait la sourde oreille aux cris de l'homosexuel repenti. Pour la plupart, elle considère cette communauté comme inaccessible. Ce n'est pas le cas. Le Christ a stipulé dans son mandat qu'il était sur terre pour chercher et sauver les perdus. A-t-il stipulé tous les perdus sauf l'homosexuel repenti

? C'est Satan qui convainc l'Église de tourner un regard hypocrite vers cette communauté, lui faisant croire qu'évangéliser ici est une cause perdue d'avance. Malgré cela, Jésus est venu révéler le cœur du Père - un cœur d'amour et de grâce, comme celui d'une mère qui s'occupe de son bébé. Je crois que le cœur du Père nous ordonne d'atteindre TOUS LES PERDUS ET DE N'EN PERDRE AUCUN.

"Occupez-vous jusqu'à ce que je vienne" (Luc 19:13). Il ne nous dit pas de faire preuve de discrimination ; le croyant doit prendre sur lui le caractère du Christ. Nous devons sentir son cœur et voir ses larmes et ses bras tendus qui appellent les personnes brisées et mal aimées à suivre le chemin de la justice.

L'Église doit aller chercher le salut de toute l'humanité. Les sages iront à la recherche de ceux que le monde et l'Église actuelle considèrent comme des intouchables et les inviteront à entrer dans le Royaume de Dieu.

Immédiatement après le commandement d'"occuper", la parabole se poursuit par l'affirmation suivante : "Mais ses concitoyens [sujets] le haïssaient". Il est certainement facile de reconnaître une situation analogue dans l'Église moderne. Par exemple, des confessions entières ont cessé de défendre le caractère sacré de la vie elle- même, l'un des plus grands dons de Dieu - elles ne se prononcent plus sur les avortements. Beaucoup de ces églises, qui ne sont que des "cadavres religieux sans vie", ne supportent plus les péchés les plus graves ; elles ne débattent peut-être que de la quantité qu'elles pourraient autoriser. Je ne défends pas le "mariage gay" ou la fornication homosexuelle. En effet, toute relation sexuelle en dehors de l'alliance du mariage ordonnée par Dieu est un péché et n'est certainement pas tolérée par Dieu de quelque manière que ce soit. Je n'approuve pas le leadership homosexuel qui est accordé par erreur à ceux qui méprisent les vœux sacrés de l'Église catholique.

Le mariage homosexuel est méprisé par une majorité croissante d'humanistes égoïstes qui s'imaginent bêtement que Dieu pourrait approuver leur comportement irresponsable. Je suis consterné lorsque je vois des représentants du gouvernement, en quête de votes, rejoindre le mouvement en faveur du mariage homosexuel. Je considère qu'un tel comportement est l'exemple même du blasphème. Et je suis certain que ces insultes ont atteint le plus haut des cieux ; l'humanité réécrit et redéfinit les textes anciens et consacrés pour les adapter à ses "styles de mort", et hâte le jugement de Dieu sur cette nation et sur le monde. Jésus dit que, comme il en fut aux jours de Noé, il en sera de même aux jours de sa venue à la fin de cet âge. Lorsque toutes les ordures qui nous ont été imposées au nom de la "religion chrétienne" ne cessent de tourmenter mon âme juste, je pense aux paroles du Maître : "Relevez la tête, car votre rédemption approche". Alors, viens, Seigneur Jésus !

Une prière lorsque est abandonné

Seigneur, quand je suis abandonné, méprisé et seul, soutiens-moi avec la force de ton indéfectible compassion.

Une mariée dépourvue d'amour ?

Le témoignage du révérend Pittman me rappelle ce qu'il a vécu au second ciel. Il l'a décrit comme un sentiment écrasant qu'il ne pouvait pas comprendre et pour lequel il n'avait pas de nom de référence. Son ange gardien a lu dans son esprit et lui a dit : "Ce sentiment est dû au fait qu'il n'y a pas d'amour dans cette dimension". Satan n'aime pas ses subordonnés, et ceux-ci ne l'aiment pas non plus. Pouvez-vous imaginer un nombre incalculable d'entités démoniaques travaillant ensemble, servant inlassablement un maître, mais il n'y a pas d'amour entre eux ? Le déchaînement d'une fureur destructrice sur l'humanité alimente leur motivation. Leurs attaques se sont multipliées parce qu'ils savent que le temps est compté. Et pour la plupart, ils savent que leur disparition est imminente ! Pittman Lorsque j'entre dans les églises d'aujourd'hui, je suis confronté à une réflexion similaire : aucun amour n'est manifesté à l'égard de l'homosexuel repenti. Au lieu de l'amour et de l'acceptation, la plupart d'entre eux sont accueillis par des jugements, des regards omniprésents et des yeux qui se promènent de haut en bas, à la recherche d'un défaut qui confirmerait leurs suppositions.

Comment cela est-il possible ? Lorsque notre Seigneur a quitté cette dimension, il a chargé l'Église d'aller de l'avant, d'inviter les perdus à entrer dans le Royaume. L'attribut identifiable de ses serviteurs est l'amour. Il nous a dit : "Aimez-vous les uns les autres, comme je vous ai aimés" (Jean 15:12). "C'est le message que vous avez entendu depuis le début : Nous devons nous aimer les uns les autres (1 Jean 3:11 ; 1 Jean 3:23 ; Jean 13:34 ; Jean 15:17 ; 2 Jean 1:5).

Tous les chrétiens rachetés devraient avoir une motivation et un attribut identifiable, la force qui devrait conduire et diriger leur existence quotidienne. Ils doivent aller de l'avant et persuader les perdus, les encourager à trouver refuge dans le Royaume du Christ. Le Père et notre Seigneur l'ont ordonné - c'est son cœur. Le Seigneur nous dit même de ne pas passer notre temps à arracher l'ivraie. Pourquoi

? Parce que le chrétien moyen n'a pas le délicat pouvoir de discernement nécessaire pour voir au-delà de l'apparence extérieure d'un autre chrétien ; il ne peut pas voir le cœur qui anime les motivations de l'individu (Matthieu 13:24-30, 36-43).

Ces individus, sujets de moqueries et de doutes, pourraient crier quotidiennement au Père pour qu'il les oriente et les change. Ils pourraient implorer sans cesse une nouvelle vie et un changement d'apparence qui reflèterait la ressemblance de leur grand frère, le Christ, leur Seigneur et Sauveur. Ne portez pas de jugement ; vous n'êtes pas appelés à être des désherbeurs autoproclamés, mais des pourvoyeurs d'amour. "Aimez-vous les uns les autres comme je vous ai aimés. C'est certainement le signe d'un véritable disciple obéissant du Christ. Les anges sont chargés de séparer le bon grain de l'ivraie.

Ce sera au "temps de la moisson" ; cette moisson, nous dit-on, est la fin du monde. Remarquez que cette tâche de séparation est confiée aux anges, parce qu'ils sont bien équipés, ce qui n'est pas le cas de l'humanité (Matthieu 13:24-41).

Je me demande même quelles excuses le serviteur du Christ présentera lorsqu'il se tiendra devant Lui et rendra compte de ces âmes qu'il a rejetées et fait manquer l'occasion de devenir cohéritier dans le Royaume du Christ. La plupart de ces chrétiens ne semblent pas savoir que nous sommes responsables de chaque âme que le Seigneur envoie sur nos chemins.

De toute évidence, ils ignorent l'onction de l'Esprit Saint lorsqu'il leur est demandé de soutenir et de témoigner auprès de nos frères et sœurs qui luttent contre l'homosexualité. Les chrétiens ne leur appartiennent pas. Achetés à un prix élevé, les chrétiens doivent obéir et servir tous les commandements du Christ, le Seigneur et Sauveur (1 Corinthiens 6:20).

Dans une église que j'ai fréquentée, le pasteur a manifesté le désir de me voir quitter son église immédiatement après y être entré, même lorsque je marchais dans l'allée. Il se levait périodiquement devant la congrégation et criait dans le micro : "Sors d'ici, démon ! Sors de la maison de Dieu !" Son raisonnement, comme il l'expliqua plus tard à la congrégation, "Ils partent généralement et ne reviennent jamais quand je fais cela".

Quelle honte ! Où est le cœur du Christ dans un tel étalage déshonorant de "chair" ? Cette exposition m'a profondément blessé, mais je savais que le Saint-Esprit était là et, comme Jacob, j'ai refusé de partir avant d'avoir reçu ma bénédiction (Genèse 32:26).

Grâce à Dieu, j'ai senti la présence du Saint-Esprit dans cette église. (J'en parle plus loin dans une prochaine section, L'Église tue ses blessés).

Pendant quelques semaines, j'avais désobéi au Seigneur lorsqu'il m'avait demandé d'aller à l'autel et de me repentir, à l'église mentionnée plus haut (Soul Saving Station) ; et à cause de cette désobéissance, le Seigneur, par l'intermédiaire de son prophète, a rendu son jugement. A cause de la désobéissance, le Seigneur, par l'intermédiaire de son prophète, a rendu son jugement : "Vous brûlerez en enfer, sept fois plus chaud que ce qu'il devrait être". Pendant des années, je n'ai pas pu me reposer parce que cette déclaration était toujours devant moi. Et je savais que je devais trouver une église où le Saint-Esprit habite pour faire appel à mon Seigneur et Sauveur.

Je savais que le Saint-Esprit se trouvait dans la congrégation de cette deuxième église ; j'ai donc toléré et supporté cette manifestation intentionnelle de non-acceptation, et le Seigneur m'a récompensé en me libérant de cette malédiction que j'avais encourue en raison de ma désobéissance et de mon ignorance.

Dieu a supprimé cette malédiction et m'a classée comme guerrière dans son royaume. (Nous devenons des guerriers avec notre cœur tout entier cédé au Seigneur, et plus que tout, je voulais attirer d'autres personnes dans son Royaume et le promouvoir, afin que Jésus puisse régner. J'ai fait savoir au Seigneur que j'étais prêt à sortir de mon chemin pour lutter pour les âmes perdues).

Je remercie le Seigneur pour son amour inconditionnel. Et je suis déterminée à partager mon témoignage. Comment pourrais-je refuser ? Peu importe le rejet que je subirai de la part de ma famille et de la communauté. Je refuse désormais de désobéir au Seigneur. Je dois le servir et lui obéir. Il a tant fait pour moi. Je ne pourrai jamais lui rendre entièrement ce qu'il m'a donné.

Mais j'aimerais que l'Église se souvienne de ceci. Si je demandais à Saul (l'apôtre Paul) comment il s'en est sorti après avoir persécuté et assassiné des chrétiens, il répondrait sans aucun doute : "Par le sang de Jésus". Et si je demandais à Pierre, après avoir nié trois fois connaître le Sauveur, comment il s'en est sorti, il répondrait lui aussi : "Par le sang et la grâce de Jésus, je m'en suis sorti". Et si je demandais à David, après avoir commis l'adultère avec Bethsabée et assassiné ensuite son mari, il répondrait : "Je n'ai réussi que par les mérites de l'œuvre achevée de Jésus." C'est pourquoi, moi aussi, je me tiens ici devant mon Sauveur et je le remercie de m'avoir fait passer - non pas par mon accomplissement - mais seulement par les mérites de son sang versé, car nous sommes tous justifiés.

Oui, j'étais trop gêné pour obéir à mon Seigneur par crainte des critiques et d'être étiqueté comme indésirable par ma famille ecclésiastique ; cependant, le Seigneur a dit quelque chose dont je me souviendrai toujours : "Si vous avez honte de moi, j'aurai honte de vous devant les saints anges" (Luc 9:26). Je remercie Dieu de ne pas avoir de ressentiment.

Il m'a pardonné et je le crie au sommet des montagnes ! Le Seigneur est puissant pour sauver ; venez tel que vous êtes. Demandez pardon pour vos méfaits, pour avoir désobéi à sa parole et pour avoir vécu une vie de péché. Demandez-lui de vous pardonner pour ceux que vous avez blessés, et il vous pardonnera. Abandonnez le passé. Il vous entendra, pardonnera vos transgressions et vous acceptera à bras ouverts dans son royaume. Gloire à son nom !

L'Église tue ses blessés

J'étais là, un frère chrétien fréquentant une église pentecôtiste en 1985, certain que rien ne pourrait m'isoler de l'amour de ma famille ecclésiale. N'avais-je pas été un fidèle pendant dix ans ? Malgré mon point de vue, j'ai été étonné de voir à quelle vitesse cet amour et cette camaraderie se sont évanouis lorsque le péché est entré dans ma vie. Au plus profond de mon "minuit de l'âme", lorsque j'allais voir mes soi-disant frères et sœurs dans cette église de Manhattan, ils m'évitaient tous comme des rongeurs fuyant un navire en train de couler. Élevé à l'église, je ne savais pas grand-chose des activités sociales du monde (boîtes de nuit, usage récréatif de l'alcool et d'autres drogues, pas même le soulagement du partage et de la socialisation avec les amis et la famille). Pourtant, si je n'avais pas eu la présence du Seigneur, sa force inépuisable et l'encouragement que je trouve dans la Parole, il n'y aurait pas eu d'espoir pour moi.

J'aurais abandonné et accepté mon état de rétrogradation comme définitif, mais grâce à l'Éternel, il est vivant. Le Saint-Esprit a également appliqué cette Parole en corrigeant et en éclairant mon chemin. Contrairement à ma soi-disant famille ecclésiastique, le Seigneur m'a rassuré et protégé alors que la vie que j'avais connue s'écroulait. (Nous devons lire la Bible parce que c'est un livre d'instruction, de réconfort et de direction. Elle contient des rivières de messages édifiants qui correspondent à chaque condition humaine). Le Père Dieu désire que nous connaissions la vérité et que nous soyons libérés des mensonges de Satan et des pièges du péché. Plus un chrétien se souvient de la Parole, plus sa défense est grande lorsque Satan l'attaque. La Parole est notre arme, notre puissance et notre protection.

Si je n'avais pas réussi à acquérir une connaissance approfondie de la Parole, j'aurais probablement mis fin à mes jours (suicide). Cependant, par la grâce de Dieu, je me suis souvenu de sa fidélité sans faille. Je me suis souvenu des épreuves auxquelles j'avais été confronté dans le passé. Et me souvenant du regretté Steve Jobs, qui a dit : "On ne peut relier les points qu'en regardant le passé "4 , j'ai regardé mes épreuves antérieures, j'ai noté les progrès et j'ai remercié Dieu pour son travail incessant en moi (Philippiens 1:6).

Ce n'était pas facile de souffrir du rejet de la part de ma famille religieuse. Heureusement, je me suis souvenu des promesses de la Parole de Dieu : "Je ne te quitterai jamais, je ne t'abandonnerai jamais" (Hébreux 13:5-6). "Je ne te quitterai jamais et je ne t'abandonnerai jamais (Hébreux 13:5-6). Même nos proches peuvent nous abandonner, mais Dieu ne le fera jamais. Même lorsque nous péchons, Son regard ne nous quitte jamais. Tant que nous sommes de ce côté-ci de la vie, il y a de l'espoir. La fidélité et la grâce de Dieu ne faiblissent jamais. Avec des cordes d'amour, il cherche un moyen de ramener les égarés à lui. Je l'ai compris : lorsque toute aide humaine a échoué, Jésus a toujours été là pour moi. "Qui peut nous séparer de son amour (Romains 8:35) ? Tous ceux qui sont sans aide, rappelez-vous : "Tranquillisez-vous, mon âme, le Seigneur est à mes côtés". Dieu est toujours fidèle à sa Parole, qu'il estime plus haute que son nom, et ses noms révèlent son caractère, qui se manifeste dans le besoin. Dieu est là pour nous, et il sera ce dont nous avons besoin à tout moment.

Ayant expérimenté que Dieu répondait à mes prières dans le passé, je savais que ma délivrance ne viendrait que dans une atmosphère ointe ou dans un environnement où le Saint-Esprit agit avec puissance. C'est pourquoi j'ai recherché ce type d'environnement pour la délivrance et la couverture. Oui, Dieu se déplace, mais nous ne devons pas être aidés à sortir de notre zone de confort dans la poursuite de notre bénédiction.

Dieu merci, ces horribles démons ont été chassés ; cependant, comme je l'ai mentionné précédemment, alors que je fréquentais une église à Manhattan, j'ai manqué au Seigneur. Au cours de cette

période, j'ai été choisi, avec d'autres, pour enseigner dans cette église. Le Seigneur, ne voulant pas que l'éducation de ses enfants soit entravée, nous a demandé d'établir un environnement éducatif chrétien. Il nous avait prévenus que nos jeunes ne pourraient plus apprendre dans les écoles publiques mondaines et impies.

Il avait donc sélectionné notre groupe d'enseignants potentiels et nous avait encouragés à aller à l'université et à obtenir des diplômes. Il nous a dit de ne pas craindre l'éducation ; si on nous enseignait quelque chose qui n'était pas bénéfique, Il nous réapprendrait ce que nous devrions savoir. Dieu a tenu sa promesse. J'ai obtenu une licence en sciences de l'éducation et, trois ans plus tard, une maîtrise et, peu après, un doctorat en sciences de l'éducation, en supervision et en administration. Dieu a vraiment tenu sa promesse. Certes, j'y ai consacré du temps et des efforts, mais notre Seigneur m'a donné la capacité de saisir et d'assimiler des concepts et de les appliquer dans un contexte centré sur le Christ. Cependant, lorsque j'ai été appelé à enseigner, j'ai déçu le Seigneur, à cause du péché dans ma vie, un péché que Dieu avait prophétisé avant même que nous ne commencions nos études. Ainsi, à l'épicentre de mon appel, je ne pouvais pas enseigner dans notre école chrétienne. Bien que Dieu me voulait là, le ministre responsable, en raison de mes péchés passés et du fait que je n'étais pas mariée, ne pouvait pas me permettre d'accomplir la mission de Dieu. Le pasteur n'était pas certain que mes péchés passés ne referaient pas surface pendant son mandat. Je comprenais parfaitement sa position et je respectais son autorité.

Bien que ma punition ait été sévère, Dieu a mis un bémol à ma situation difficile, à cause de mon péché et de ma désobéissance, et parce que je n'étais pas capable de le servir quand on m'appelait, par les lèvres de la prophétesse : "Tu brûleras sept fois plus fort en enfer." Il a prononcé ce blâme. J'avoue que ce jugement était horrible, mais ce qui m'a étonné aussi, c'est que pendant toute cette période, l'évêque ou le ministre responsable a prononcé une phrase qui m'a fait sursauter. J'avais supposé que lorsqu'il s'agissait de la disposition des brebis, le chef avait le cœur compatissant du Christ. J'ai eu tort quand il a dit : "Voilà, c'est ce que j'attendais d'entendre, le jugement de Dieu. Le voilà !" Ce ministre, comme tous les bergers, a été appelé à me couvrir. Il était l'individu qui, lorsque le danger approche, défend ses fidèles, un leader qui, de l'avis général, a le cœur du Christ, le "bon berger", qui franchit toutes les barrières pour sauver une seule brebis égarée.

Je me souviens d'Israël lorsqu'il était dans une situation difficile et qu'il a dû faire face à la colère de Dieu et au jugement prononcé sur la congrégation (Jérémie 16:1). Moïse, un autre grand leader, a intercédé en se plaçant entre le jugement de Dieu et son peuple avec un encensoir, suppliant Dieu d'avoir pitié de ceux qui avaient péché (Nombres 16:46). Or, dans ma situation, c'était tout le contraire : mon chef voulait que Dieu me juge. Comme c'était difficile à comprendre. Bien que j'admette que, par la suite, il a passé du temps à me conseiller et à se concentrer sur les remèdes à ma situation antérieure - le mariage était la réponse ; cependant, à ce moment-là, je ne voyais pas comment je pourrais le faire. J'avais beaucoup de problèmes à l'époque. Ma mère, ma sœur et mon beau-père avaient perdu confiance en moi, ce qui provoquait également des frictions et des troubles. Comment pouvais-je porter ce fardeau dans un mariage ?

Environ six ans après cet incident, le pasteur est décédé. Malgré cela, je remercie Dieu, car je me souviens que le pasteur m'a appelé un soir et m'a dit : "Je vais prier pour vous". Je dois admettre que cet homme, qui voyait parfois des anges, était proche de notre Seigneur. (Merci, Monseigneur, pour vos prières. Et j'espère qu'en mon nom, ces prières continuent d'être entendues par le Dieu tout- puissant, car ses oreilles n'ont pas manqué d'entendre mon cri désespéré lorsque j'étais dans un besoin désespéré).

Quelques années plus tard, j'ai entamé une quête inlassable de rédemption, car c'est à Dieu que je dois plaire. On m'a demandé de fréquenter la deuxième église. Inutile de dire que le verdict précédent de Dieu est resté dans ma mémoire. Je me souviens qu'un dimanche, alors que j'assistais aux funérailles de ma sœur, j'ai vu la femme de ce même pasteur. Bien qu'aveugle à l'âge adulte, cette femme profondément pieuse était remplie du Saint-Esprit. Il n'était pas rare de voir le Saint-Esprit parler à travers elle sans qu'elle ne prenne l'initiative de la conversation, car le Saint-Esprit est le "PARACLETE", appelé à nos côtés pour nous guider et nous réconforter dans la tribulation (Jean 14:16-17).

Merci, Seigneur, que le Saint-Esprit n'abandonne jamais, surtout quand une âme crie pour l'intervention de Dieu. Je n'oublierai jamais qu'alors que j'étais assis à la table du dîner de ma deuxième église, devant cette puissante femme de Dieu, l'Esprit a parlé à travers ses lèvres et m'a réprimandé. "Vous pensez que servir dans une autre église résout vos problèmes - est-ce que c'est ce que vous pensez ? pensez-vous, mon frère ?" Ces mots, comme un couteau, ont transpercé mon âme. J'ai eu un choc ! C'était précisément pour cette raison que je servais si fidèlement dans cette nouvelle église épiscopale. J'espérais que Dieu annulerait son jugement précédent et renverserait cette malédiction. Cependant, en entendant ces mots sortir de la bouche de cette pieuse femme de Dieu, j'ai su que j'étais toujours sous le coup d'un jugement. La sentence prononcée dix ans auparavant (voir chapitre I) était toujours en vigueur, et "Vous brûlerez sept fois plus fort en enfer !" Par les lèvres de cette femme bénie, le Saint-Esprit m'avertissait que le jugement est toujours en vigueur.

En entendant ces mots de la bouche de cette mère bénie, j'ai ressenti un sentiment d'inquiétude au plus profond de mon âme. Je savais que c'était le Saint-Esprit qui me mettait mal à l'aise, qui m'avertissait, qui me permettait de comprendre que tout n'allait pas bien. Si j'étais mort pendant cette période de jugement annoncé, je serais allé directement en enfer, et le décret précédent aurait eu lieu, quels que soient les efforts que j'aurais déployés dans une seconde église. (Je remercie Dieu pour cette révélation, car si je n'avais pas entendu la réprimande, j'aurais cessé de chercher la restauration. J'avais supposé à tort que parce que je servais le Seigneur dans cette deuxième église, tout allait bien ;

cependant, Dieu avait prononcé une décision, et elle allait s'accomplir. Si je n'avais pas écouté les conseils du Saint-Esprit, je n'aurais pas été rétabli). C'était une leçon très importante. Bien que je sache que le Saint-Esprit peut demeurer dans de nombreuses églises, il n'agit dans la plénitude de sa puissance que dans certaines d'entre elles. C'était donc ma quête : Je devais trouver une troisième église, de préférence une congrégation pentecôtiste adorant en Esprit et en vérité, car dans cet environnement, je savais que l'Esprit de Dieu serait présent et que je pourrais trouver de l'aide pour ma situation difficile. (Merci, Esprit Saint, de m'avoir corrigé et de ne pas m'avoir permis de me reposer tant que la situation n'était pas corrigée).

Tout au long des trois années qui ont suivi, j'ai cherché de toute urgence à me libérer de cette phrase. J'étais tourmenté. Je savais que j'étais un mort-vivant, avec un pied en enfer et un pied sur terre. Ce fait rongeant ma conscience, j'ai cherché à me débarrasser de cette phrase.

Une église remplie de l'Esprit où je pourrais épancher mon cœur auprès du Père Dieu et implorer la miséricorde du Seigneur afin d'obtenir l'annulation de ce jugement.

C'est difficile à expliquer, mais lorsque je suis entré dans cette nouvelle église, cela s'est confirmé dès ma première visite. Ici, dans cette église, j'ai ressenti la présence ointe et vivifiante du Saint-Esprit. Dans cette église pentecôtiste, j'ai su que c'était le point tournant, que c'est ici que je trouverais la restauration. Cependant, il était clair que personne n'avait mentionné ce fait au nouveau pasteur. Je n'oublierai jamais ma première visite. En entrant, et alors que je marchais dans l'allée de l'église pour la première fois, le pasteur qui présidait, debout sur la chaire devant la congrégation, a crié : "Sors d'ici, diable !". À mon grand désarroi, chaque dimanche, au début du service, il a poursuivi cette dénonciation honteuse. Pourtant, je savais que la forte présence de Dieu était là, et je me moquais de ce que l'on pouvait me dire, je voulais être libéré de cette annonce de "l'enfer éternel". Je savais que la réponse était d'acquérir une double portion du pouvoir de Dieu sur ma vie pour m'aider à porter mes lourds fardeaux. Dans cette église, j'ai trouvé ce que j'avais cherché et désiré- mon objectif implacable a été atteint !

D'une manière ou d'une autre, intuitivement, l'Esprit a réaffirmé ma quête de plénitude spirituelle, et mes pieds étaient sur le bon chemin. Confirmée par la présence vibrante de l'Esprit Saint, j'avais la réponse de manière innée. Avec la force du cœur et une nouvelle détermination, ma quête de plénitude spirituelle désormais approuvée par l'Esprit, avec un objectif renouvelé, je suis allée de l'avant.

Chaque dimanche, je déversais mon cœur dans le Seigneur et je cherchais sa délivrance de ce talon d'Achille, de cette malédiction de souffrir d'un châtiment éternel en enfer. Elle n'a jamais quitté ma mémoire, elle s'y est enfouie. Elle planait au-dessus de ma tête. Mon âme était agitée.

Après chaque service, tous les fidèles avaient l'habitude de s'approcher du front de l'église pour prier ensemble. Ils ont placé l'un des membres les plus profondément remplis de l'Esprit parmi les nouveaux venus afin que la puissance du Saint-Esprit coule d'elle vers moi.

Un dimanche particulier, l'une des sœurs, une puissante guerrière de la prière, a été placée derrière moi. Elle a commencé à prier en langues comme je ne l'avais jamais entendu auparavant. Elle était tellement emportée par l'Esprit que j'ai commencé à sentir les mots sortir de sa bouche. J'ai senti physiquement ses prières jaillir de sa bouche, comme des cailloux. Je les ai senties pénétrer mon corps comme les balles d'une mitrailleuse. Les mots étaient rapides ; il s'agissait clairement et indubitablement d'une bénédiction de Dieu. Cela faisait dix ans que je cherchais ce jour de guérison. Le Saint-Esprit parlait par la bouche de cette personne remplie d'Esprit et opérait une délivrance dont j'avais grand besoin. Non seulement j'ai senti les paroles percer mes entrailles, mais j'ai aussi eu une vision de moi dans un puits sombre, d'environ trois mètres sur trois mètres de profondeur. Je me voyais emprisonné là, attendant le jugement final de Dieu, qui aurait été l'étang de feu. Néanmoins, Dieu a agi par l'intermédiaire de cette sœur, et ces prières, prononcées en mon nom, ont contribué à me délivrer de la malédiction précédente de la damnation éternelle. Je n'étais plus voué à l'enfer. L'Éternel m'a offert un chemin sous l'onction du Saint-Esprit, effaçant cette malédiction. Certains d'entre vous peuvent se demander si Dieu n'aurait pas pu vous pardonner dans n'importe quelle église ? Peut-être, mais je n'ai pris aucun risque. D'une manière ou d'une autre, par l'Esprit, j'ai su où je devais aller pour briser cette malédiction. Je savais qu'il faudrait un service oint, où la puissance de Dieu était indubitablement présente. Ce n'est que dans un tel environnement que je pourrais être libéré.

D'une manière ou d'une autre, je suis sûr que vous avez connu ces occasions où vous savez que vous savez quelque chose ; ce jour-là, j'ai su que Dieu m'avait pardonné. Alléluia ! Enfin libre ! Avec la joie au cœur, j'ai su que j'étais ße - que le jugement était annulé. J'étais à nouveau son enfant racheté, comme tous les autres dans cette assemblée.

Néanmoins, le dédain, le rejet, la suspicion et la désapprobation ouverte dont je faisais l'objet de la part non seulement des ministres mais aussi de la congrégation, c'est ce que j'ai vécu chaque dimanche. Mon cœur était découragé. Malgré cela, j'étais déterminée à garder les yeux sur Jésus et à suivre sa voie. Le Saint-Esprit a parlé à mon cœur et m'a encouragé à mettre de l'ordre dans mes pas et à "...fixer mes yeux sur Jésus, le pionnier et le perfectionneur de la foi. Pour la joie qu'il avait devant lui, il a enduré la croix, méprisant la honte, et il s'est livré à une lutte sans merci.

Il s'est assis à la droite du trône de Dieu. Considérez celui qui a supporté une telle opposition de la part de pécheurs, afin que vous ne vous lassiez pas et ne perdiez pas courage" (Hébreux 12:2-3). Vous voyez, Jésus a méprisé la honte à laquelle il a été confronté, mais sa honte s'est estompée en comparaison des bénédictions sans fin qu'il pouvait voir à la fin du voyage.

La plupart des dimanches, lorsque j'arrivais à cette église ointe, j'avais commencé à converser avec un gentil monsieur, qui avait à peu près mon âge, et il était clair que nous avions beaucoup en commun lorsque nous partagions nos préoccupations concernant l'entretien de nos maisons nouvellement achetées. Nous avons discuté au cours de nombreuses réunions ultérieures, et c'était agréable d'avoir quelqu'un qui m'empêchait de m'ennuyer profondément lors de certaines de nos réunions. Il parlait toujours de sa famille ; cependant, je n'ai jamais mentionné le fait que je n'étais pas mariée, et nous n'avons jamais vraiment parlé de ma situation familiale, et je n'ai pas donné volontairement cette information. Néanmoins, chaque fois que nous nous rencontrions, comme un père fier, il me parlait de sa situation familiale, du fait que sa femme ne pouvait pas assister à la plupart des réunions de l'église en raison de ses engagements professionnels.

Plusieurs mois se sont écoulés et sa femme a commencé à assister aux offices. Elle ne m'a jamais vraiment parlé, mais elle m'a toujours examiné de la tête aux pieds. Je voyais bien, à ses regards et à ses manières, que cette sœur ne s'intéressait pas du tout à moi ! Cela n'avait pas d'importance pour moi puisque Dieu avait ouvertement manifesté son acceptation et son approbation, vérifiant ainsi qu'il voulait que je sois là. Néanmoins, pour l'ensemble de la congrégation, cela ne semblait pas avoir d'importance. Ils ne pouvaient pas regarder au-delà de mon passé.

Un dimanche, le "gaydar" de la femme de ce frère semble avoir fonctionné 20/20, et elle cherchait le bon moment pour m'exposer aux yeux de son mari afin qu'il ne me reparle plus. Il est important de préciser qu'à aucun moment je n'ai parlé de mon passé et de ce qui m'avait amené dans cette église. Il n'y avait aucun doute : toute l'église considérait mon apparence extérieure et supposait que je devais avoir un passé homosexuel.

Par la suite, un autre dimanche matin, cette même sœur, l'épouse du frère, m'a parlé d'une manière condescendante, pour me faire savoir qu'elle ne voulait pas que je côtoie son mari ni son jeune fils de quinze ans. Plus tard, son mari a ouvertement fait écho à son verdict en disant : "Je ne savais pas qu'il n'était pas marié." Puis tous deux se sont détournés de moi, me laissant bouillir dans leur ragoût de dédain, d'insolence et d'indignation. Ils affichaient une attitude hautaine qui disait clairement

: "Nous ne voulons pas de gens comme vous dans notre église". À ce moment-là, je n'ai pas pu m'exprimer ; j'essayais de me défendre. La désapprobation s'exprimait à chaque instant. La grossièreté de cette famille était comme un millier de couteaux lancés dans mon cœur déjà sensible. "Qu'est-ce que je leur ai fait ? me suis-je dit. Moi aussi, j'essayais seulement de me rapprocher de notre Seigneur. Je n'ai jamais rien dit qui puisse blesser qui que ce soit ; cependant, pour une raison obscure, ils ont présumé que leur comportement était justifié - comme s'ils étaient tous plus saints que n'importe qui d'autre.

La Bible nous dit clairement : "Il n'y a pas un juste, pas même un seul" (Romains 3:10). Le problème est que Satan encourage la plupart des chrétiens à oublier l'œuvre que le Christ a accomplie pour nous amener à un lieu de rédemption. Néanmoins, il est clair que nous devons tous nous rappeler à quel point nos péchés étaient répugnants pour Dieu avant que nous ne venions à Jésus, afin que notre compassion pour les autres ne diminue jamais. La plupart des chrétiens sont incapables de percevoir l'ampleur de la douleur et de la souffrance que nos frères et sœurs homosexuels ont endurées pour arriver au pied de la croix. Il est donc impératif que nous fassions preuve de gentillesse, jamais d'arrogance ni de prédominance. Nous devons toujours faire preuve de l'amour du Christ - un cœur d'amour et d'acceptation.

Si l'Église fonde son approbation sur les apparences extérieures, elle bannira l'homosexuel pénitent, et où pensez-vous que cette âme repentante ira ? Elle évitera certainement d'entrer dans la plupart des églises d'aujourd'hui. Rappelez-vous que le Seigneur pardonne

perpétuellement à ses enfants égarés. Il les libère de la prison de Satan et les conduit dans une famille ecclésiale pour qu'ils s'y intègrent ; malheureusement, la plupart des églises refusent de saisir le cœur du Seigneur (son cœur - celui d'une mère qui s'occupe de ses enfants).

La plupart des congrégations n'hésitent pas à ignorer l'homosexuel pénitent. Il semble qu'elles ne veuillent rien de plus que de les jeter aux requins démoniaques de Satan. Avec de telles attitudes négatives, il est clair que la plupart des églises s'en lavent les mains, espérant que l'homosexuel quittera leur localité. La plupart, par leur comportement, se soucient peu de ce que veut l'Éternel. Elles refusent de regarder au-delà de la bigoterie et des suppositions erronées. Je vous assure que l'Éternel n'est pas satisfait. Le Seigneur ne veut perdre aucune âme, et cela inclut tous les enfants de Dieu en mal de conscience. Si seulement l'Église pouvait entendre les appels désespérés de ces enfants égarés, si seulement l'Église pouvait entendre leurs appels à l'aide sincères, elle prierait davantage, au lieu de condamner.

Combattez l'esprit homosexuel, pas sa victime

Nous sommes ici confrontés à la sempiternelle question : un individu naît-il homosexuel ou son penchant est-il favorisé par l'environnement ? Il est essentiel que nous comprenions ce qu'est la loi naturelle. Dieu a inscrit cette loi dans la nature humaine ; la loi naturelle est mondiale et ne changera pas. Elle s'applique de la même manière à l'ensemble de l'humanité. Elle commande et interdit régulièrement, partout et toujours. Saint Paul a enseigné dans l'Épître (lettre) aux Romains que cette loi naturelle est inscrite dans le cœur de tout homme. "En effet, lorsque les païens, qui n'ont pas la loi, accomplissent par nature les choses contenues dans la loi, ceux-ci, n'ayant pas la loi, sont une loi pour eux-mêmes (Romains 2:14-15). Il est impossible de nier ce fait. Le conflit survient lorsque le cœur de l'homme s'endurcit, choisissant plutôt de suivre obstinément sa propre volonté. C'est pourquoi "Dieu les a livrés à un esprit réprouvé, pour qu'ils fassent ce qui n'est pas convenable" (Romains 1:28). L'humanité accepte soit la volonté du Créateur, soit celle de l'ange rebelle, Lucifer.

Confusion sexuelle

Sur le plan psychologique, il n'est pas déraisonnable de considérer les homosexuels comme désorientés. Par conséquent, il se peut qu'ils aient été abusés ou maltraités par le Le fait d'avoir été victime du sexe opposé lorsqu'ils étaient plus jeunes les a amenés à avoir une vision négative de leur sexualité. Ils ont peut-être été victimes de brimades, traités de "chochotte" ou de "pédé". Je pense que ces déclarations négatives peuvent entraîner une certaine confusion et amener de nombreuses personnes à s'interroger sur leur identité sexuelle. Dans certains cas, les brimades peuvent être à l'origine de différents facteurs de stress.

Je n'oublierai jamais qu'en grandissant, on m'a traité d'homosexuel simplement parce que je n'étais pas très enthousiaste en ce qui concerne les sports et l'athlétisme. À l'époque, je m'intéressais au piano et à l'orgue. J'étais plus à l'aise pour diriger la chorale de l'église ou enseigner à l'école du dimanche que pour me préoccuper de la dernière activité sportive compétitive.

Grâce aux conseils de notre Seigneur, j'ai appris que l'une des plus grandes ruses de l'ennemi consiste à faire en sorte que les personnes qui croisent notre chemin nous qualifient de "pédés" et de "gays". Je n'oublierai jamais qu'en entrant dans une station-service, les pompistes m'ont dit : "Que puis-je faire pour vous, madame ?". Il est facile de se tromper d'identité une ou deux fois, peut-être à cause de la coupe de cheveux ou de la trace de fourrure sur le col de ma veste. Néanmoins, lorsque cette erreur est devenue quotidienne, elle m'a poussé à examiner attentivement mon apparence physique. Au cours de cette période, j'ai constaté que l'erreur était si régulière que j'ai décidé de porter la barbe, pensant que c'était peut-être la raison pour laquelle les hommes de la Bible portaient la barbe.

Je me souviens avoir prié : "Seigneur, pourquoi me prend-on pour une femme alors que je n'ai aucun désir d'être une femme ?" La réponse que j'ai reçue : "L'ennemi vous attaque". J'ai alors compris le stratagème de l'ennemi. Voyez-vous, lorsque de telles ruses se répètent assez souvent, le but de Satan est de mettre le doute et la perte d'estime de soi dans le cœur. Je dois dire qu'avant la révélation de l'Éternel, la tactique de l'ennemi avait commencé à fonctionner.

J'avais commencé à remettre en question mon identité masculine. Quelle subtile supercherie de l'ennemi. Il est vraiment un maître trompeur.

Il est impératif que l'Église d'aujourd'hui comprenne, selon les Écritures, que notre combat n'est pas contre la chair et le sang - nos frères et nos sœurs - mais contre les autres.

Mais contre les êtres spirituels qui sont à l'origine de ces actes homosexuels. Le livre de Jude est très clair. Nous devons "sauver les autres en les arrachant au feu, faire miséricorde aux autres avec crainte, haïssant même le vêtement taché par la chair" (Jude 1:23). L'Église d'aujourd'hui devrait avoir ce cœur pour ceux qui sont perdus et qui meurent dans le péché. C'est indubitable : Dieu aime le pécheur mais déteste le péché. Pourquoi ? Parce que le pécheur peut être sauvé et changé, mais surtout parce que Dieu comprend les vrais coupables de ces actes atroces. Il a une vision claire de la situation dans son ensemble.

Quand on y pense, c'est surtout la myopie et la faiblesse humaine du jugement qui nous poussent à pointer les défauts des autres. "Car ce n'est pas contre la chair et le sang que nous luttons, mais contre les dominations, contre les autorités, contre les puissances cosmiques qui dominent les ténèbres présentes, contre les forces spirituelles du mal dans les lieux célestes" (Éphésiens 6:12).

Chaque fois que nous luttons contre les gens, chaque fois que nous nous battons contre eux, nous menons une bataille inexacte. Néanmoins, nous remercions Dieu pour ces chrétiens bienveillants qui pardonnent et se laissent conduire par l'Esprit. Car ils comprennent qu'il existe des puissances qui réduisent les gens à l'esclavage. Nous nous opposons à l'erreur lorsque nous combattons nos semblables.

Beaucoup ne se rendent même pas compte de l'origine de leur malheur, de leurs échecs et de leurs manques. Ils se trouvent des excuses. "Mon père est mort avant que je puisse faire des études. C'est pour cela que je suis pauvre." D'un autre côté, il y a les malavisés qui disent : "J'ai envoyé mon neveu à l'université, il est maintenant un ingénieur riche, mais il ne veut pas aider mes enfants ou moi, et nous sommes dans la pauvreté." J'apprends qu'avant de porter un jugement erroné, je dois faire un effort conscient pour examiner la situation dans son ensemble. Qui agit dans les coulisses, orchestrant l'ensemble du scénario ? Il est clair que nous ne comprenons pas le portrait global. Supposons que le neveu, devenu prospère, donne à l'oncle et à ses fils cinq millions de dollars. Ceux-ci peuvent rester pauvres, à cause du véritable ennemi qui se cache derrière la scène et qui s'est efforcé d'ßustrer cette famille particulière. Dans ce cas, toutes les tentatives de réussite deviennent vaines. L'ennemi invisible, tapi dans l'ombre, fait la guerre en volant, en tuant et en détruisant son hôte humain.

C'est donc l'ennemi invisible qui est coupable, et non la chair et le sang. Comment pouvons-nous être armés pour le combat alors que tant d'entre nous, dans les églises d'aujourd'hui, mènent les mauvaises batailles ?

Lorsqu'ils sont suffisamment armés, les chrétiens sont polis ; ils n'insulteront pas l'homosexuel repenti, car ils entendront la voix intérieure du Saint-Esprit. Cependant, s'ils n'ont pas revêtu toute l'armure de Dieu, ils ne sont pas préparés au combat - ils se trompent de combat (Éphésiens 6:20). Les responsables d'église mènent une guerre contre la mauvaise opposition lorsqu'ils se tiennent en chaire et traitent les chrétiens blessés de "diables". Lorsqu'ils traitent leurs coreligionnaires de "païens" et d'"ennemis", et qu'ils qualifient les pasteurs voisins de "méchants", ils se trompent de combat. Faut-il rappeler qu'ils ne sont pas omnipotents ? Ils ne possèdent ni la puissance ni le cœur de Dieu. Ce genre de bigoterie ne devrait pas surgir du haut de la chaire. La foi ne naît pas de la chair, mais de l'esprit de l'homme. Lorsque cette attitude vient de la chaire, les dirigeants disent à leurs congrégations de se battre contre ces individus pour eux. Cette confusion se produit partout dans le monde. "Cet homme est un démon ! Comprenez bien que le venin de cette nature ne vient pas de Dieu, mais de la chair de quelqu'un qui est spirituellement aveugle et mal informé. N'oublions jamais que nous ne luttons jamais contre la chair et le sang, mais contre les êtres malfaisants qui, dans l'ombre, tirent les ficelles et s'opposent totalement au progrès de l'humanité. Mesdames et Messieurs les pasteurs et les religieux, oui, Dieu déteste le péché, mais Il aime le pécheur parce que le pécheur peut être délivré et changé.

Il est temps que l'Eglise mûrisse. Les mauvais esprits agissent dans l'ombre, manipulant les pécheurs impénitents comme des marionnettes. Si l'homosexuel désireux de changer et de se libérer de son mode de vie est accueilli avec gentillesse et compréhension, il peut se repentir, se réformer et changer. N'oubliez pas que nous avons tous péché et que nous n'avons pas atteint la gloire de Dieu (Romains 3:23), et que, quels que soient nos péchés passés, le Dieu qui dit "Tu ne voleras pas" dit aussi "Tu ne tueras pas". Si vous êtes un voleur, vous êtes un meurtrier, et vice versa ; l'égalité du péché est la loi de l'Esprit. Au dernier jour, Dieu, le juste juge, ne fera pas de ségrégation dans l'enfer ; les pécheurs Ils seront tous là, regroupés dans l'étang de feu. Cependant, il nous incombe à tous de reconnaître la grâce de Dieu. Observez ce que son grand amour vous a permis de devenir, en tant que pécheur repenti. Nous sommes nouveaux, achetés à prix d'or, et nous sommes maintenant transformés et grandissons chaque jour à la ressemblance de Jésus-Christ.

Chère Église, ne permettez pas que votre orientation chrétienne soit étriquée à tout prix. Pensez comme le Christ dans ces situations, et votre comportement sera celui de la compassion et de l'absolution. Pensez à l'apôtre Paul lorsqu'il a rappelé à l'église de Corinthe : "Quelques-uns d'entre vous étaient ainsi ; mais vous avez été lavés, sanctifiés, justifiés au nom du Seigneur Jésus et par l'Esprit de notre Dieu" (1 Corinthiens 6:11). Si nous ne voyons pas qu'il y a des puissances qui font que les gens sont courbés dans la servitude (vol, meurtre, jeu, fornication, déviance sexuelle, luxure, dépression, etc. Nous devons ouvrir les yeux pour avoir une vue d'ensemble. Tout péché est un péché aux yeux de Dieu ! Notre Seigneur est venu chercher et sauver les perdus (Luc 19:10), et non leur tourner le dos et les insulter. L'Église a-t-elle changé de camp et soutient-elle maintenant l'ennemi ? Le Christ ne nous a-t-il pas ordonné de "nous aimer les uns les autres, car celui qui aime les autres a accompli la loi" (Romains 13:8) ?

Si le pécheur, dans son cœur, désire être sauvé, Dieu remuera ciel et terre pour l'atteindre. Rahab, dans l'histoire biblique, prouve ce fait : "Ceux qui jurent par le désir, elle sera sauvée" (Josué 2:12). Rahab avait le désir d'être secourue, et Dieu lui a ouvert la voie. Tout comme il a aidé d'autres personnes à travers les âges, il enverra des personnes et des anges de toutes les directions pour atteindre et restaurer une âme perdue cherchant le salut.

De même qu'il a permis à l'ange d'enlever un vil démon qui s'était attaché à mon front (j'en ai parlé au chapitre 1), de même, il y a ceux qui ont atteint le point de non-retour. Ils embrassent les mensonges de Satan et leur faim charnelle, et, par conséquent, ils contractent un esprit dégénéré ou réprouvé ; ils ne changeront pas. Ils trouvent leur plaisir dans le péché, et la loi naturelle les engloutit. À l'inverse, pour ceux qui désirent la délivrance, la loi spirituelle les attrape, les étreint et leur accorde la grâce miséricordieuse et le pardon acquis au prix du Fils unique de Dieu, Jésus Christ. La rédemption est une bénédiction que le sacrifice de notre Seigneur accorde à tous les pécheurs repentants, ceux qu'il a gagnés par sa mort sacrificielle sur la croix. Néanmoins, pour ceux qui sont réprouvés, et qui rejettent avec véhémence la volonté du Créateur, le Tout-Puissant n'a pas d'autre choix que de les abandonner et de leur permettre de rester dans la servitude satanique :

Romains 1:26-32

1. "C'est pourquoi Dieu les a livrés à des passions dégradantes. Leurs femmes ont échangé les rapports naturels contre des rapports contre nature,
2. "De même, les hommes, renonçant aux rapports naturels avec les femmes, se sont enflammés les uns pour les autres. Les hommes ont commis des actes impudiques avec des hommes et ont reçu dans leur propre personne la peine de leur erreur.
3. "Et comme ils n'ont pas voulu reconnaître Dieu, Dieu les a livrés à l'avilissement et à l'impiété.

4. "Ils étaient remplis de toute espèce de méchanceté, de malice, de cupidité, de malice. Ils sont pleins d'envie, de meurtre, de querelle, de tromperie, de cupidité, de bavardage,

5. "Les calomniateurs, ceux qui haïssent Dieu, les insolents, les hautains, les vantards, ceux qui inventent le mal, ceux qui sont rebelles à leurs parents,

6. "Insensé, sans foi, sans cœur, sans pitié

7. "Ils connaissent le décret de Dieu selon lequel ceux qui pratiquent de telles choses méritent de mourir - et pourtant, non seulement ils les pratiquent, mais ils applaudissent même ceux qui les pratiquent".

L'homosexualité est-elle le fruit de l'habitat ou de la naissance?

"Que toute âme soit soumise aux autorités qui la gouvernent. Car il n'y a d'autorité que celle de Dieu, et c'est Dieu qui désigne les autorités existantes. Par conséquent, quiconque résiste à l'autorité résiste à l'ordonnance de Dieu, et ceux qui résistent attireront le jugement sur eux-mêmes" (Romains 13:1- 2). Si nous voulons clarifier la genèse de la condition homosexuelle, nous devons comprendre qu'il s'agit de deux types d'homosexualité.

Il s'agit de l'autorité de l'Esprit Saint et de la nature destructrice et subversive et des œuvres maléfiques de Satan et de ses émissaires.

Quel que soit leur nom ou leur classification, en réalité, le corps humain (le temple) est habité par Dieu le Saint-Esprit ou par des entités démoniaques et utilisé comme véhicule pour le mal. Quiconque y réside sera reconnu par les travaux effectués dans l'ombre, que ce soit pour le bien ou pour le mal.

Et, selon Romains 5:8 : "Mais Dieu prouve son amour envers nous, en ce que, lorsque nous étions encore pécheurs, le Christ est mort pour nous." En fait, cela ne prouve-t-il pas une fois de plus que Dieu aime le pécheur mais déteste le péché ? Par conséquent, nous devrions haïr ces actes homosexuels pécheurs, mais pas ceux qui les commettent. N'est-ce pas là l'essence de la loi spirituelle, haïr les actes pécheurs mais pas les pécheurs, car ils peuvent être délivrés, changés et réformés ? Il est donc impératif de comprendre qui nous combattons. Notre combat est contre ces êtres spirituels maraudeurs qui sont complices de ces actes. Ils se cachent et se moquent de la bêtise humaine.

Jude 1:23 déclare : "Mais d'autres sauvent avec crainte, les tirant du feu, haïssant même le vêtement souillé par la chair". Nous ne luttons pas contre la chair et le sang. Nous luttons contre les principautés, les puissances, les princes des ténèbres de ce siècle, et les esprits méchants dans les lieux célestes" (Éphésiens 6:12). Par conséquent, chaque fois que nous luttons contre la chair et le sang, chaque fois que nous nous battons contre des personnes, nous menons la mauvaise bataille.

Nous ne comprenons pas qu'il existe des puissances qui font que les gens sont courbés, détournés dans la servitude et réduits en esclavage. Que l'esclavage soit la pauvreté, la maladie, la colère, la luxure, etc., si nous commençons à condamner, à juger ou à fustiger nos frères et sœurs, nous nous trompons de combat. Ces êtres maléfiques sont malveillants et nombreux ; ils sont plus nombreux que l'humanité et ils ont la capacité de se tisser dans nos corps. C'est comme si quelqu'un entremêlait habilement des fibres humaines et démoniaques dans un vaisseau bien proportionné.

La raison pour laquelle la plupart des églises combattent le mauvais ennemi est qu'elles ne sont pas armées pour la bataille parce qu'elles ne connaissent pas le véritable ennemi. Lorsque les chrétiens sont armés pour le combat, ils ne se trompent pas d'ennemi. Ils entendront la voix intérieure du Saint-Esprit. Cependant, s'il n'est pas armé pour le combat, il continuera à combattre ceux que Dieu aime et qu'il veut libérer. En effet, "le Fils de l'homme est venu chercher et sauver ceux qui sont perdus" (Luc 19:10 ; Matthieu 18:11).

L'homosexualité viole la loi naturelle

La loi naturelle est que Dieu a créé l'homme et la femme et les a bénis. Il les a nommés "l'humanité" lors de leur création (Genèse 5:2 ; Marc 10:6 ; Marc 10:8). Par conséquent, cela implique clairement que l'homme et la femme sont créés à l'image de Dieu, soulignant à la fois leur pleine égalité humaine et leur spécificité de genre, pour s'unir et engendrer une progéniture (Genèse 1:28). C'est d'ailleurs l'intention et le désir inébranlable du Créateur.

Le principe le plus fondamental de la loi naturelle est que "le bien doit être fait et recherché, et le mal évité". Ainsi, par un raisonnement naturel, l'homme décide si un comportement envisagé est décent et licite, ou corrompu et interdit. Il connaît la finalité ou le but de chacun de ses actes et détermine d'emblée si ce comportement doit être mis en œuvre.

Cette période, vers l'âge de douze ans, est considérée comme l'âge de la responsabilité, lorsque nous sommes responsables de nos péchés devant le Tout-Puissant.

Il est important de comprendre ici que pour que les mauvais esprits puissent opérer dans cette dimension, ils doivent d'abord habiter un hôte, un soi-disant temple qu'ils doivent détourner pour pouvoir accomplir leurs tâches maléfiques (voler, tuer et détruire). Leur nature est l'obscurité et le mal intrinsèque. Et s'ils veulent exécuter les ordres de Lucifer, ils n'ont pas d'autre choix. Les ténèbres sont ancrées en eux. Les ténèbres sont leur état naturel. Ils sont intrinsèquement méchants. Ils sont issus du royaume des ténèbres et doivent pratiquer ce qu'ils savent. Les chrétiens, quant à eux D'autre part, assistés par l'Esprit Saint, ils prennent la nature du Christ et produisent ses ßuit, qui expriment le Royaume de la lumière. On en déduit donc qu'il y a ici deux royaumes qui s'affrontent. Lorsqu'un individu dit par ignorance : "Je suis né homosexuel", "J'ai un gène gay dans la famille", "Je suis une femme qui se cache dans un corps d'homme", etc. Ils ne réalisent pas qu'à cause du péché, les mauvais esprits ont maintenant la permission de contrôler leur esprit et leur corps.

Ces mauvais esprits amènent les gens à agir contre leur volonté ou contre la vie que Dieu veut et attend. Ainsi, toute situation qui contourne la fonction ou le but ordonné par Dieu pour l'acte sexuel, qui viole alors les lois de la nature, la loi naturelle, ainsi que la norme objective de la société, va à l'encontre de la volonté de Dieu, et rien de bon n'en découle. Il est évident que Dieu respecte les lois naturelles : "C'est pourquoi Dieu les a livrés à des passions déshonorantes. Car leurs femmes ont échangé les rapports naturels contre des rapports contraires à la nature..." (Romains 1:26).

La Parole de Dieu fait clairement la distinction entre les ßuit du Saint-Esprit (amour, joie, paix, longanimité, bonté, bienveillance et fidélité - Galates 5 :22-23) et les œuvres opposées de la chair (fornication, impureté, licence, idolâtrie, sorcellerie, inimitiés, querelles, jalousies, colères, disputes, dissensions, factions, envie, ivrognerie, tapage, et autres choses semblables - Galates 5:19-21), qui sont les outils de Satan et de ses agents. Lorsque les agents de Satan pénètrent dans un être humain, ils amplifient et intensifient les caractéristiques humaines négatives, pour voler, tuer et détruire des vies.

Cependant, en lisant la Parole de Dieu, nous découvrons qu'il s'est imposé des limites et des contraintes de par sa conception. Dieu a transféré à la race humaine des capacités spirituelles, une volonté libre, des capacités de prise de décision, un raisonnement, des processus de pensée et même une autorité. Des lois spirituelles régissent les choses qui se produisent dans notre monde. Voici un verset biblique qui souligne cette loi : Romains 13:1, qui dit : "Que chaque âme soit soumise aux autorités qui la gouvernent. Car il n'y a d'autorité que Dieu, et c'est Dieu qui désigne les autorités existantes...".

La loi spirituelle a deux natures, celle de Dieu et celle qui est caractérisée par le ßuit à neuf de l'Esprit Saint. Par cette prise de conscience, nous identifions la croissance d'un enfant de Dieu qui se développe à la ressemblance du Christ. "Ne vous conformez pas au modèle de ce monde, mais soyez transformés par le renouvellement de votre esprit.

Alors vous serez capables d'éprouver et d'approuver la volonté de Dieu -
sa volonté bonne et parfaite (Romains 6:12).

Il existe des traits naturels spécifiques qui suggèrent la présence du
royaume des ténèbres. Son seul but est la destruction de l'humanité en
utilisant la convoitise, la haine, l'envie, le meurtre, le vol, l'avortement,
l'homosexualité, etc. Il est clair que le passage de Romains 5:8 donne
du crédit à cette loi : "Mais Dieu nous prouve son amour en ceci : Alors
que nous étions encore pécheurs, le Christ est mort pour nous". Il
souligne donc le fait que Dieu accepte le pécheur, mais rejette le péché.
Par conséquent, nous savons que nous devons nous aussi développer
une aversion pour le péché. Il est important d'aimer nos frères et sœurs,
l'homosexuel repentant pris par ignorance dans les affres du péché
(Éphésiens 6:12). C'est la loi spirituelle.

Je ressens le besoin de rappeler ce fait : Dieu aime le pécheur, mais il
hait le péché. Nous devons nous détourner des actes que le Créateur
qualifie d'abomination (Lévitique 20:13). Nous devons être clairs quant
à l'endroit où il convient d'exprimer notre haine ; nous devons haïr l'acte
homosexuel, mais pas la personne prise comme marionnette dans les
affres de ce péché (Éphésiens 6:12). Nous sommes donc dans l'erreur
lorsque nous mutilons, calomnions ou calomnions nos frères et sœurs
homosexuels. Si nous ne voyons pas qu'il peut y avoir des puissances
qui les réduisent en esclavage, nous nous trompons de combat. La
servitude peut être la pauvreté, la maladie, etc. et nous continuons à
chercher l'individu qui nous a affligés. Souvent, nous trouvons commode
de rejeter la responsabilité de nos difficultés sur les êtres humains qui
nous entourent, en omettant de blâmer le véritable coupable, le royaume
démoniaque. Ce ne sont donc pas les enfants qu'il faut combattre,
mais les malfaiteurs diaboliques cachés dans l'ombre. Ce sont eux qui
donnent naissance à ce mal, pas les enfants des hommes. L'humanité,
pour la plupart, est contrainte à ce mode de vie. Nombreux sont ceux qui
implorent et supplient sans cesse l'Éternel de les libérer. Il est important
que les membres de l'Église de Jésus-Christ comprennent que l'Éternel
entend ces prières et qu'il est prêt à remuer ciel et terre pour libérer ces

âmes blessées. Il ne cessera de faire des miracles, amenant des sauveteurs sur leur chemin, afin que son enfant errant trouve la délivrance.

Le choix vous appartient

Le but de ce livre est d'ouvrir les yeux de l'humanité afin qu'elle comprenne la vérité derrière cette lutte terrestre ; la bataille dans ce royaume physique est pour le trophée des âmes éternelles. Satan sait que son destin se trouve dans un étang de feu sans fin, et il pleure chaque jour, car il sait que le temps lui est compté. Cependant, s'il mène une lutte acharnée, c'est parce qu'il sait qu'il entraînera avec lui la majeure partie de la race humaine, qui sera sa victime en enfer pour l'éternité.

J'ai entendu le Saint-Esprit parler par la bouche d'une mère bénie en Christ ; la voix de l'Esprit parlait pour me réveiller et me secouer de mes fausses idées. De même, j'ai été témoin de la voix des démons parlant à travers la voix d'un jeune homme. "Rejoignez-nous à une fête. Beaucoup seront là. Rejoignez-nous. Vous savez, vous êtes censé être l'un d'entre nous." Dieu merci ! Je savais que l'objectif du démon était de me placer dans un environnement où je pourrais participer à des actes de péché afin qu'il ait le droit de s'emparer de mon corps et de me forcer à exécuter ses ordres diaboliques.

OUVREZ LES YEUX ! Nous sommes dans une bataille spirituelle qui se déroule dans la réalité physique, avec des êtres invisibles qui se disputent les âmes de l'humanité. Ce n'est pas une bataille qui sera gagnée par les rapides ou les forts, mais par ceux qui se réveillent et s'accordent avec le Dieu tout-puissant et s'unissent à Lui pour mener le bon combat de la foi.

Au moins, le Dieu tout-puissant joue avec une main honnête. Il est juste. Il donne la liberté de choix à tous. L'humanité peut être d'accord ou non ; cependant, Satan, lui, déteste l'esprit indépendant. Sa technique consiste à rendre les gens accros aux drogues, à l'alcool et à d'autres hallucinogènes, puis, une fois la résistance abaissée, il permet aux démons d'entrer et de prendre le contrôle. Il adore rendre les humains stupides. Il contrôle ensuite où ils vont, ce qu'ils font et ce qu'ils pensent. Ils deviennent des marionnettes, des robots, des êtres systématiquement liés et entraînés en enfer. Faites attention où vous allez ; restez à l'écart du terrain de jeu du diable, des boîtes de nuit, des bars, des maisons de prostitution et des maisons de jeu - comprenez que l'ennemi ne laisse rien au hasard. Il est rusé et peut même faire en sorte que des démons vous accompagnent jusqu'à votre domicile.

Le Saint-Esprit, quant à lui, souhaite que l'humanité jouisse d'une liberté dans tous les domaines de l'esprit, du corps, de l'âme et de l'esprit. Le Christ nous fait savoir qu'il est venu dans ce monde pour acheter notre liberté dans tous les aspects de la vie, afin que nous puissions choisir en toute indépendance celui que nous voulons servir. Le choix est soit le paradis, soit l'enfer. Dieu ne veut pas de robots ou d'automates vivant et régnant avec lui pendant toute l'éternité. Une fois que l'humanité aura choisi le Christ, et Lui seul, Dieu ne permettra à rien de séparer ses enfants de ses bras d'amour tendus. Il viendra personnellement, enverra des anges ou permettra à d'autres âmes ointes et messagers rachetés de nous aider, comme une mère poule guidant ses petits sur le bon chemin de la justice. La bataille est entre nos mains. Nous choisissons avec qui nous voulons demeurer éternellement. Il n'y a que deux choix possibles. "Choisissez aujourd'hui celui que vous servirez" (Josué 24:15).

Mépriser le péché et le pécheur

La majorité des églises d'aujourd'hui, bien que dotées du don de discernement, sont aveugles, avec une poutre dans l'œil. Comme le

Christ l'a dit, enlevez cette planche, et vous verrez alors plus clairement comment enlever la paille de l'œil de votre frère (Matthieu 7:3-5). Il est impératif que l'Église regarde au-delà de ce qui semble répugnant, de ce qui la fait trébucher et lui rappelle tous les déclencheurs négatifs qu'elle a entendus et vus, ou soupçonnés au sujet de l'homosexuel converti. Ils doivent puiser dans le cœur et l'amour manifestés par le Christ, et envisager dans la prière ce qui a causé le péché. Le Seigneur est allé au-delà de ce qu'il voyait en face et a donc été capable d'observer plus profondément les larmes et les blessures, la douleur du rejet et la haine intérieure de l'individu. Il a regardé au-delà de cette carapace endurcie pour découvrir le joyau précieux de cette personne, son cœur plein de remords.

Lorsque la prostituée est venue oindre les pieds de Jésus pour l'ensevelissement, il est certain que des regards narquois l'ont examinée de haut en bas, car ils connaissaient certainement son passé. Cette femme n'a pas tenu compte de ses détracteurs ; son cœur était rempli de gratitude et ses yeux étaient aveuglés par des larmes ininterrompues et sincères. Ce merveilleux Seigneur Jésus ne l'a jamais rabaissée ni réprimandée. Les mendiants ne sauront jamais à quel point cette femme a cherché à s'affranchir de son mode de vie pécheur. À ce moment-là, son cœur était tellement rempli de gratitude qu'elle ne pouvait s'empêcher d'adorer Jésus, ce saint homme de Dieu. Elle a chéri cette chance de lui laver les pieds avec ses larmes de reconnaissance. Elle a versé de l'amour sur lui en oignant les pieds de son Sauveur aimant et pardonnant avec un flacon de parfum très cher, qui coûtait le salaire d'une année. Néanmoins, les observateurs et les commères n'ont jamais pu percevoir la profondeur de l'appréciation que cette femme a ressentie. Le Maître lui a pardonné et lui a accordé un mémorial perpétuel pour cet acte de gratitude. Ce n'est pas pour rien que Jésus nous rappelle que nos ennemis ne sont pas des êtres de chair et de sang, mais Satan et ses agents. Notre Seigneur nous renvoie à notre responsabilité individuelle, qui est de nous aimer les uns les autres, et non de mépriser, de critiquer et de jeter l'opprobre sur les frères et sœurs perdus et repentants. Lorsque cela se produit, nous servons d'outils à Satan. S'il vous plaît, ne faites pas le travail de Satan !

Jésus est allé à la rencontre de la femme au puits. Il connaissait tout d'elle, il la connaissait mieux qu'elle ne se connaissait elle-même. Il a brisé toutes les barrières avec un amour indéfectible, une bonté qui oblige le berger à laisser les quatre-vingt-dix-neuf autres pour secourir le petit qui s'était égaré - tout cela pour dire : "Père, ceux que tu m'as envoyé sauver sont tous là. Je n'en ai perdu aucun" (Jean 17:11-12).

Notre Seigneur a enfreint de nombreuses règles en parlant à cette femme :

À l'époque, les femmes étaient considérées comme des citoyennes de seconde zone. Les rabbins ont établi des lois strictes concernant les femmes. Les hommes n'avaient pas le droit de parler aux femmes en public, pas même à leurs épouses, filles, sœurs ou mères, à cause de ce que les hommes pourraient dire.

La femme au puits était une Samaritaine, une païenne. Les Juifs n'avaient pas le droit de les fréquenter. Ils étaient considérés comme des chiens et non comme des héritiers de la promesse (Jean 4:9).

Il était clair que cette femme était une fornicatrice. Elle avait eu six maris, et l'homme avec lequel elle était actuellement n'était pas son mari.

Jésus n'avait ni coupe ni verre pour boire, et il était tabou pour les Juifs de partager des ustensiles de boisson avec les Samaritains. Ce n'est pas que cela n'était pas considéré comme casher.

À leur retour, les disciples ne peuvent croire que Jésus enfreint les coutumes juives en ßaternisant avec une Samaritaine qui est sans doute une prostituée. Néanmoins, ils n'osent pas l'interroger sur le protocole. Il était leur maître, leur rabbin. Ils l'avaient déjà vu enfreindre les traditions. Je suis certain qu'ils ont réalisé qu'avec les miracles et les événements surnaturels dont ils avaient été témoins, Jésus avait certainement écrit le livre et connaissait très certainement l'auteur. Où d'autre pouvaient-ils aller ? "Il avait les paroles de la vie éternelle. L'Église d'aujourd'hui doit approfondir les enseignements du Maître et suivre ses pas, car les champs sont blancs pour la moisson. L'Eglise doit faire un effort concerté pour n'en perdre aucun. Satan se bat certainement pour rassembler toutes les âmes.

Au cours de cette période, l'excursion missionnaire de Jésus auprès des Samaritains a constitué la première action du Messie auprès des païens. Il a accompli en un jour ce qui aurait pris des décennies ou des siècles. Les disciples ont été lents à comprendre, encore enchaînés par des traditions comme celle de l'Église.

qu'ils étaient. Pendant qu'ils satisfaisaient leur appétit, Jésus avait commencé un réveil, et les disciples sont arrivés juste à temps pour assister à la moisson (les champs des païens étaient blancs pour la récolte). (Nous devons penser comme Jésus : "Ma viande, c'est de faire la volonté de mon Père". Notre slogan quotidien devrait être : "Ne laissez jamais le soleil se coucher sans faire la volonté de mon Père" : Ne jamais laisser le soleil se coucher sans avoir essayé d'accomplir la volonté du Père. Le cœur de l'Éternel est toujours attentif aux perdus. L'Église doit imiter ses compassions.

Les chrétiens homosexuels peuvent-ils aller au paradis ?

Il n'y a pas de péché que le sang de Jésus ne puisse purifier. Bien que cela semble inquiétant pour la plupart des croyants purs et durs, notre Seigneur connaît leurs vrais cœurs repentants. Il est conscient de la bataille qui fait rage contre l'humanité. En mettant l'accent sur la puissance du sacrifice inégalé du Christ, l'apôtre Paul, dans son épître aux croyants de Corinthe, leur a rappelé leur espoir dans l'œuvre accomplie au Calvaire : "Certains d'entre vous étaient ainsi ; mais vous êtes maintenant lavés, vous êtes sanctifiés, vous êtes justifiés au nom du Seigneur Jésus et par l'Esprit de notre Dieu." Dans la catégorie des péchés de Paul, celui de l'homosexualité n'est pas exclu, "efféminés, ni abuseurs d'eux-mêmes avec les hommes" (1 Corinthiens 6:9). Oui, il y a de l'espoir pour l'homosexuel.

L'apôtre Paul le dit clairement : il n'y a pas de péché que le sang de Jésus ne puisse laver à la perfection. Le Christ reviendra bientôt. Il ne se trompe jamais. Il vient chercher son épouse sans tache, ni ride, ni aucun défaut, mais sainte et irréprochable (Éphésiens 5:27). Rappelez-vous qu'il y a des êtres spirituels qui se battent dans les coulisses, qui luttent contre ceux qui veulent briser le mal ; par conséquent, le péché de l'homosexualité doit être considéré comme n'importe quel autre péché. Dieu n'aime pas le péché, mais il aime l'enfant pour lequel le Seigneur Jésus a versé son sang précieux pour le libérer. Si vous croyez encore que le ciel sera dépourvu d'anciens homosexuels achetés par le sang, lavés par le sang et bénis par la miséricorde, vous devez demander à l'Éternel de vous pardonner votre péché d'incrédulité et de snobisme. Je le sais. Il m'a pardonné et m'a dit d'aider à délivrer d'autres homosexuels de leur boue et de leur fange.

Dieu ne veut pas qu'un seul périsse ; ceux qui sont pris dans un péché doivent renoncer au péché et désirer la voie de Dieu plus que leur propre voie ou que les tromperies de Satan. Tout péché non pardonné peut conduire quelqu'un en enfer : la fornication, l'adultère, le non-pardon, l'amertume, la colère, la jalousie, l'orgueil et le vol. Il faut accepter le problème du péché, s'approcher hardiment du trône de la grâce, dire à Dieu que l'on est esclave, y renoncer, demander le pardon de l'Éternel et en sortir. Décidez intérieurement d'aller de l'avant et de ne pas regarder en arrière en ce qui concerne les péchés qui vous emprisonnent et vous retiennent dans le caractère saint de Dieu. Ceux qui choisissent plutôt de s'accrocher et d'accepter leurs péchés finiront en enfer. Ce n'est pas parce que Dieu a prévu cela pour vous, mais parce que vous avez fait le choix de ne pas venir à la croix et de dire: "Seigneur, il y a quelque chose qui ne va pas dans ma vie, mais je veux ta voie, et non pas ma voie, ni la voie du monde." Sachez que Dieu est conscient de votre combat. Il désire, plus que quiconque, briser les chaînes de Satan et vous rendre entier. Il est Dieu et il éliminera tous les obstacles pour vous libérer et vous rendre libre. C'est la raison pour laquelle il est venu dans le monde.

Sortir de la boue, de l'argile et du bourbier

Dieu parle toujours dans nos vies, mais nous devons être capables de l'entendre. "Que celui qui a des oreilles entende ce que l'Esprit dit aux Églises" (Apocalypse 2:7).

Le Seigneur m'a récemment et miraculeusement fait participer à une conférence prophétique. Selon le témoignage de nombreux prophètes, il voulait que je "marche parmi les prophètes", afin que je puisse partager mon témoignage et utiliser ma perspicacité et mes expériences personnelles pour parler de la Parole du Seigneur dans la vie d'autres personnes qui cherchent à se libérer de la forteresse de Satan dans leur vie.

Environ deux ans auparavant, je m'étais inscrit à l'Ordre prophétique, mais il y avait beaucoup d'engagements : études, écriture et, bien sûr, onction ou appel. Au début de l'année, l'ordre m'a appelé pour me dire que ma situation financière n'était pas satisfaisante.

Et a vaavait été respecté et que je pouvais participer aux cérémonies à venir. J'ai senti que Dieu voulait que j'y assiste.

J'ai rempli les conditions requises et je suis arrivé à la conférence, qui comprenait près de deux cents prophètes, dont l'âge variait de 16 à 70 ans. Environ cent soixante-dix de ces nouveaux prophètes étaient des personnes ayant la capacité de prononcer un "Rhema" (une parole directe de Dieu) dans la vie d'une personne. Dieu nous parle également, mais notre cœur doit être à l'écoute de sa voix. Dieu est un esprit ; nous devons donc l'adorer et lui parler en esprit et en vérité (Jean 4:24).

Or, la plupart de ces intronisés avaient leur giV depuis des années, mais n'avaient pas été correctement formés et n'avaient pas l'autorité nécessaire pour exercer légalement cette fonction. (Les prophètes doivent avoir une couverture ou un chef au-dessus d'eux, car lorsqu'un prophète utilise son giV de manière non conforme, Satan peut influencer le novice et le transformer en médium, plus ou moins, parce qu'il opère en dehors du protocole ordonné par Dieu). Satan peut facilement influencer des paroles dans la vie de quelqu'un sans la permission de Dieu, et le message peut causer des dommages irréparables.

Quelle expérience ! Se tenir devant des hommes et des femmes et entendre des paroles d'encouragement inspirées, c'était spectaculaire.

La plupart des prophètes pouvaient lire la vie d'une personne comme un livre. Et ils m'ont bien lu ! Je ne me sentais pas à ma place. Ici, j'ai également fait l'expérience de personnes de l'église qui me regardaient de la tête aux pieds, devinant que j'étais peut-être gay. La plupart d'entre eux ont lu mon histoire sans rien dire. La seule raison pour laquelle je suis resté là pendant cinq jours, soit treize heures pleines et rigoureuses, c'est que je savais que Dieu me voulait là. Les orateurs donnaient des sessions prophétiques la plupart des matins à 7h30. Ici, parmi les prophètes, la parole de Dieu était transmise, et nous pouvions aussi rendre la pareille, en donnant des messages à d'autres. Ces sessions étaient incroyablement puissantes, car nous entendions Dieu parler de notre passé, de notre avenir et souligner le but de notre vie.

Je me suis tenu devant presque tous les prophètes, à tour de rôle. J'ai entendu Dieu dire qu'il m'avait amené à cette conférence parce qu'il voulait que j'écrive une Il m'a dit qu'ils n'écouteraient pas certains, mais qu'ils m'écouteraient parce que je suis comme je suis. Il a dit qu'alors qu'ils n'écouteraient pas certains, ils m'écouteraient à cause de ma façon d'être. Je suppose qu'il faisait référence à la somme totale de mes expériences de vie. Je peux m'identifier à mon public, et lui aussi à moi. Nous avons un cadre de référence commun. Il a dit que j'atteindrais beaucoup de gens, en les tirant de la boue, de la fange, de l'argile et du feu dans lesquels ils s'étaient placés. Je savais que c'était Dieu qui parlait parce que j'avais cité ces mots exacts aux membres de ces congrégations remplies de l'Esprit dans d'autres églises, les mêmes Écritures que l'on trouve dans le livre de Jude (Jude 1:22-23).

J'ai écouté en me tenant devant ces prophètes - rétrospectivement, je me suis rappelé avoir cité ces mots identiques, alors que je fréquentais cette troisième église remplie de l'Esprit citée précédemment, dans cette église où le pasteur a d'abord exigé en disant : "Sortez d'ici, diable, sortez d'ici maintenant !"

Heureusement, je suis resté et j'ai résisté à sa réprimande, car non seulement je cherchais la rédemption personnelle, mais j'avais aussi fait la promesse sincère dans mon âme d'aider les autres à résoudre leurs identités sexuelles conflictuelles. Et comme je voulais plus que tout guider mes frères et sœurs vers le Seigneur, en tant que bénédiction, ce dimanche-là, le Seigneur a honoré mon aspiration sincère en m'appelant à l'autel et en me bénissant dans l'Esprit. Il m'a accordé un cri de guerrier incontrôlable et spontané. Les mains levées vers le ciel, le Saint-Esprit a rempli mon âme d'un cri retentissant qui signifiait le cri d'un "guerrier" partant au combat. Un "guerrier", c'est aussi le nom qu'il m'a donné lorsqu'il m'a commandé ce livre. Et, comme le dit l'Écriture de Jude, "Les uns ont de la compassion, et font la différence. Et d'autres sauvent avec crainte, les tirant du feu, haïssant même le vêtement taché par la chair" (Jude 1:22-23), cette Écriture particulière brûlait sans cesse dans mon âme. Le Seigneur m'avait arraché à ma destination de feu de l'enfer. Et maintenant, ce feu de la détermination à voir d'autres s'enfuir commençait à brûler dans mon âme - désirant avertir beaucoup de gens et les détourner de leurs erreurs et les guider vers le Seigneur. Je suis sûr que Satan se tenait à ma droite pour arrêter ma rédemption, mais le Seigneur s'est tenu debout

Je dois admettre que ce dimanche-là, l'assemblée était abasourdie lorsqu'elle a vu l'Éternel reconnaître qu'il acceptait mon engagement sincère, car la majorité avait sans doute été d'accord avec le pasteur et supposé que Satan avait essayé de bloquer son appel au service (Zacharie 3:1- 2). Je dois admettre que ce dimanche-là, l'assemblée était abasourdie lorsqu'elle a vu l'Éternel reconnaître qu'il acceptait mon engagement sincère, car la majorité avait sans aucun doute été d'accord avec le pasteur et avait supposé que j'étais un démon et non un enfant de Dieu racheté. C'est drôle comme l'Éternel travaille, il validait ma rédemption. Il m'a clairement fait comprendre que j'étais son enfant, un homosexuel racheté, arraché aux flammes de l'enfer.

Je n'ai partagé cet événement avec personne ; vous êtes le premier. Lorsque j'ai quitté cette église remplie de l'Esprit ce soir-là, je me suis réjoui dans l'esprit - j'ai été rempli par le Saint-Esprit et je n'ai cessé de parler en langues et de louer le Seigneur tout au long du chemin du retour. Aucun membre de l'assemblée n'avait pris la peine de me dire quoi que ce soit ce soir-là, alors que je rassemblais ma Bible et commençais à rentrer chez moi. Alléluia ! J'étais tellement remplie de l'Esprit que je ne pouvais pas m'arrêter de parler en langues, de louer Dieu et de l'adorer. J'entendais une conversation dans ma poitrine. L'Écriture en parle clairement : "Si quelqu'un m'aime, il gardera mes paroles ; et mon Père l'aimera, et nous viendrons à lui, et nous ferons notre demeure chez lui" (Jean 14:23). La divinité était en train de converser dans ma poitrine, peut-être même en train de planifier ce livre.

J'étais épuisé lorsque je suis rentré à la maison ce soir-là, et je me suis couché à plat ventre sur mon lit. Ils étaient encore en train de converser lorsque je me suis endormie. Je ne comprenais pas ce qu'ils disaient, mais c'était glorieux. L'amour et la communion pieuse sont revenus dans mon âme blessée. Les écritures qui me sont venues à l'esprit étaient les suivantes : "Dieu vivant en moi, l'espérance de la gloire" (Colossiens 1:27).

"A ceux à qui Dieu veut faire connaître la richesse de la gloire de ce mystère parmi les païens, qui est le Christ en vous, l'espérance de la gloire" (Colossiens 1:27-29).

"Car vous êtes le temple du Dieu vivant, comme Dieu l'a dit : J'habiterai en eux et je marcherai en eux ; je serai leur Dieu, et ils seront mon peuple" (2 Corinthiens 6:16).

Cela m'a appris, chers collègues chrétiens, que nous ne devons jamais oublier les paroles de notre grand Seigneur. Nous sommes humains et nos jugements peuvent être biaisés :

1. "Car mes pensées ne sont pas vos pensées, et vos voies ne sont pas mes voies, déclare l'Éternel.
2. "Comme les cieux sont plus élevés que la terre, mes voies sont plus élevées que vos voies et mes pensées que vos pensées..." (Isaïe 55:8-9).

L'humanité doit admettre que notre Dieu est infaillible. Et n'oubliez jamais qu'il confie aux anges le soin de séparer le bon grain de l'ivraie, et non aux saints ; il ordonne clairement aux saints de s'aimer les uns les autres comme il nous aime (Jean 13:34).

Intérieurement, je pouvais sentir le cœur du Seigneur (comme celui d'une mère qui s'occupe de son petit). Il y a beaucoup de jeunes qui finissent en enfer et qui se demandent probablement pourquoi. Pourquoi personne ne les a avertis de la Parole de Dieu, que Sa Parole est vraie ? Sa Parole Le lie. S'il dit : "Le salaire du péché, c'est la mort, mais le don de Dieu, c'est la vie éternelle ; l'âme qui pèche mourra", il est sincère. C'est un péché majeur pour les hommes de se comporter comme des femmes et pour les femmes comme des hommes. Je me souviens que l'Éternel a déclaré, alors qu'il me réprimandait devant la congrégation de Manhattan : "Que vos hommes soient des hommes et que vos femmes soient des femmes ! Ce mot était si fort que j'en ai fait le sous-titre de ce livre. Vous voyez, ce sont des règles de restriction, placées dans Sa Parole, la Bible. Il l'a dit clairement : sa Parole subsistera à jamais, et il honore sa Parole plus que ses noms ; non seulement les hommes, grands et petits, mais aussi les anges, seront jugés par sa Parole. La Parole de Dieu a été établie avant la création de la terre. Il ne peut pas revenir dessus, sinon il ne serait pas Dieu. Toutes les générations précédentes pourraient se lever et remettre en question son droit de régner ; Sodome et Gomorrhe pourraient demander à être jugées.

Dieu pourquoi il les a jugés injustement. Ils pourraient dire : pourquoi nous envoyer en enfer et pas les autres générations ? Le Seigneur comprend cela, et il pleure sur la situation difficile de ces jeunes hommes et femmes.

Cependant, il ne peut rien faire. Une fois qu'une âme est condamnée à l'enfer, son sort est éternellement scellé.

Il existe un témoignage de Mary K. Baxter, prophétesse de Dieu, appelée à témoigner du sort des hommes et des femmes, tant en enfer qu'au paradis. Elle dit qu'il y a une rivière pleine de sang et de feu en enfer, et que chaque âme est enchaînée à une autre. Le poids des chaînes les entraîne sous la surface du fleuve de feu. Elles avaient la forme de squelettes et traversaient l'enfer à une vitesse de soixante-dix kilomètres à l'heure. Le fleuve est composé de lave en fusion, les habitants en sont carbonisés et s'écrient : "Personne ne se soucie de mon âme ! Tel est le tourment perpétuel que connaîtront ces âmes jusqu'au jour du Jugement dernier. Alors, toutes les âmes damnées seront jugées et condamnées avec le Diable. Ensuite, elles seront toutes jetées dans un étang de feu en fusion qui brûlera sans arrêt. Jésus lui dit : "Ils appelaient cela de l'amour, mais en fin de compte, c'était le péché et la mort "2.

Le Seigneur m'a donc commandé ce travail et m'a dit de donner la Parole pure, de partager la Parole telle qu'elle est écrite dans la Bible et de ne pas l'épargner, car si j'essaie de l'édulcorer - de rendre les choses plus agréables pour que les gens ne soient pas gênés de lire - alors le sang de mes lecteurs ou de mes auditeurs (selon le cas) retombera sur ma tête. Seigneur, aidez-moi à être fidèle et à ne plus jamais vous décevoir !

Refléter le caractère de Dieu

Certaines personnes ne franchiront jamais la porte d'une église, dit-on, mais elles liront la vie des chrétiens et observeront l'Évangile selon les disciples du Christ. Ils considèrent la vie de l'adepte et écoutent ses paroles, et y trouvent réconfort et orientation, car Dieu agit dans la vie de son peuple. Nous sommes ses temples. C'est pourquoi l'enfant de Dieu doit garder sa vie propre, afin que les bénédictions du Seigneur continuent à l'atteindre.

à travers lui. Le monde observe et cherche désespérément une aide divine, espérant recevoir une direction de Dieu et la révélation qu'il existe. Nous devons continuer à prêcher et à partager la lumière du Père Dieu, et faire savoir au monde que Jésus vit en nous. Parce que le Christ vit en nous, je peux assurer à ceux qui m'entourent qu'ils peuvent aussi jouir du Christ.

Regardons les choses en face : nous sommes en guerre. Des entités existent depuis des milliers de siècles (démons et anges déchus). Réunis en une armée bien organisée, ils se battent avec acharnement pour ravager la terre, capturer et posséder des âmes. Néanmoins, parce qu'ils sont des êtres spirituels, ils ne peuvent jamais être détruits. Ils se battent bec et ongles pour gagner ou conserver une âme. Ils ont étudié l'humanité et ont l'avantage par leur simple nombre ; cependant, l'Ecriture nous informe que "nous sommes plus que vainqueurs par Celui qui nous a aimés" (Romains 8:37).

Tous les chrétiens qui héritent du Royaume sont protégés par un grand nombre d'anges. Le Saint-Esprit habite chaque chrétien et Satan doit obtenir la permission du Père Dieu pour nous toucher. Comme le révèle le livre de Job, Dieu a placé une haie de protection pour tenir l'ennemi à distance (Job 1:10).

Une haine sincère du péché et un amour et une crainte révérencielle de Dieu lui permettront de vous réclamer comme sien et de placer sa haie de protection autour de vous. Nous devrions lire quotidiennement le Psaume 91 et surtout revendiquer cette protection sur nous-mêmes et sur nos proches. Néanmoins, lorsque nous enfreignons les lois de Dieu, nous affaiblissons sa protection et Satan vient nous submerger et nous vaincre. C'est pourquoi nous devrions toujours confesser nos péchés dès qu'ils se produisent. C'est ainsi que nous bloquons notre ennemi avant qu'il n'ait l'occasion de placer un pied de destruction dans la porte de la vie.

Gay Chrétiens

De nombreux chrétiens adhèrent au mensonge de Satan : "SI C'EST BIEN, FAITES-LE". Il y a beaucoup de croyants qui aiment Dieu profondément, mais qui se débattent avec la contradiction d'un homosexuel chrétien. Un tel conflit n'est pas Ce n'est pas seulement un dilemme du vingtième et du premier siècle ; il est aussi ancien que la famille humaine. Beaucoup d'hommes et de femmes dévoués à Dieu ont souffert de ce conflit ; beaucoup refusent de céder aux mensonges et à la tentation de Satan. Ils préfèrent croire la Parole de Dieu :

"Ni le prostitué, ni l'efféminé, ni celui qui abuse des hommes n'hériteront du royaume de Dieu" (1 Corinthiens 6:9), et "Je ne te quitterai ni ne t'abandonnerai jamais" (Deutéronome 31:6).

La Parole de Dieu déclare que Lui seul est Dieu et qu'il ne change pas. Il est le même hier, aujourd'hui et toujours. Sa Parole sera toujours présente, quelles que soient les opinions des hommes. Sa Parole a amené les mondes à l'existence ; elle sera l'instrument par lequel toute la création sera jugée (hommes, femmes, anges, démons, diables, et toutes les créations depuis le début des temps). Rien ni personne n'échappera au jugement de Dieu sur le Trône blanc, sauf ceux qui ont accepté le Christ comme Seigneur et Sauveur et qui vivent selon sa Parole. Si Dieu est un juge illustre, juste et équitable, il doit établir une norme selon laquelle le péché est pesé (lois et sanctions édictées). Si Dieu devait changer ces règles par intermittence, il serait alors considéré comme incohérent. Par conséquent, toute partie adverse (Satan) pourrait exiger son abdication. Si Dieu devait revenir sur sa position concernant l'homosexualité pour apaiser la génération actuelle, toutes les générations précédentes qui attendent leur condamnation à l'enfer pourraient à juste titre exiger un pardon ou une seconde chance.

Lorsque Dieu a créé l'humanité, il savait, de par son omniscience, que certains choisiraient de suivre ses ordres : "Dieu les bénit et leur dit: multipliez et remplissez la terre" (Genèse 1:28). Ainsi, l'acte sexuel a été établi pour la procréation, pour répondre à la pulsion et au désir impérieux des couples mariés d'avoir un compagnon et d'être unis. Un vide s'est produit dans l'être d'Adam lorsque Dieu lui a enlevé sa côte, le laissant incomplet. Il manquait quelque chose. Nous pourrions dire qu'il y a une conception ou un modèle - un vide - dans sa nature qui ne pouvait être rempli, satisfait ou complété que parcet attribut placé dans Ève (la femme). Certes, les hommes cohabitent avec d'autres hommes et les femmes avec d'autres hommes.

Les enfants, le sens de la famille et, plus important encore, la sanction de Dieu et sa plus grande bénédiction.

Rappelez-vous dans la Parole : "Dieu a enlevé une côte à l'homme pour créer la femme". Ainsi, ce que l'homme a perdu ne peut être convenablement satisfait ou comblé que par ce qu'Il a placé dans la femme. C'est comme si l'on plaçait correctement les pièces d'un puzzle ; aucune imitation ne peut faire l'affaire. Par exemple, lorsque vous utilisez un moule spécifique pour reproduire une sculpture, l'exactitude compte si vous souhaitez obtenir le rendu précis de l'artiste ; il en va de même pour le dessein original de Dieu. L'homme plus la femme, c'est l'authenticité. Il est l'auteur de la création et, par conséquent, Sa voie est la seule conception légitime pour satisfaire correctement les pulsions sexuelles.

La bénédiction de Dieu ne sera jamais accordée à une relation homosexuelle car de telles unions sont une abomination, quel que soit le nombre de cérémonies religieuses. Cela va à l'encontre du plan de Dieu pour l'humanité et ne l'oublions jamais : il est l'auteur de la vie. Nous devons obéir à Dieu tout-puissant plutôt qu'à nos émotions, aussi authentiques, profondes et sincères qu'elles puissent paraître. Dieu a enlevé une côte à l'homme et a créé la femme. Par conséquent, seule la femme peut satisfaire correctement ce que l'homme a perdu.

Sous la pression politique et de groupes juridiques ignorants, de plus en plus d'États sanctionnent aujourd'hui les mariages entre personnes du même sexe ; cependant, nous ne devons jamais oublier que Dieu n'a pas changé d'avis sur cette question. Il connaît les cœurs de ceux qui demandent des changements, qu'ils soient pour ou contre Lui. Ceux qui sont contre Dieu refusent de l'honorer. "...Parce que, tout en connaissant Dieu, ils ne le glorifient pas comme Dieu et ne lui rendent pas grâces, mais leurs pensées sont devenues vaines, et leur cœur insensé s'est obscurci. Se prétendant sages, ils sont devenus insensés" (Romains 1:20-22). Ils ont choisi de suivre la nature rebelle de Satan.

Pensez-y. Comment le Dieu tout-puissant et éternel peut-il discuter avec des enfants qui ne font que manifester des crises de colère ? Ils en savent moins que Ils n'ont rien, mais exigent de "faire comme ils veulent". Je suis sûr que Dieu se moque de cette génération McDonald. Il sait que la vraie bataille est celle des âmes et que ceux qui choisissent de rejeter son plan (l'homme, la femme, la famille) finiront par subir une grande perte.

Il ne faut pas oublier que le mariage est la première institution que Dieu a mise en place depuis la création. Toute autre forme de relation affectueuse est une illusion et une fabrication. "Dieu leur a donné de fortes illusions pour qu'ils croient au mensonge..." et le mensonge de Satan est un style de vie alternatif, en reconnaissant sa nature, en disant qu'on est né comme ça et que c'est dans nos gènes, et qu'on est la génération éclairée et pas démodée.

Dieu et les anges ont un intérêt dans l'institution du mariage (j'entrerai dans les détails dans les chapitres suivants) parce que l'autorité et le pouvoir sont remis en question, ce que l'on appelle la bataille des sexes. Le Seigneur établit une chaîne de commandement et l'homme et la femme ont tous deux une place spécifique dans cette chaîne. "Je veux que vous sachiez que le chef de tout homme, c'est le Christ, que le chef de la femme, c'est l'homme, et que le chef du Christ, c'est Dieu" (1 Corinthiens 11:10). "C'est pourquoi la femme doit avoir une autorité sur sa tête, à cause des anges" (1 Corinthiens 11:10).

Qui a le droit de gouverner ? La réponse ne peut être que Dieu. Dans la relation conjugale, il délègue cette autorité et cette responsabilité au mari et établit l'homme comme son administrateur théocratique. "Il dit à la femme : Je multiplierai ta douleur et ta conception ; dans la douleur tu enfanteras des fils ; ton désir sera pour ton mari, et il dominera sur toi" (Genèse 3:16). Je crois que cette règle a été déléguée à l'homme parce qu'intuitivement, l'homme n'est pas influencé par les émotions. Rappelez-vous, dans le jardin d'Eden, Satan s'est approché de la femme parce qu'il pensait que l'homme aurait facilement reconnu la tromperie du serpent. La Bible dit même : "Ce n'est pas Adam qui a été trompé..."

(1 Timothée 2:14). La sagesse, le discernement et la conßontation sont dans la personne de l'homme. I Je crois que c'était la stratégie de Dieu pour la défense de la famille. Peu enclins à se laisser piéger aussi facilement, la plupart des hommes sont mieux équipés en force pour repousser un filou qui rampe.

Ici, les batailles sataniques font rage, et les empiétements angéliques attaquent de plein fouet cette institution ordonnée par Dieu. "Le serpent était plus subtil qu'aucune des bêtes des champs que le Seigneur Dieu avait faites. Il dit à la femme : "Dieu a-t-il dit que vous ne mangerez pas de tous les arbres du jardin ? (Genèse 3:1).

Nous supposons souvent que le serpent met en doute la Parole de Dieu, mais il y a plus que cela. Nous devons nous demander : "Où était la femme lorsque le commandement concernant l'arbre a été donné ?" En regardant en arrière (Genèse 2:17-18), nous découvrons que la femme n'existait pas lorsque ce commandement a été donné ; Ève, à ce moment-là, n'a pas reçu la côte d'Adam, alors où a-t-elle obtenu l'information concernant l'arbre ?

Nous devons considérer la probabilité qu'elle ait reçu l'information de son mari ; si c'est le cas, la stratégie du serpent n'était pas simplement de jeter l'opprobre sur la Parole, mais sur l'autorité de son mari. Le serpent a alors contesté l'autorité de Dieu et de son mari, mais il a empiété sur l'institution du mariage pour diviser et conquérir l'homme et la femme. Il y est parvenu avec succès, car la femme a choisi de désobéir à Adam, l'administrateur théocratique, qui la couvrait et la protégeait selon l'ordre de Dieu.

Adam a alors choisi de désobéir à Dieu, a plongé la création dans le péché et a vendu l'univers à Satan. "Car c'est par celui-là même que l'homme est vaincu et qu'il est réduit en esclavage" (2 Pierre 2:19).

(Dans la mesure où nous nous soumettons à des habitudes ou à des modes de vie interdits, nous devenons esclaves des entités démoniaques qui contrôlent ces domaines dans le monde spirituel. Nous devenons les esclaves des démons de la dépendance, de la perversion sexuelle et des pratiques cultuelles [sorcellerie, satanisme, culte des idoles, etc.] Car dans un sens plus large, l'apôtre Pierre dit : "Les gens sont esclaves de ce qui les a maîtrisés" [2 Pierre 2:17]). Je crois que c'est la porte par laquelle l'humanité s'ouvre par ignorance, permettant ainsi à une servitude incontrôlée d'entrer dans leur vie - une servitude qui ne peut être surmontée que par l'autorité de Jésus-Christ et la clarté des Écritures.

Ainsi, nous avons un meilleur aperçu de son arsenal - Satan, "dieu de ce monde" (Luc 4:6). Il utilise cette "forte illusion" et l'autorité qu'il a volée pour capturer les cœurs et les esprits de ceux qui choisissent de se rebeller contre les lois de Dieu.

Il encourage l'humanité à croire que les lois de Dieu sont trop rigides et archaïques. Nombreux sont ceux qui se sont laissés séduire par cette tromperie. Ils préfèrent se nourrir dans les canalisations de la culture (les paroles de la musique pop, les messages de la mode, Hollywood, etc.) Ce sont des institutions puissamment persuasives qui tiennent résolument le monde sous leur emprise. Leurs philosophies infernales nous bombardent quotidiennement. Lorsque nous entendons des phrases telles que "Ce n'est pas mal si c'est si bien (indépendamment du partenaire, du sexe, de l'origine) ; allez-y et satisfaites vos envies. Buvez, mangez et soyez joyeux, car demain nous mourrons. Et si c'est le cas, ne vous inquiétez pas. Nous irons tous en enfer parce que tout ce que je veux, c'est faire la fête - et si je ne peux pas faire la fête au paradis, je ne veux pas y être".

Ne pensez jamais que le Père Dieu est surpris ; il connaît la nature humaine - le péché n'est certainement pas un mystère pour lui. Sa Parole déclare avec insistance : "Choisissez aujourd'hui qui vous voulez servir ; si Dieu est Dieu, servez-le." Si votre choix n'est pas de vivre pour Dieu comme Sa Parole l'ordonne, et de vous soucier des âmes des autres, alors vous avez choisi Satan, le "dieu de ce monde". Vous avez choisi la "voie large", une vie imprégnée de sensualité, de complaisance et de gratification immédiate ; une société dont la mentalité est "Faites aux autres avant qu'ils ne vous fassent du mal". La Parole de Dieu dit que beaucoup suivent cette voie, "et que peu suivent celle qui est "droite et étroite". Oui, la voie de Dieu est considérée comme exigeante, démodée et restrictive, et peu de gens choisissent d'y voyager ; cependant, soyez assurés que ceux d'entre vous que Dieu a choisis pour résider avec Lui pendant toute l'éternité, cette voie est clairement définie, tracée par la Parole de Dieu. Ceux qui empruntent ce chemin entendent la voix intérieure de l'appel de leur chef :

"Venez à moi... je vous donnerai du repos. Prenez mon joug sur vous, mettez-vous à mon école, et je vous donnerai du repos" (Matthieu 11:29).

Quel est le secret d'une vie chrétienne ? Les magnifiques paroles de Fannie Cosby nous donnent un indice :

> *"Tournez vos yeux vers Jésus Regardez pleinement son merveilleux visage Et les choses de la terre s'estomperont étrangement*
> *À la lumière de son émerveillement et de sa grâce".*

Ce chemin ne sera pas facile, mais le chrétien doit se rappeler que le Christ a traversé ce désert avec l'aide de Dieu le Père et du Saint- Esprit. Par conséquent, nous devons désespérément chercher, croire et suivre le Christ et ne pas nous fier à notre compréhension. Il est important de comprendre que nous avons aussi une croix que nous devons porter chaque jour (Luc 9:23).

De nombreux croyants, qui ont l'intention de suivre la voie de Dieu, luttent contre le péché d'homosexualité ; il est donc important qu'ils comprennent qu'il s'agit d'un domaine qui accorde à Satan une place forte dans leur vie. Si on lui donne un pouce, il prendra leur vie entière.

Ils doivent prier et permettre aux responsables d'une église qui craint Dieu, à ceux qui ont un cœur compatissant, de prier et de les oindre d'huile. Dieu ne veut que le meilleur pour ses enfants. Il ne serait pas et ne pourrait pas être Dieu s'Il devait changer sa Parole pour satisfaire les désirs basiques et obscurs de chaque génération.

Ce n'est pas un péché si l'on est tenté de se livrer à une activité homosexuelle, mais c'est un grave péché de se livrer à cette activité. Cela offense le Dieu créateur et attriste le Saint-Esprit, qui habite chaque chrétien lavé de son sang. Si le chrétien devient momentanément faible et se laisse aller à des actes homosexuels, il doit comprendre que son âme est en danger. Sans le vouloir, il a ouvert une porte aux démons. Leur but est d'entrer, de voler toutes les bénédictions que Dieu a accordées et de détruire tout ce qui est bon et sain, même la santé et le bien-être financier de l'individu. À la fin, après avoir été brisé et impuissant, l'objectif final du pilleur démoniaque est d'assassiner l'enfant de Dieu égaré.

Si cette âme mourait à ce moment précis, sans se repentir, elle serait condamnée à l'enfer. Nous devons tous rester dans une position de repentance et invoquer immédiatement Jésus, en renonçant au péché, qui est connu, et en recherchant dans la prière le pardon et le rétablissement de la communion. C'est un fait - rien ne peut séparer un chrétien de l'amour de Jésus, mais certains péchés, s'ils ne sont pas confessés, conduiront une âme à la condamnation.

Le Saint-Esprit, notre maître et notre assistant, agit sur notre conscience et nous ramène à Jésus, notre "bon berger", notre grand prêtre et la seule porte qui mène à la restauration et à la communion avec le Père. Le Christ intercède pour nous quotidiennement, alors que Satan, l'accusateur et l'ennemi de nos âmes, par contre, fait des offres pour notre vie, ne désirant rien d'autre que la destruction.

De nombreux chrétiens confrontés à cette tentation depuis des années sont désorientés : "Quel est mon sexe ? Je ne me sens pas tout à fait homme ; je n'aime pas les activités auxquelles se livrent la plupart des hommes. Parfois, je ne m'identifie à aucun des deux sexes. Parfois, je ne suis pas conscient des manières féminines. Il y a des moments où je remets en question mon assignation de genre".

Non, Dieu n'a pas fait de nous des homosexuels. Certains événements ou circonstances dans l'éducation d'une personne ont pu contribuer à de telles prédispositions contre nature. Vous devez vous rappeler que, même s'il s'agit d'une croix, vous êtes appelé à la porter jusqu'à ce que le Seigneur vous libère. N'oubliez pas que vous n'êtes jamais seul. Jésus est avec vous, que vous soyez dans le feu ou méprisé, incompris, discuté et rejeté ; même lorsque vous échouez, l'amour et la grâce de Dieu sont là pour vous restaurer et purifier vos péchés. Inversement, nous devons toujours garder à l'esprit que la semence de Dieu et la promesse du salut sont en nous, et nous ne devons pas prendre l'habitude de pécher, car lorsque nous le faisons, nous crucifions le Christ une seconde fois, et son don du salut est très précieux (Hébreux 6:6). Si les croyants choisissent de ne pas se marier, il n'y a pas d'autre recours que l'abstinence et le célibat. L'apôtre Paul affirme que le célibat est un choix honorable, qu'il donne au chrétien l'occasion de consacrer toute sa vie au service chrétien sans entrave (1 Corinthiens 7:25-31).

Les temps changent, mais la nature humaine reste relativement constante. Comme l'écrivait l'Ecclésiaste, "Il n'y a rien de nouveau sous le soleil". Quelle que soit la distance parcourue dans l'histoire, le penchant humain n'a pas tellement changé. Il semble que chaque génération soit confrontée aux mêmes tentations ou à des tentations similaires ; ce qui est déterminé par le creuset du temps, c'est de savoir qui restera debout et quelle paille sera emportée par le vent.

Dieu cherche des personnes avec lesquelles il peut partager une éternité, et il ne tolère personne qui ne veut pas vivre une vie pieuse.

Cette génération est également mise au défi d'accepter les lois de Dieu. Elle doit apprendre à mener sa vie en conséquence, s'assurant ainsi une place au paradis éternel ; ou bien elle peut se rebeller, comme l'a fait Satan, et passer l'éternité avec lui en enfer, un enfer établi comme lieu de punition pour Satan et ses anges - mais l'humanité désobéissante partagera leur sort. Comme je l'ai déjà mentionné, Mary K. Baxter a été témoin de la souffrance des âmes en enfer et décrit Jésus sanglotant amèrement, car l'enfer n'était pas destiné à l'humanité, bien que ceux qui refusent d'écouter la Parole de Dieu et de reconnaître le sacrifice du Christ finiront certainement par s'y retrouver. L'humanité doit choisir qui elle servira pendant qu'elle est sur terre ; après la mort, il n'y a pas de seconde chance.2

Le remède de Dieu pour un monde maudit par le péché se trouve en la personne de son fils, Jésus-Christ. "Car Dieu a tant aimé le monde qu'il a donné son Fils unique, afin que quiconque croit en lui ne se perde pas, mais ait la vie éternelle" (Jean 3:16).

Pourquoi accorder ce test aux homosexuels ?

Un matin, alors que je m'entretenais avec le Seigneur dans la prière, je lui ai demandé : "Seigneur, pourquoi avoir permis que ma vie soit mise à l'épreuve dans des conditions aussi difficiles ? Je n'aurais pas voulu que mes proches partagent mon épreuve".

Néanmoins, j'ai remarqué que lorsque l'on se rapproche du Seigneur et que l'on aspire à la sagesse et à l'instruction, il nous l'accorde.

Il connaît notre ßame, c'est-à-dire ce qui nous fait vibrer. Il perçoit la quantité de souffrances ou d'épreuves que nous devons subir pour nous amener à la maturité, et où notre foi est ferme et suffisante pour résister à tout ce que Satan lance sur notre chemin. Dieu sait que Satan est impitoyable dans ses efforts pour nous décourager, nous faire trébucher ou nous détourner du Christ. Cependant, une fois que nous aurons obtenu notre diplôme, nous serons comme Pierre, capables de fortifier, d'encourager et de guider les autres. Nombreux sont ceux qui s'en prennent à eux-mêmes, se demandant s'ils sont homosexuels ou non. Grâce à Dieu, je n'ai plus ce doute. Le Seigneur m'a donné cette mission en me disant : "Tu aideras les autres qui se sont mis dans la boue, la fange et l'argile de la vie". Voyez-vous, Satan nous encourage, nous enferme, et tandis que nous sommes confus et tentons de nous autodétruire, il garde le manteau de la tromperie sur nos yeux et refuse de nous mettre à l'abri. Il faut la lumière de l'Évangile et l'amour de Dieu pour nous élever à notre place d'"enfants de Dieu et cohéritiers de Jésus-Christ" (Romains 8:17).

Satan espère que vous ne trouverez jamais la vérité. Il veut que l'homosexuel soit dans un cycle sans fin où il accuse les parents d'être les victimes de son adolescence. Il nous maintient dans des crises incessantes de haine de soi parce qu'il sait que la haine des parents, l'accusation des autres et la culpabilité sont des instruments qu'il peut utiliser pour nous maintenir en permanence dans l'esclavage et l'emprisonnement. Il ne veut pas que vous sachiez que Dieu est toujours là pour vous. Tant que nous vivons, il est prêt à pardonner l'homosexuel et à travailler constamment à libérer le captif, car l'Écriture nous dit : "Là où le péché abonde, la grâce de Dieu abonde encore davantage" (Romains 5:20).

Vous devez comprendre que Dieu pardonnera le péché d'homosexualité ; cependant, la partie la plus difficile est de comprendre que c'est Satan qui a des droits sur cette façon de vivre, et non Dieu. Si vous voulez être libéré, vous devez considérer cette façon de vivre comme un péché. Il faut y renoncer, la rendre à son auteur ; ensuite, le pécheur doit chercher de l'aide auprès de l'auteur de la vie, Jésus-Christ. Il est le seul à avoir traversé avec succès la vie et la mort, sans faute, sans même une pensée erronée. C'est lui. Par conséquent, la seule personne qualifiée pour nous instruire, nous guider et nous sortir de nos dilemmes est Jésus.

J'ai appris que Dieu a toujours un but pour ce qu'il permet dans nos vies. Il a un plan parfait pour chacun d'entre nous. Malgré tout, nous nous fixons souvent sur la blessure et la douleur au point d'endurcir notre cœur contre Lui, ce qui ralentit notre croissance et notre maturité chrétiennes.

Lorsque cela se produit, nous ne sommes plus flexibles et soumis à sa volonté. Par conséquent, nous sommes incapables d'être modelés et façonnés comme Il l'entend. Je crois que c'est la raison pour laquelle Dieu nous permet de passer par des tests et des épreuves, car la douleur et la souffrance peuvent rendre nos cœurs plus souples. Et parce que nous savons ce que c'est que de souffrir, nous pouvons être plus compatissants envers les autres qui sont dans la détresse.

Réfléchissez-y. Pourquoi le Christ a-t-il permis à Satan de siffler Pierre ? Il aurait pu dire non, je ne permettrai pas à mon disciple bien- aimé de subir cette épreuve. Je pense que les Écritures suggèrent une réponse possible, qui encouragera et renforcera notre foi. Je pense que la raison pour laquelle Dieu permet à Satan de poursuivre son "siVing" et de nous passer au peigne fin, c'est parce que cela finira par raffiner le pécheur et renforcer son témoignage auprès des autres et apportera immédiatement plus de gloire à Dieu. Tout le Nouveau Testament montre clairement que Dieu a l'intention d'amener l'épouse du Christ à la perfection par l'affliction et la tentation (1 Pierre 1:6 ; 3:17). Pour être glorifié avec le Christ, afin de devenir son cohéritier, soyez-en sûrs, la souffrance est de mise. (Romains 8:17). À travers la souffrance et l'épreuve, notre foi s'affine. Nous sommes amenés à nous appuyer de plus en plus sur Dieu et à chérir sa grâce et ses soutiens attachants. Satan a son rôle à jouer pour placer nos pieds dans les flammes de notre four d'affinage.

Pourquoi, Seigneur ? Pourquoi permettre cette épreuve homosexuelle ? Votre épreuve dans la fournaise, pour vous permettre d'en sortir comme de l'or pur - les impuretés éliminées, il ne reste que l'or sain.

Je crois que c'est une question raisonnable pour l'homosexuel ; nous passons tous par des périodes d'épreuve et de test. Et comme nous nous trouvons tous à des endroits différents sur le chemin de la foi, beaucoup d'entre nous sont déjà passés par les flammes, maintes et maintes fois. Nous sommes Nous nous façonnons tous lentement à la ressemblance du Christ et, parfois, certains d'entre nous ont besoin de passer plus de temps dans la fournaise que d'autres parce qu'il leur faut plus de temps pour assimiler certaines leçons. Nous sommes tous différents. Ce qui fonctionne dans ma vie comme un élément abrasif pour frotter et gratter ma marche chrétienne vers la perfection ne fonctionnera certainement pas pour vous. Votre caractère et votre personnalité sont uniques, et votre épreuve est conçue en conséquence pour votre croissance.

Le Seigneur Jésus est le potier, le maître d'œuvre. Il sait exactement quel outil utiliser pour façonner et parfois briser notre caractère têtu dans le moule qui conviendra à notre disposition, éliminer les scories et laisser la brillance commencer. Il est le potier, nous sommes l'argile. Faites ce que vous voulez, Seigneur !

Pourquoi l'or a-t-il une telle valeur ? L'or est plus résistant à la rouille et à d'autres formes de corrosion que d'autres métaux, ce qui signifie qu'il est plus sûr d'être exposé aux éléments naturels.

L'or, lorsqu'il est purifié, est un conducteur d'électricité efficace. Il est très utile dans le câblage de haute qualité pour maintenir la fiabilité des signaux. L'or est également soV, ce qui le rend exceptionnellement flexible et malléable par rapport à d'autres métaux. Il est donc utile pour la conception d'objets, et son aspect est agréable. Ce processus d'affinage est le seul moyen d'affiner l'or. Il n'y a pas de substitut ni de raccourci tout au long de ce processus.

L'affinage est un processus pour chaque croyant : "Éternel, éprouve-moi, sonde mon cœur et mon intelligence ; car ton amour est toujours devant moi, et je marche continuellement dans ta vérité" (Psaume 26:2-3).

Examinons un instant la vie du roi David, personnage biblique. Je ne sais pas ce qu'il en est pour vous, mais à première vue, ce passage semble terriblement arrogant. Il donne l'impression que David était un homme parfait.

Pourtant, lorsque vous lisez la Bible, vous constatez que David n'était certainement pas un homme moyen typique. Il a eu ses moments de triomphe héroïque - il s'est débarrassé de Goliath. D'un autre côté, il a également connu de nombreux épisodes plus grands que nature.

échecs. Bethsabée n'était-elle pas mariée ? Cela n'a pas empêché David d'appeler honnêtement Dieu pour qu'il le mette à l'épreuve. Étonnamment, c'est en même temps la façon dont Dieu veut travailler dans la vie de ses enfants (Psaumes 139:23).

Lors de son premier avènement, lorsque le Christ est venu vers son peuple, il a voulu l'embrasser et prendre soin de lui, mais il l'a refusé. Aujourd'hui, le croyant païen vient à Jésus, comme un petit enfant, désireux d'être encouragé, guidé et enseigné. Et c'est exactement ce que le Seigneur désire. Cependant, il est important que nous permettions à Christ d'appliquer ses compétences sur nous et que nous ne devenions pas obstinés, arrogants et incapables de s'instruire. Comprenez qu'il est le potier et que nous sommes l'argile.

Deuxième constat : le raffinage est un processus que nous ne maîtrisons pas.

Venons-en à Job. Au début du livre de Job, Dieu discute avec Satan et se vante de Job. "Avez-vous vu mon serviteur Job ? dit Dieu à Satan. Dieu est fier de Job, heureux qu'il soit irréprochable et qu'il ne craigne que Lui.

Satan est pessimiste et accuse Job d'avoir de fausses motivations, en disant en substance : "Oui ? Il ne fait cela que parce que vous faites de bonnes choses pour lui. Enlevez-lui ces choses, et il vous maudira en face."

Dieu conclut donc un accord et permet à Satan de mettre Job à l'épreuve, juste pour voir quelle serait sa réaction. Job perd toute sa richesse, tous ses biens matériels et même ses enfants dans un accident grave. Job s'attriste et se décourage, mais il s'accroche à la souveraineté de Dieu. "L'Éternel donne et l'Éternel reprend", dit-il (Job 1:21). Nous pouvons considérer qu'il s'agit là de la première épreuve de Job.

Satan retourne vers Dieu et lui dit : "C'est bien ce que vous pensez? Un homme est prêt à tout pour protéger sa santé. Si je le rends suffisamment malade, il le maudira en face." En conséquence, Dieu permet à Satan d'affliger Job d'horribles plaies sur tout son corps. C'était si grave que Le seul moyen pour Job de se soulager était de gratter ses plaies avec des morceaux de poterie cassée.

Après tout cela, on pourrait penser que Job n'a plus rien à voir avec Dieu. Et ce passage (Job 2:9-10) rapporte sa réponse : "Sa femme lui dit: 'Tu t'accroches encore à ton intégrité ? Maudis Dieu et meurs ! Il répondit à une épouse pessimiste : 'Tu parles comme une femme insensée. Accepterions-nous de Dieu tout ce qui est agréable, et non pas ce qui est difficile ?

Dans tout cela, Job n'a pas péché dans ce qu'il a dit. Par conséquent, nous ne pouvons pas non plus accepter joyeusement des bénédictions, puis nous retourner et Le maudire lorsque les choses ne vont pas comme nous le souhaitons. C'est le raffineur qui décide de la température du feu.

Parfois, en tant que croyants en Christ, nous croyons dans notre esprit que Dieu contrôle la situation, mais nous vivons comme si nous pensions que Dieu nous doit des circonstances prospères. Nous ne le dirions pas ouvertement, mais nous avons tendance à partir du principe que si nous donnons notre vie à Dieu, cette vie devrait être plus facile, et non plus difficile. Permettez-moi de vous dire une chose. Si quelqu'un vous a dit qu'être chrétien rendrait automatiquement votre vie facile et dramatique, il vous a menti.

Cela m'amène à la troisième leçon : la souffrance, qui nous rend semblables à Jésus, alimente le feu du raffineur. C'est ce que dit Hébreux 2:5-10 :

1. "Ce n'est pas aux anges qu'il a soumis le monde à venir dont nous parlons.
2. Mais il y a un endroit où quelqu'un a témoigné : Qu'est-ce que l'homme pour que vous vous occupiez de lui, le fils de l'homme pour que vous vous occupiez de lui ? Le fils de l'homme pour que vous vous occupiez de lui ?

3. Vous l'avez abaissé au-dessous des anges, vous l'avez couronné de gloire et d'honneur,

4. Et vous mettez tout sous ses pieds. En mettant tout sous ses pieds, Dieu ne laisse rien qui ne soit pas

5. soumis à lui. Pourtant, à l'heure actuelle, nous ne voyons pas tout lui être soumis.

6. Mais nous voyons Jésus, qui a été abaissé au-dessous des anges, couronné de gloire et d'honneur parce qu'il a souffert la mort, afin que, par la grâce de Dieu, il goûte la mort pour tous.

7. En amenant de nombreux fils à la gloire, il convenait que Dieu, pour qui et par qui tout existe, rende parfait par la souffrance l'auteur de leur salut".

Il y a deux points principaux à souligner ici. Premièrement, il est dit au verset 8 que Dieu ne laisse rien qui ne soit pas soumis à Jésus. Cela signifie que tout le monde et toutes les choses étaient, sont et seront, au moment du décompte final, sous le contrôle de Jésus.

Néanmoins, le second point, plus important, est que parce que Jésus a été rendu parfait par la souffrance, il a le même processus en réserve pour chacun d'entre nous. Chacun d'entre nous travaille à son salut et est lentement rendu parfait par la souffrance. Et en passant par cette souffrance, nous devenons de plus en plus semblables à Jésus.

Peu importe ce que vous ressentez lorsque vous souffrez, gardez à l'esprit que vos épreuves ne sont pas vaines, qu'il y a un but derrière tout cela. Votre vie est en train de se conformer à la ressemblance de Jésus. Il a connu des épreuves et des souffrances lorsqu'il marchait sur cette terre. Il a passé les épreuves, et le Père l'a hautement honoré, lui donnant un nom au-dessus de tous les autres (Philippiens 2:9- 11).

Ainsi, lorsque Job proclame qu'il sera comme de l'or, il préfigure l'étalon-or de l'expression et de l'accomplissement humains - le Christ Jésus. Tout comme le raffineur sait que son or est prêt lorsqu'il peut y voir son visage, nous saurons que nous ressemblons de plus en plus à Jésus lorsque d'autres pourront nous regarder traverser la souffrance et voir son visage, et c'est ce que signifie être éprouvé par le feu et en ressortir comme de l'or pur.

Or Caractéristiques

* Non corrosif

Prenons la première caractéristique de l'or que j'ai mentionnée : il est non corrosif. Cela signifie qu'il ne rouille pas. Il n'est pas affecté par les éléments naturels tels que le vent et la pluie. Il conserve sa configuration moléculaire.

Romains 12:2 dit : "Ne vous conformez plus au modèle de ce monde, mais changez par le renouvellement de votre intelligence. Alors vous serez capables d'éprouver et d'approuver la volonté de Dieu, sa volonté bonne, agréable et parfaite".

En tant que croyants en Christ, nous sommes envoyés par Jésus dans le monde pour faire des disciples pour Lui, mais Il veut s'assurer que le monde ne fasse pas de nous des disciples. C'est pourquoi il nous permet parfois de reconnaître certaines voies du monde, dans toute sa brisure et sa dépravation morale, afin que nous sachions, sans l'ombre d'un doute, où ces voies mènent.

En tant que croyants en Christ, certains d'entre nous souffrent parce qu'ils se sentent encore attirés par les mœurs du monde et qu'ils ont l'impression de ne pas essayer de vivre pour Dieu. Tant que vous faites confiance au Seigneur, que vous restez près de lui et que votre vie est exempte de péché, ne doutez pas de votre salut. Satan a souvent beau jeu de nous faire douter de notre salut. "Confiez-vous au Seigneur de toutes vos forces, ne vous appuyez pas sur vos propres forces" (Proverbes 3:5).

Vous savez que vous devenez plus semblable à Jésus lorsque vous pouvez regarder ces tentations droit dans les yeux, quelles qu'elles soient, et choisir de courir comme un fou dans la direction opposée. Lorsque vous êtes capable de "ne pas vous conformer" au modèle de ce monde, mais au contraire de choisir la Parole de Dieu et de permettre au Saint-Esprit de renouveler votre esprit, vous savez que vous devenez de l'or raffiné.

* Préserve la fidélité du signal

L'or est également un excellent conducteur d'électricité, ce qui signifie que les câbles en or ont un rapport élevé de fidélité du signal.

Jean 5:19 dit : "Jésus leur répondit : Je vous le dis en vérité, le Fils ne peut rien faire par lui-même ; il fait ce qu'il voit faire à son Père, car tout ce que fait le Père, le Fils le fait aussi".

Jésus s'est assuré d'avoir un signal clair venant du Père à tout moment. Avec tous ses miracles, il n'a fait que ce que Dieu le Père faisait. Ainsi, ressembler davantage à Jésus signifie que nous permettons à son feu de brûler toutes les impuretés de notre vie qui nous empêchent de rester réellement connectés à lui.

Certains d'entre nous ont du mal à entendre Dieu parce qu'ils ont des habitudes, des situations, et peut-être même certaines personnes dans leur vie qui causent des interférences. Jésus se tient là, comme le gars de Verizon, et dit : "Pouvez-vous m'entendre maintenant ?" Si nous ne l'entendons pas, alors il augmente la pression. Il permet que quelqu'un nous fasse du mal ou qu'une situation négative se produise, sachant très bien que la douleur et la souffrance attirent souvent notre attention et ouvrent les lignes de communication.

Combien d'entre nous ont traversé une épreuve difficile et se sont rendu compte que leur relation avec Dieu s'en est trouvée améliorée ? Dieu utilise nos souffrances pour nous purifier afin que nous puissions recevoir des signaux clairs de sa part. Plus nous sommes purs, plus nous ressemblons à Jésus.

Ainsi, lorsque vous constatez que vous ne tâtonnez plus dans l'obscurité, essayant en vain de discerner Sa volonté, c'est là que vous savez. Lorsque vous pouvez le rencontrer dans vos moments d'adoration privée et publique, en lisant sa Parole et en ayant des conversations avec d'autres croyants, c'est là que vous savez. Lorsque vous pouvez mettre de côté votre volonté et vos plans, et vous soumettre à Dieu et à son appel, c'est là que vous savez que vous êtes en train de sortir de l'or.

* Doux et malléable

L'or est beaucoup plus solide que la plupart des métaux. Cette propriété le rend plus flexible, ce qui permet de le façonner selon les désirs de l'affineur.

Prenons l'exemple de Marc 10:1-12 :

1. Jésus quitta ensuite ce lieu et se rendit dans la région de la Judée, où il traversa le Jourdain. De nouveau, des foules s'approchèrent de lui et, selon sa coutume, il les enseigna.
2. Des pharisiens sont venus le mettre à l'épreuve en lui demandant : "Est-il permis à un homme de répudier sa femme ?".
3. "Il lui répondit : "Qu'est-ce que Moïse t'a ordonné ?
4. Ils ont dit : "Moïse a permis à un homme d'écrire un certificat de divorce et de renvoyer la femme".
5. "C'est parce que vos cœurs sont durs que Moïse vous a écrit cette loi", répond Jésus.
6. "Mais au commencement de la création, Dieu les créa homme et femme.
7. C'est pourquoi l'homme quittera son père et sa mère et s'attachera à sa femme,
8. et les deux deviendront une seule chair. Ils ne sont donc plus deux, mais un.
9. C'est pourquoi, ce que Dieu a uni, que l'homme ne le sépare pas".
10. Lorsqu'ils furent de nouveau dans la maison, les disciples interrogèrent Jésus à ce sujet.

11. Il répondit : "Quiconque répudie sa femme et en épouse une autre commet un adultère à son égard.

12. Si elle répudie son mari et en épouse un autre, elle commet un adultère".

Lorsque nous lisons cette Écriture, c'est pour renforcer l'idée que Dieu déteste le divorce. Et ne vous y trompez pas, c'est vrai. Dieu déteste le divorce. (À moins que vous ne pensiez que j'en fais trop, je vous propose Malachie 2:16a : "'Je hais le divorce', dit le Seigneur, le Dieu d'Israël"). Cependant, voici un verset qui passe inaperçu, le verset 5- "Moïse vous a donné cette loi parce que vos cœurs étaient endurcis." Ce que Jésus semble dire ici, c'est qu'en posant des questions sur les lois rabbiniques concernant le divorce et le remariage, les Pharisiens étaient complètement à côté de la plaque. Là où l'homme regarde le comportement extérieur, Dieu voit le cœur. Les divorces se produisent parce que les hommes et les femmes s'endurcissent leur cœur à l'égard de Dieu et des autres. Ainsi, Dieu ne veut pas seulement changer notre comportement extérieur, il veut changer nos cœurs.

Le Saint-Esprit nous renvoie toujours au Christ. Il nous renvoie infailliblement au pardon, à la croix, au sang du Christ et à l'absence de condamnation. Pourquoi ? Parce que Romains 8:1 dit : "Il n'y a donc maintenant aucune condamnation pour ceux qui sont en Jésus-Christ."

Ainsi, devenir comme Jésus, c'est permettre à notre cœur de s'ouvrir pour mieux se plier à la volonté de Dieu ; c'est ainsi que nous pouvons, dans une plus large mesure, entendre la voix de l'Esprit Saint. Sa voix (présence féminine) est siVe qu'elle dit : "Que celui qui a des oreilles entende ce que dit l'Esprit" (Marc 4,9).

Dieu a toujours un but pour ce qu'il fait. Il a un plan parfait pour chacune de nos vies. Cependant, bien souvent, nous nous fixons sur les blessures et la douleur que nous avons endurées, au point d'endurcir notre cœur contre l'attention particulière du Potier (Romains 9:14- 29).

Lorsque cela se produit, nous ne sommes plus flexibles, nous ne sommes plus soumis à Sa volonté. Nous ne pouvons plus être modelés et façonnés comme le Maître Créateur l'entend. Mais Il ne cesse d'essayer, Il n'abandonne jamais la sanctification de Ses petits, car Il exige la sainteté, car Il est saint. C'est pourquoi il nous permet parfois de passer par des tests et des épreuves, afin que la douleur et la souffrance puissent redonner de l'élan à notre cœur. Parce que nous savons ce que c'est que de souffrir, nous pouvons être plus compatissants envers ceux qui sont dans l'épreuve (Hébreux 5:8).

C'est peut-être la raison pour laquelle Job a vécu tant de drames. Je ne sais pas si c'est ce dont Job avait besoin ou non. Les Écritures semblent impliquer que tout cela était l'idée de Satan et que Dieu se contentait de suivre le mouvement. Il n'y a certainement rien dans les Écritures qui implique que Job avait besoin ou méritait de vivre autant de tragédies.

Pourtant, Dieu a toujours un but, et il est juste dans toutes ses œuvres (Psaume 145:17). Peut-être voulait-il que Job continue à être humble.

Peut-être Dieu savait-il que sans une certaine adversité, Job aurait fini par devenir comme le pharisien de Luc 18:11, qui remerciait Dieu de ne pas être comme tous les autres pécheurs.

Pour moi, la Bible n'est pas explicitement cohérente à ce sujet, si ce n'est qu'elle dit que Job était parfait et droit. Cependant, ce qui est clair, c'est que Dieu accorde de l'importance à la douceur du cœur. C'est parce qu'il ne pardonne pas et qu'il n'est pas capable de lâcher prise que Dieu déteste le divorce, car le divorce est l'exemple ultime de la dureté de cœur. C'est un reniement flagrant d'une alliance sacrée et, dans de nombreux cas, un signe certain d'incrédulité - car comment peut-on avoir suffisamment de foi pour se soumettre au plan de Dieu pour certains domaines du développement de la vie si l'on rejette une grande partie de l'alliance spéciale du mariage de Dieu ?

Néanmoins, le divorce n'est pas encore la fin du monde. Et en parlant de fin du monde, Jésus nous a déjà enseigné qu'au moment de la résurrection, il n'y aura plus de mariage tel que nous le connaissons. Le divorce n'est donc en aucun cas une violation impardonnable.

Même ainsi, c'est la preuve d'un cœur inflexible, et Dieu a un remède pour la dureté du cœur. L'enfant de Dieu peut être rassuré, la chaleur divine du feu du raffineur rend ou éradique toutes les impuretés - ainsi, ce qui reste ressemble à Jésus.

Par conséquent, lorsqu'on trouve le moyen de dépasser la colère et l'amertume, lorsqu'on pardonne à la personne qui nous a causé tant de tort, on sait qu'on en sort comme de l'or pur.

Lorsque l'on craint l'inconnu, mais que l'on permet à Dieu de réorienter ses plans, même si cela implique de différer la satisfaction de certains besoins, c'est alors que l'on sait que l'on sort de l'or pur.

Lorsque vous en arrivez à dire : "Père, je veux suivre le chemin que je désire, mais tu sais mieux que moi, que ma volonté ne soit pas faite ; tu peux faire ce que tu veux dans ma vie", vous savez alors que vous vous êtes converti à l'or.

Le Père voit tout et connaît la fin dès le commencement ; et ma vie n'est qu'une vapeur.

Méfiez-vous des contrefaçons plaquées or. Rappelez-vous que lorsqu'il s'agit du feu du raffineur, il n'y a pas d'alternative ni de raccourci. Pourtant, l'ennemi de votre âme voudrait vous faire croire le contraire. Ce n'est pas pour rien que Satan est appelé le Père du mensonge. Il veut vous faire croire qu'il existe des raccourcis et que la souffrance est pour les nuls, ou pour ceux qui n'ont pas assez de foi. L'offre de Satan consiste à vous faire plaquer de l'or. Il veut que vous regardiez la partie sans connaître la matière. Il veut vous donner une forme de piété sans la puissance. Ne tombez pas dans le piège. Ne vous laissez pas séduire par le "d'accord, j'accepte". Le monde n'a pas besoin d'une autre église remplie de chrétiens de nom seulement.Si le monde veut vraiment faire l'expérience du pouvoir rédempteur de l'Évangile de Jésus-Christ, qui est mort, a été enseveli et est ressuscité pour briser le pouvoir du péché et de la mort, il devra voir de vrais chrétiens vivre leur souffrance, de près et de loin.

Cela commence donc par vous et moi. Le monde a besoin de voir de vrais chrétiens refuser d'imiter le monde, mais être renouvelés à la ressemblance du Christ jour après jour. Le monde a besoin de nous voir, vous et moi, tenir bon au milieu de la souffrance parce que nous savons que Dieu utilisera la souffrance pour nous rendre plus semblables à Jésus. Le monde a besoin de savoir que même si le feu nous éprouve, nous en sortirons comme de l'or pur.

Des chrétiens avec des démons ?

Tout d'abord, avant d'approfondir cette question, considérons la vie parfaite de Jésus. On pourrait penser que sa vie parfaite aurait été exempte, hors limites pour Satan ; pourtant, nous observons les tactiques diaboliques qu'il a conçues pour mettre fin à la bataille avant qu'elle n'ait eu une chance de prendre de l'ampleur. Si notre ennemi a tenté le Christ, tous les chrétiens "nés de nouveau" doivent s'attendre à la même chose. Satan est impitoyable et déterminé à contrecarrer les plans de Dieu jusqu'à la fin (Matthieu 4:9).

Lorsque Jésus est arrivé au terme de sa marche, juste avant d'aller sur la croix, l'ennemi a tenté de devancer les plans de Dieu. Il voulait tuer Jésus physiquement dans le jardin. Jésus a versé de grosses gouttes de sang et a imploré la capacité d'achever sa mission à la croix (Matthieu 26:38, 39), mais le diable voulait que Jésus échappe à la croix, en demandant à son Père de permettre à cette épreuve de passer. Cependant, il a prié trois fois et un ange lui a été envoyé pour le fortifier alors qu'il poursuivait sa route vers le Calvaire. Des insultes sataniques cruelles, des moqueries et des tourments physiques lui ont été infligés jusqu'à la dernière heure (Psaume 22).

Notre Seigneur était déterminé à ne rien laisser l'empêcher d'obéir à la volonté du Père. Sa conviction inébranlable est certainement un exemple pour ses disciples ; quoi qu'il arrive, les menaces, les remarques désobligeantes et les actes de violence physique ne doivent pas affaiblir notre détermination ni notre ténacité à faire confiance au Christ et à suivre son exemple. Nous devons nous armer quotidiennement pour nous préparer à combattre les fléchettes enflammées et les tentations de Satan. Même lorsque nous dormons, nos adversaires se préparent à venir à nous le lendemain avec tout leur arsenal. "Revêtez l'armure complète de Dieu, afin de pouvoir résister aux ruses du diable. Car ce n'est pas contre la chair et le sang que nous luttons, mais contre les principautés, contre les puissances, contre les dominateurs de ce monde de ténèbres, contre les armées spirituelles de la méchanceté dans les lieux célestes" (Éphésiens 6:11). En lisant et en observant les commandements de Dieu et en y obéissant pleinement, c'est la principale défense de l'humanité. C'est un moyen sûr de résister aux ruses du diable.

Le but principal de l'activité des démons est d'entraver le sauvetage de l'humanité par Dieu, ils désirent plutôt étendre l'autorité de Satan, et ils coopèrent volontiers à tous ses plans et machinations. Il ment à ses adeptes. Il a toujours menti et continuera à le faire. Cependant, la triste réalité est que la plupart des gens acceptent ses mensonges comme une certitude en béton. Malgré tous les échecs démoniaques, ils continuent à croire qu'ils vont gagner. Ils aveuglent et trompent les non sauvés et mènent une guerre constante contre ceux qui font vraiment confiance à Jésus et le suivent (Ephésiens 6:12). Il n'en va pas de même pour le non rachetés - ce n'est pas nécessaire - Satan les possède déjà. Ils doivent se rendre, se repentir et tout donner à Dieu pendant qu'il en est encore temps. Les portes de la grâce et la miséricorde se ferment. L'heure approche où l'humanité ne pourra plus se repentir et recevoir le salut. C'est aujourd'hui que le temps est accepté, pas demain (Hébreux 3:15).

Comme nous l'avons mentionné précédemment, dans le cadre du ministère de délivrance, la plupart des gens partent du principe que les croyants "nés de nouveau" sont baptisés par la puissance et l'action du Saint-Esprit ; cela ne garantit pas que les démons s'enfuiront automatiquement sans qu'une bataille ne soit engagée. Si l'ennemi tient déjà le pécheur sous clé, pourquoi faire cet effort ? Allez plutôt vers les saints. Satan est un stratège extrême, et il se bat pour gagner. Ses agents démoniaques se battent également de manière diabolique pour maintenir leur emprise sur toute âme. Malheureusement, le péché dans toute vie ouvre légalement la porte à leur emprise diabolique. J'ai observé les témoignages de nombreux ministres de Dieu dévoués qui n'avaient aucune idée que des démons les habitaient. C'est une pensée dérangeante, mais c'est vrai.

La croyance commune est qu'il est impossible pour les démons de cohabiter ou même de posséder le corps d'un "chrétien né de nouveau". Au contraire, 1 Corinthiens 2:12 nous parle de Dieu permettant à Satan de détruire certaines zones de notre chair désobéissante, et cet individu peut être sauvé au jour du Seigneur Jésus (1 Corinthiens 5 ; 4, 5). L'apôtre s'adressait ici à la désobéissance et au péché dans l'Église de Corinthe. Aux versets 10 et 12 de ce même chapitre, il précise qu'il s'adresse aux malfaiteurs de l'Église, et non à ceux du monde. Sachez que Dieu est saint et qu'il n'acceptera pas le péché sans pardon, c'est pourquoi "aucun impudique, aucun impur, aucun cupide, aucun idolâtre n'a d'héritage dans le royaume de Christ" (Éphésiens 5:5) ; même la masturbation est une forme de fornication.

Lorsque Jésus reviendra chercher son épouse, il n'acceptera pas une épouse qui a une tache ou un défaut de caractère (Éphésiens 5:27). Il est donc impératif que nous éliminions ces inclinations qui nous assaillent si facilement.

Cette bataille entre notre nature pécheresse et l'armée des ténèbres est féroce. Satan et ses agents envahiront tout enfant de Dieu dès qu'ils en auront l'occasion. Je dois le répéter, tout acte de péché peut être leur porte d'entrée. Oui, les anges protègent l'enfant de Dieu en utilisant la parole de Dieu, et une vie de prière saine permet au Saint-Esprit et au feu de Dieu de fortifier les vrais enfants de Dieu. Néanmoins, comprenez que ces guerriers sataniques n'abandonnent à aucun moment. Ils n'ont jamais besoin de dormir, comme les humains. Le conflit auquel les enfants de Dieu sont confrontés sur terre est une bataille féroce - leurs âmes sont suspendues aux promesses et à la volonté parfaite de Dieu pour leur vie. C'est pourquoi nous devons rester proches du Christ chaque jour. Nous devons connaître parfaitement le Seigneur que nous servons. Évitez de vivre votre vie en supposant que vous connaissez le Christ par vos actes de service et de don. Souvenez- vous que nos actes de service ne doivent être que le reflet de notre dévotion et de notre adoration sans fin à son égard, car beaucoup diront ce jour-là : Seigneur, Seigneur, n'avons-nous pas prophétisé en ton nom ? Et en ton nom, n'avons-nous pas chassé des démons ? Et n'avons-nous pas fait en ton nom beaucoup d'œuvres merveilleuses ?

Alors je leur dirai : Je ne vous ai jamais connus ; retirez-vous de moi, vous qui commettez l'iniquité (Matthieu 7:21-23).

En outre, dans l'Église primitive, certains ont été volontairement livrés à Satan, afin qu'ils apprennent à ne pas blasphémer" (1 Timothée 1:19, 20). Et certains ont dû être réformés de l'influence démoniaque, "... afin qu'ils se dégagent des pièges du diable, eux qui sont captifs de lui à son gré" (2 Timothée 2:25, 26).

Examinez la vie de ces deux hommes qui ont marché main dans la main avec Jésus. Satan s'est emparé du corps de Judas pour accomplir ces actes sadiques de trahison (Luc 22:3). Et Simon qui a proclamé avec véhémence son admiration pour le Seigneur, mais Satan a demandé la permission de le mettre à l'épreuve (Luc 22:31- 32).

Cette marche sur terre est profonde. Nous aurons tous nos moments de siVing et d'épreuves. Satan a obtenu la permission, mais remarquez comment Jésus a réagi, en regardant vers l'extérieur.

Il n'a pas prié pour que Pierre ne le renie pas. Il n'a pas prié pour que Pierre ne le renie pas. Il a plutôt prié pour que, suite à ce moment de faiblesse, Pierre ne perde pas la foi en Dieu. Et lorsque Pierre a renié le Christ, l'angoisse et la honte qu'il a ressenties dans Matthieu 26:75 étaient vraiment profondes ; c'est pour ce moment que Jésus a prié pour sa force. Remarquez que Dieu, dans sa parfaite sagesse, a accordé la permission à Satan. Il est un Père aimant et désire notre maturité. Oui, Satan a reçu la permission, mais remarquez que Jésus a prié pour un résultat béni. Espérons que, comme Pierre, nous progresserons et que nous partagerons nos témoignages avec d'autres.

Nous devons faire attention à la manière dont nous parcourons ce voyage terrestre. Nous devons apprendre à aimer notre prochain comme nous-mêmes (Matthieu 22:39). De cette façon aussi, nous couvrons une multitude de péchés. Nous devons mener une vie sainte, car sans la sainteté, nul ne verra Dieu (Hébreux 12:14).

Pensez-y, Satan et ses agents sont des outils que Dieu permet de tester et d'éprouver l'humanité. Selon le livre des Jubilés 10:7-9 (un ancien ouvrage religieux juif de 50 chapitres), Dieu a permis à Satan d'exercer sa domination sur la Terre avec une armée de démons, y compris les esprits des Nephilim engendrés dans l'ancien monde. Leur mission est de corrompre, d'affliger et d'égarer l'humanité. On échappe à leur emprise en croyant et en suivant les commandements de Dieu. Nous devons vivre selon les directives énoncées dans l'Évangile. Il n'y a pas d'échappatoire possible ; toutes les autres tentatives sont le fait de voleurs et de brigands (Jean 10:1 ; Actes 7:51 ; 1 Pierre 2:23).

Le Christ a vaincu Satan à la croix. Néanmoins, le Royaume du Christ n'est pas encore pleinement établi sur cette terre. Le Père l'a fait asseoir à sa droite jusqu'à ce que ses ennemis deviennent son marchepied (Actes 2:35 ; Psaume 110:1 ; Luc 20:43). Cependant, grâce à Dieu, ce jour approche rapidement, c'est-à-dire lorsque les royaumes de ce monde atteindront un point culminant apocalyptique tel que décrit dans Ésaïe 13, comme "LE JOUR DE L'ÉTERNEL". C'est à ce moment-là que le Christ aura l'autorité de vaincre tous les ennemis et que son règne s'étendra sur mille ans.

Jésus est venu détruire les œuvres du diable (1 Jean 3:8) ; bien qu'il l'ait fait, le remède consiste aujourd'hui à chasser les démons au nom de Jésus. La lutte intérieure du croyant se révèle toujours être l'œuvre des démons (Romains 6 et 7), et si ce n'était pas le cas, la revendication consciencieuse des promesses de Dieu résoudrait la plupart des problèmes humains. Les croyants peuvent être libérés de Satan et de son pouvoir démoniaque, mais ce n'est pas automatique. Nous devons remplir les conditions de Dieu pour être délivrés (Colossiens 1:12, 13 ; Éphésiens 2:1-3).

Ces arguments ne tiennent pas compte du fait que les chrétiens nés de nouveau et les responsables s'accordent à dire qu'ils ont beaucoup de difficultés à évangéliser de nos jours. Eux aussi luttent quotidiennement avec leur chair et leur âme. Beaucoup souffrent de désespoir et de découragement, et tombent dans le péché. Certains tombent sur le bord de la route, et beaucoup abandonnent totalement et se suicident.

L'ennemi sait que son temps est compté et il est en train de mettre les bouchées doubles. Le chrétien doit donc s'attendre à une bataille féroce. Ceux qui recherchent diligemment la vérité devront réétudier les prophéties bibliques et, avec l'aide du Saint-Esprit, s'armer complètement contre la folie de l'ennemi. Et surtout, ils doivent se garder purs et saints, comme le Seigneur l'ordonne. Il ne faut pas laisser de place à l'ennemi, il ne faut pas qu'il y ait de péché pour qu'il puisse pointer son doigt d'accusation sur nous. C'est ce que Dieu nous ordonne en disant : "Soyez saints, car je suis saint" (1 Pierre 1:16).

SECTION IV

TROUVER SA VÉRITABLE IDENTITÉ GRÂCE À CHRIST

"Born THIS Way" (Né de cette façon)

Beaucoup parlent de l'agenda homosexuel, certains croient qu'il existe, beaucoup ne le croient pas. Je vous assure que c'est le cas, et je me pencherai éventuellement sur cette incroyable origine historique. Cependant, il existe très certainement un programme bien développé dans le domaine spirituel ou démoniaque, et il est imposé avec zèle à l'humanité tous les jours, que nous en soyons conscients ou non.

Il s'agit assurément d'une dérivation diabolique, comme le révèle le jugement de Dieu sur la progéniture démoniaque des "Veilleurs". Le Livre d'Hénoch raconte l'histoire de l'origine des mauvais esprits. Ces anges couchaient avec des femmes et produisaient une progéniture géante qui causait d'énormes ravages sur la terre avant de mourir. Dieu a enchaîné ces anges rebelles et les a envoyés dans un endroit de l'enfer appelé Tartare (2 Pierre 2:4).

Leurs descendants (ces esprits démoniaques que nous combattons aujourd'hui) n'avaient rien à voir avec le ciel, c'est pourquoi Dieu a prononcé leur jugement : "...Mais les esprits de la terre (les descendants des "Veilleurs" sont devenus des démons), qui sont nés sur la terre, ont leur demeure sur la terre. Les esprits des géants dévoreront, opprimeront, détruiront, attaqueront, combattront, détruiront la terre et la rendront infortunée. Ils ne prendront aucune nourriture, ils n'auront pas soif, et ils seront invisibles. Ces esprits s'élèveront contre les enfants des hommes et contre les femmes, parce qu'ils seront sortis d'eux. Par conséquent, chaque fois que ces géants mouraient et que leurs esprits quittaient leurs corps, ils étaient autorisés à travailler avec Satan, à voler, à détruire et à tuer l'humanité jusqu'au jour du jugement final de Dieu.

Rappelez-vous que les démons n'ont pas le droit de toucher un enfant de Dieu ni de le contraindre à une quelconque perversité, à moins que ce chrétien, par intention ou par ignorance, ne viole les lois de Dieu; et à moins que ce chrétien, en refusant de se soumettre à la loi de Dieu, ne se rende coupable d'un crime contre l'humanité ou d'un crime contre la paix.

Si l'enfant n'obéit pas, il s'engage sur une voie périlleuse. Notre Père céleste aime ses enfants, même s'il peut permettre à Satan de personnaliser une épreuve destinée à corriger le comportement négatif de son enfant. Je parle ici de généralités car, de fait, certains démons sont connus pour entrer dans le corps d'enfants à la naissance, en raison des péchés de leurs parents et ancêtres (contrats avec des idoles, alliances, cultes démoniaques, pratiques occultes, etc.)). Par ailleurs, les châtiments démoniaques peuvent être autorisés, comme dans la vie de l'apôtre Paul et de Job (2 Corinthiens 12:7).

La seule différence est que le scénario de Paul n'a pas été provoqué par la désobéissance et la rébellion. Néanmoins, tout au long de l'épisode, Dieu contrôlait entièrement la situation et fixait les limites, comme il l'a fait dans les épreuves de Job. Dieu a initié l'épreuve et fixé les limites (Job 1:8-11), car il aime ses enfants et a investi toute une vie pour les dessiner et les modeler à l'image de Jésus-Christ. Cependant, comme nous le rappelle l'Écriture, "le Seigneur châtie ceux qu'il aime, et il fait souffrir tous les fils qu'il reçoit" (Hébreux 12:6).

Néanmoins, si l'on n'est pas un enfant de Dieu, l'Écriture nous informe que Satan les tient déjà. Ils sont sous son emprise : "Le dieu de ce siècle a aveuglé l'esprit des incrédules, afin qu'ils ne voient pas la lumière de l'Évangile de la gloire du Christ, qui est l'image de Dieu" (2 Corinthiens 4:4). "Nous savons que nous sommes enfants de Dieu et que le monde entier est sous l'emprise du malin" (1 Jean 5:19).

Si vous n'êtes pas un chrétien né de nouveau, cette vie vous est défavorable. Vous êtes sous le contrôle de Satan, et il vous entraîne tous, tête baissée, dans la destruction et la damnation éternelle. Les démons s'approcheront certainement de vous et voudront habiter votre corps, car ils doivent habiter un hôte pendant qu'ils sont dans cette dimension, que ce soit un humain, un objet ou un animal (Marc 5:12).

Lorsque les démons savent qu'une personne a un penchant homosexuel, ils l'encouragent à se laisser aller et à s'empêtrer profondément dans ce mode de vie. Les démons auront alors le droit légal de prendre le contrôle total ; et seulement Dieu, par les prières de ses saints oints, pourra prier pour cette personne, au nom de Jésus, et la libérer. Une fois que les démons sont entrés, ils doivent être chassés. Dieu nous dit : "Ne laissez pas de place au diable" (Éphésiens 4:27). Croyez-moi, ils n'abandonneront pas sans se battre.

Voici une autre expérience démoniaque dont j'ai été témoin en 1971. Lors d'une permission, je me suis arrêté dans une base militaire où j'ai fait adapter mon ordonnance pour des lunettes. Après l'essayage, je suis sorti du magasin, mais avant d'atteindre le trottoir, le jeune technicien a sauté devant moi. Les démons qui occupaient son corps lui ont dit : "Vous êtes censé être l'un d'entre nous. Nous organisons une fête ce week-end. Beaucoup de gars de la base seront là. Nous voulons que vous y soyez aussi."

Ils m'ont répété l'adresse (en passant, il était clair pour moi que ce jeune homme était totalement possédé et qu'il n'avait aucune idée de ce qui se passait ; ses démons l'avaient rendu inconscient). J'ai écouté et je me suis éloigné. J'étais un chrétien né de nouveau, très actif dans l'église, mais ces démons avaient tissé des liens et connaissaient avant l'heure mes antécédents. (Je ne m'intéressais pas à la vie homosexuelle. Cependant, j'ai fini par être curieux et j'ai voulu connaître l'attraction). Bien que tenté dans ma jeunesse, le Seigneur a invariablement détourné toutes les occasions, même mes tentatives d'explorer la sexualité hétérosexuelle. Dieu brouillait toujours les pistes à chaque fois que j'en avais l'occasion.

Au début de mon adolescence, j'ai commencé à lire la parole de Dieu - Dieu merci. J'ai lu dans les Écritures que Dieu considère l'homosexualité comme une abomination et que les personnes impliquées dans une telle activité doivent être mises à mort (Lévitique 18:22, 20:13). Si j'avais cédé pendant mon adolescence et que j'étais allé à l'encontre des entraves de Dieu, je suis certain que ces démons auraient eu le droit légal de violer ma vie et de me pousser à m'enfoncer encore plus loin sans pouvoir s'échapper. Sans aucun doute, ils m'auraient piégé dans le mode de vie homosexuel bien plus tôt dans ma vie. Ce n'est qu'à l'âge adulte, à la suite d'une expérimentation curieuse d'un acte homosexuel, que des entités démoniaques ont obtenu la justification légale d'envahir mon corps. Néanmoins, grâce au Seigneur, il a entendu mon cri et m'a délivré. Et suite à cette horrible révélation, j'ai promis de ne plus jamais céder à ce péché. Je serai le premier Il faut l'admettre, c'est un combat de tous les jours. Satan n'abandonne jamais. Nous devons rester sobres et vigilants, "car notre adversaire, le diable, comme un lion rugissant, rôde, cherchant qui il peut dévorer" (1 Pierre 5:8).

L'humanité, en général, se bat constamment pour son âme. Chaque jour, nous sommes avertis de nous armer : "Revêtez-vous de l'armure complète de Dieu, afin de pouvoir résister aux ruses du diable" (Éphésiens 6:11). Satan et son armée ne dorment jamais. Chaque jour, ils bombardent nos vies de tentations destinées à nous piéger et à nous faire céder notre volonté, afin que ces esprits désincarnés puissent nous envahir et entamer un effort systémique pour prendre le contrôle total. Les démons entament une campagne visant à asservir totalement l'individu possédé. Ils utilisent ensuite ce corps pour commettre toutes sortes de péchés. Non seulement l'homosexualité, mais ils invitent d'autres démons dans la vie de l'individu (démons de la pédophilie, de l'inceste, de la nécrophilie, du génocide, du racisme, de la bigoterie, de l'esclavage humain, de la bestialité, du mensonge, du vol, du meurtre, de la colère, de la jalousie, etc.)). Avant la fin, ils obligeront l'hôte à commettre des atrocités qu'il s'était juré de ne jamais faire.

La communauté homosexuelle n'a peut-être pas d'agenda planifié. Cependant, les choses sont systématiquement orchestrées dans le domaine de l'esprit, qu'ils en soient conscients ou non. Ces esprits veulent et doivent habiter les corps humains d'individus rebelles qui refusent d'accepter la voie de Dieu : "Soyez saints, car je suis saint" (1 Pierre 1:16). Et ceux qui rejettent sa parole subiront finalement le jugement éternel de l'enfer. Dieu aime la race humaine - peu importe qui vous êtes, peu importe comment vous êtes entré dans ce mode de vie. Il vous libérera si vous renoncez à ce mode de vie comme à un péché, et si vous vous tournez vers le Christ. Il honorera sa parole et libérera les captifs. Et il est important d'être sincère : "Invoquez-moi au jour de la détresse : Je vous délivrerai, et vous me glorifierez" (Psaume 50:15 ; 91:15, 18:3, 86:5 116:2).

Prophétie auto-réalisatrice

Parents, faites attention à ce que vous souhaitez, vous pourriez l'obtenir. Nous vaquons à nos occupations quotidiennes sans savoir qu'ils nous regardent à chaque instant.

Il existe un royaume appelé royaume démoniaque. Autant les anges travaillent à accomplir le bien, autant les démons travaillent aussi. La plupart de nos problèmes proviennent de ce royaume des ténèbres. Lorsque vous pensez être seul, vous ne l'êtes pas. Il y a au moins six démons assignés à chaque être humain qui scrutent chacun de vos mouvements, recherchent vos faiblesses et élaborent la meilleure stratégie pour vous impliquer dans le péché. Ils cherchent une occasion d'entrer dans votre corps et de l'utiliser comme un véhicule où ils volent et détruisent ceux avec qui vous êtes en contact. Si vous refusez obstinément, ils essaieront de détruire tous les aspects de votre vie ; si cela échoue, ils essaieront de vous tuer. Satan et ses agents font tout pour empêcher les gens de franchir les portes du paradis. Satan et beaucoup de ses agents qui sont tombés y étaient autrefois. Ils sont conscients de sa beauté et de sa splendeur, et savent qu'ils n'y résideront plus jamais. C'est pourquoi, avec leur colère et leur esprit de vengeance, ils sont déterminés - s'ils doivent aller en enfer, ils amèneront avec eux autant d'êtres humains qu'ils le pourront.

L'histoire suivante m'a choquée et captivée, et j'ai demandé à notre Seigneur de m'éclairer, car ces situations se produisent quotidiennement dans le monde entier. Ce qui suit n'est qu'un exemple parmi des milliers d'autres, mais tous similaires dans leur origine : Cet incident particulier s'est produit en Australie lorsqu'un garçon de cinq ans a choisi de vivre comme une fille. Les noms ont été changés parce que la famille respecte sa vie privée et que l'anonymat est important. Pour simplifier, il s'agit d'un scénario quitouche de plus en plus de familles dans le monde aujourd'hui. Ce n'est certainement pas la seule façon dont l'esprit homosexuel entre, mais un portail supplémentaire, une autre façon opportune pour les esprits homosexuels d'entrer dans cette dimension. Il s'agit d'un petit garçon qui dit être coincé dans le corps d'une petite fille. Malgré cela, rien n'était direct quant à ce qui attendait Johnny Jacobs, âgé de cinq ans.

J'ai écouté ses parents expliquer leur décision bouleversante.

Le petit garçon refuse de porter des vêtements de garçon ; il joue avec des robes et tout ce que les filles aiment. L'enfant n'est heureux que lorsqu'il est une fille.

Au début, le petit garçon ne voulait que des jouets féminins traditionnels et refusait d'être emmené dans la salle de bain des garçons.

À l'âge de deux ans, c'était une bataille quotidienne pour l'habiller en garçon. Et il volait les jouets des filles pour les ramener à la maison à l'école maternelle.

Lors de la fête de son quatrième anniversaire, ses parents ont commencé à écouter plus attentivement lorsque Johnny a dit qu'il préférerait être mort s'il devait vivre en tant que garçon.

Les parents ont demandé conseil à un spécialiste de l'orientation sexuelle. Ce spécialiste a informé les parents que Johnny souffrait de dysphorie de genre. Les parents ont alors pris la décision de permettre à Johnny d'embrasser sa prédilection pour le sexe féminin.

La mère a déclaré : "Il est difficile de mettre une robe à votre petit garçon et de l'envoyer dans le monde, puis de se demander ce que les gens vont penser, mais en fin de compte, cette décision concerne son bonheur. Je préfère de loin donner à mon enfant des soins affectueux et de la considération plutôt que de le voir s'ôter la vie par désespoir. Je veux être là pour mon Johnny. C'est tellement mieux s'ils sont soutenus, et je veux que les gens sachent que c'est ma mission.

Le père a fait part de ses réflexions et a déclaré : "À la fin, nous avons perdu un garçon, mais nous avons gagné une fille. Nous avons acquis une fille. C'est difficile, mais nous allons nous en sortir. Quoi qu'il en soit, j'ai toujours voulu une petite fille. C'est donc la transformation d'un point négatif en un point positif."

Le spécialiste a ensuite ajouté : "Les gens naissent avec le sentiment de ne pas être dans le bon corps".

"Il y a une certaine confusion au sein de la communauté quant à ce qu'il faut entendre par là", a poursuivi le spécialiste des questions d'égalité entre les sexes,

"Si c'est ce dont l'enfant a besoin pour son bien-être psychologique, c'est plus important que ce que pensent les autres.

Ce que j'ai trouvé très encourageant, ce sont les quatre frères aînés de Johnny qui l'ont dit : "Nous pensons à son entrée à l'école l'année prochaine et aux conflits auxquels il sera confronté.

Néanmoins, il/elle a quatre grands frères, nous veillerons sur lui/elle !".

La mère a répondu : "Bien sûr, il y aura des gens qui ne seront pas d'accord avec ce que je fais. J'espère cependant qu'un jour il se réveillera à cause de toutes les épreuves qu'il devra traverser - les opérations chirurgicales et les hormones. De plus, les gens ne l'accepteront pas, et les terribles choses remplies de haine qui pourraient lui arriver. Regardons les choses en face : nous vivons dans une société violente. Qui préfère répondre avec des couteaux et des armes plutôt que d'accepter les différences ?

Les médicaments destinés à bloquer la puberté de Johnny commenceront à être administrés lorsqu'il aura environ onze ans. Ensuite, s'il décide que c'est la vie qu'il veut, elle recevra des œstrogènes et subira éventuellement une intervention chirurgicale.

Lorsque le journaliste chargé de l'interview a demandé à Johnny s'il allait sûrement devenir une fille, il a répondu : "Oui, parce que quand je porte des vêtements de garçon, je suis toujours une fille". Et Johnny ne manque jamais de corriger les parents qui commettent l'erreur de l'appeler "lui".

"Le journaliste lui fait remarquer qu'il s'agit d'une fille. "Alors je suis heureux !"

Mes chers lecteurs, comprenez que lorsqu'une personne dit qu'elle est née de cette façon, le démon dit : "Je suis né en enfer, et c'est ainsi que je me manifeste sur la terre".

Souvent, lorsqu'un couple décide d'avoir un enfant, il décide de sa préférence, "une fille" ou "un garçon".

Lorsque l'enfant naît et que l'un des parents dit : "Oh non, je ne voulais pas une fille, mais le sexe opposé", ils ouvrent une porte pour que l'esprit surgisse sous la forme du sexe opposé et pénètre dans l'enfant.

Lorsqu'un parent maudit son enfant dans le ventre de sa mère, lorsqu'il s'attend à ce qu'un garçon naisse et qu'une fille apparaît, et que le parent dit "J'aimerais que ce soit un garçon", cet esprit vient et entre dans l'enfant dans le ventre de sa mère. Lorsque le bébé naît, la fille devient un "garçon", elle se comporte comme un garçon. Les parents verront l'esprit d'un garçon agir dans cette fille. Un esprit entrera dans cet enfant.

Par conséquent, lorsque la femme ou la mère est enceinte, il est important qu'elle fasse attention à ce qu'elle dit au sujet de la grossesse, c'est-à-dire de l'enfant à naître.

Il s'agit d'esprits de l'enfer, connus sous le nom d'esprits opportunistes de l'enfer. Il recherche les femmes enceintes. Lorsque les parents ne sont pas satisfaits de ce qui se trouve dans le ventre de la mère, cet esprit perçoit une opportunité et entre dans la vie de l'enfant.

"Je suis né comme ça." Non, ils nesont pas nés ainsi, ils ont besoin d'être délivrés. Lorsque quelqu'un éprouve ces sentiments, il a besoin que cet esprit soit extirpé. Cependant, je suis certain que beaucoup vont débattre de ce concept, mais n'est-il pas intéressant de voir comment l'ennemi se déplace parmi nous, connaît tant de choses sur nous, alors que nous ne sommes pas conscients de ses stratégies ?

Si vous recherchez l'histoire de l'enfant auprès des parents, ceux-ci peuvent se rappeler qu'ils préféraient un enfant du sexe opposé. Lorsqu'ils ont appris qu'il s'agissait d'un garçon, ils ont probablement été contrariés ou déçus. Soyons attentifs à ce que nous disons. La Bible nous dit d'éprouver les esprits, d'éprouver les esprits pour savoir s'ils sont de Dieu, car beaucoup de faux prophètes sont sortis dans le monde (1 Jean 4:1). Je crois qu'il est grand temps de tester non seulement la validité des prophètes, mais aussi celle de tous les esprits qui pénètrent dans notre dimension avec des intentions destructrices.

Même s'il est vrai que nous avons hérité de la nature du péché de nos ancêtres (Adam et Ève) (Psaume 51:5), nous sommes "nés dans le péché et façonnés dans l'iniquité". Néanmoins, sachez que Jésus est la porte qui mène à la liberté. Même ainsi, lorsque vous reconnaissez que vous êtes pécheur et que vous avez besoin d'un Sauveur, vous êtes sur le véritable chemin de la guérison. Il y a de l'espoir lorsque nous admettons notre péché et que nous cherchons le Christ, la seule porte qui mène à la liberté.

la vraie liberté. Jésus est l'incomparable chemin, la vérité et la vie, l'unique porte du ciel : "Je suis le chemin, la vérité et la vie ; nul ne vient au Père que par moi" (Jean 14:6). La vérité est si importante pour notre Sauveur ; elle fait partie intégrante de son caractère : "Je suis le chemin, la vérité et la vie" (Jean 14:6).

Il suffit d'admettre que vous avez péché, de demander à Jésus d'entrer dans votre vie et de faire de vous un candidat pour le paradis. Je l'admets, une fois que j'ai réalisé que des démons avaient envahi ma vie et luttaient désespérément pour obtenir un contrôle total, je me suis mis en colère et je n'ai plus jamais fait le vœu de leur accorder une porte ouverte d'opportunité.

Il se peut que vous n'obteniez pas une liberté totale du jour au lendemain ; cela peut prendre toute une vie, mais ce qui compte, c'est la volonté de votre cœur d'éviter, avec l'aide du Christ, ce comportement, même si cela signifie venir à Jésus en larmes et le supplier à genoux pour qu'il vous vienne en aide. C'est tout simplement crucial. Si vous êtes comme moi, je ne veux pas manquer le paradis. Je suis déterminé à vivre ma vie et à ne pas la voir détournée par des entités démoniaques !

Méfiez-vous du dernier mensonge de Satan - VOUS ÊTES NÉ DE CETTE MANIÈRE. Nombreux sont ceux qui sautent dans le train parce que cela les réconforte et ajoute de la crédibilité à la question qu'ils se posent : Pourquoi suis-je ainsi ? Il est facile de comprendre ce mensonge, car on a été ostracisé - on s'est senti différent, indésirable, mal aimé et même détesté par les personnes les plus chères à notre cœur, qu'il s'agisse de notre famille ou de notre communauté. Vous vous êtes toujours senti exclu, comme si la vie vous avait laissé de côté. Satan le sait. Soyez très prudent, car il a conçu cette tromperie, placée dans un nouvel emballage, et annoncée par Christina Aguilera, la récente tête d'affiche des jeunes homosexuels sans méfiance qui cherchent désespérément à appartenir et à s'intégrer. Aguilera crie cette fabrication du haut de la montagne, comme une toile d'araignée conçue pour piéger le plus grand nombre d'âmes dupées en croyant ce vieux sophisme - vous ne pouvez pas vous en empêcher - vous êtes "né comme ça".

Il faut comprendre que ces homosexuels sont plus loquaces pour faire proliférer leur cause ; c'est sans doute leur façon de masquer le fait qu'ils n'ont pas d'autre choix que d'aller à l'école.

S'ils se sentent coupables, ils essaient désespérément de se cacher. Intérieurement, beaucoup savent que le mode de vie homosexuel est mauvais. Leur conscience ne leur permet pas de vivre en paix, et c'est tant mieux. Car tant qu'ils sont en vie, il y a de l'espoir. Cependant, rappelons-nous toujours que Dieu ne faiblit pas et ne vacille pas en ce qui concerne Sa parole ; Il a qualifié le mode de vie homosexuel d'abomination il y a des milliers d'années, et cette classification est toujours valable en cette ère moderne et sophistiquée. Il a été clair en ce qui concerne ce mode de vie, et le jugement attend ceux qui ont l'intention de faire ce qu'ils veulent. Beaucoup fermeront l'oreille et refuseront d'entendre ce dont leur cœur les convainc, mais "aujourd'hui, si vous entendez sa voix, n'endurcissez pas vos cœurs" (Hébreu 32:7-8). Rappelez-vous, la vérité - peu importe où elle tombe ou comment elle est exceptionnellement confinée - est sûre qu'elle se relèvera toujours. Espérons qu'elle ne se lèvera pas pour nous gifler en disant : "Je vous l'avais bien dit !".

Il faut se rendre à l'évidence : les paroles de "Born This Way" viennent du fond de l'enfer. Il s'agit simplement d'un vieux mensonge de Satan, reconditionné avec un rythme attrayant et un joueur de flûte sympathique, Lady GAGA, pour défendre la cause.

Le but du diable est d'attirer ce nouveau groupe d'imbéciles crédules qui insistent pour avaler son mensonge, puis trouvent l'assurance de s'identifier et de sortir du placard, et d'accueillir à bras ouverts le mode de vie interdit.

Si quelqu'un peut s'identifier à la douleur du rejet et de l'ostracisme, moi, comme tant d'autres chrétiens différents, nous en avons fait l'expérience toute notre vie, mais nous devons comprendre à qui nous avons affaire. Satan est cet ange rebelle qui existe depuis plus longtemps que nous ne pouvons l'imaginer. Il sait jouer habilement sur la corde sensible et les émotions des hommes. Il utilisera n'importe quelle tactique, dira n'importe quoi, utilisera n'importe quelle célébrité pour promouvoir ses mensonges - et nous amener à nous rebeller,

comme il l'a fait - en désobéissant aux lois de Dieu, et alors il nous tient. Dieu a les mains liées lorsque nous désobéissons à sa parole et que nous commettons un péché. Satan se présentera devant Dieu, nous accusera et demandera la permission de nous punir ou de nous "vendre comme du blé" (Luc 22:31).

Le Saint-Esprit nous a informés dans le passé que "Satan se bat pour conquérir toutes les âmes". C'est pourquoi Dieu exige que ses Les enfants restent saints, de sorte que Satan n'aura aucun terrain sur lequel s'appuyer - aucun droit légal de s'opposer à nous.

Il n'y a pas si longtemps, il s'est servi de Madonna pour défendre sa cause et jouer habilement sur la corde sensible de la communauté gay. Elle et d'autres ont annoncé l'engouement pour "VOGUE" ("peu importe qui vous êtes, vous êtes une superstar", etc.). Combien d'âmes brûlent aujourd'hui en enfer parce qu'elles ont cru à ce battage médiatique ? Aujourd'hui, Lady GAGA, avec son nouvel emballage, promeut la cause et induit en erreur une myriade d'êtres humains crédules et mal guidés.

Imaginez que Satan se tient à l'écart et rit parce que son plan fonctionne - "les humains sont si facilement vaincus". Il connaît la parole de Dieu à l'envers et à l'endroit. Il a l'esprit d'un avocat lorsqu'il se tient en présence de Dieu en citant les Écritures. Rappelez-vous comment il a persuadé Dieu d'autoriser le siVing de Job : "...Étends ta main et frappe tout ce qu'il possède, et il te maudira en face." (Job 1:9-11). Job a vécu l'expérience de toute une vie avec son Dieu fidèle.

Il était déterminé à faire confiance à un créateur aimant qui s'était toujours montré aussi fidèle qu'une puissante montagne - inébranlable, inamovible et infaillible ! C'est un Dieu qui ne faillit jamais. Satan est tout le contraire.

Le Seigneur l'a puissamment utilisée pour révéler ce qui attend les désobéissants qui finissent en enfer après avoir succombé aux mensonges de Satan.

Elle raconte que lors d'une de ses visites en enfer, elle a vu un groupe d'âmes enfermées dans des cellules individuelles. Marie savait qu'elles avaient été des sorcières sur terre et qu'elles avaient fidèlement servi Satan qui leur avait menti en leur promettant des royaumes dans l'au-delà. Il apparut et commença à les torturer avec le feu qui sortait de son corps ; elles continuèrent à rappeler à Satan à quel point elles avaient exécuté ses ordres avec loyauté. Mary Baxter dit

que, pour ajouter à leur misère déjà enflammée, Satan et de nombreux démons riaient de leur pitoyable situation. Plus loin, il leur dit que l'enfer était leur royaume, tout le royaume Il leur a également dit que son royaume couvrait toute la terre et le monde d'en bas. J'ai trouvé cela intéressant ; les Écritures confirment que Dieu a fait sortir le feu du corps de Satan à un moment donné (Ézéchiel 28-18).

Satan et tous ses collaborateurs n'ont pas d'amour les uns pour les autres, et certainement pas pour la race humaine ! Alors que le nom du Christ est synonyme d'amour, Satan est certainement l'antithèse de l'amour et de la loyauté.

Il hait l'humanité parce qu'elle porte l'image de Dieu, son ennemi juré. Il ne se soucie pas des êtres humains. Ils ne sont que de la chair, de la terre à détruire sous ses pieds. Le seul trophée qu'il chérit est l'âme humaine. Il veut que la race humaine le serve et lui obéisse. Il est cruel et en colère contre Dieu, et il se vengera sur ceux qui sont les plus proches du cœur de Dieu, l'humanité. Si vous ne servez pas Dieu tout-puissant, vous soutenez d'une certaine manière le moral de Satan, que vous en soyez conscient ou non. Lorsque vous sortez en boîte, dansez, buvez, consommez des drogues et participez à des activités sexuelles illicites, vous l'adorez, car vous prenez part à ce qui lui appartient, et non à Dieu Tout-Puissant. Satan est le dieu de ce monde. Et comme il l'a dit à notre Seigneur, "...Je te donnerai toute cette puissance, et la gloire de ces puissances ; car elle m'a été remise, et je la donne à qui je veux" (Luc 4:6). Oui, c'est bien lui - si l'on appelle cela voler la propriété d'Adam. Vous voyez, cette terre, ce système mondial, est son royaume, et si vous vous y complaisez, alors vous l'adorez et lui rendez hommage. Vous appartenez à celui que vous servez (Jean 8:44).

Satan utilise une nouvelle tactique dans les médias pour faire du prosélytisme sur la question du mariage homosexuel. Il cherche à détruire l'un des fondements les plus solides de la race humaine - la famille telle que Dieu l'a voulue. Pour cette raison, il pollue le vrai modèle, une femme et un homme, pour la vie. Il sait que s'il réussit, les familles s'affaibliront et il rapprochera la race humaine de l'anéantissement.

Je suis sûr que la plupart d'entre vous ont entendu parler de Kirk Cameron. C'est un chrétien né de nouveau bien connu, qui a joué dans la série télévisée "Growing Pains" en 1982-85. Le plan de Satan consistait à interviewer Cameron. Il a utilisé l'arène publique pour faire passer le point de vue du chrétien pour démodé et dépassé par rapport à la nouvelle position progressiste, qui avait été approuvée par plusieurs États à l'époque. Ainsi, toute personne n'acceptant pas le mariage gay est du même acabit, dépassée et obsolète. Malheureusement, le journaliste l'a publiquement dénigré, comme si son point de vue était celui d'une personne dépassée, aux idées archaïques.

Piers Morgan, l'animateur et le narrateur de cette interview sur CNN, est apparu comme une brute désireuse de faire de Cameron l'agneau sacrifié, afin de renforcer et de vendre son point de vue progressiste. La question portait sur le point de vue de Cameron concernant le mariage homosexuel.

Cameron : "Je crois que le mariage a été bien défini il y a longtemps. Il a été défini dans le jardin, entre Adam et Eve : un homme, une femme, pour la vie. Vous restez ensemble jusqu'à ce que la mort ou l'infidélité vous sépare. Je n'essaierai jamais de redéfinir le mariage, et je pense que personne d'autre ne devrait le faire non plus. Suis-je favorable à l'idée d'un mariage homosexuel ? Non, je ne le soutiens pas".

Morgan : "Pensez-vous que l'homosexualité est un péché ?"

Cameron : "Je pense que c'est contre-nature, préjudiciable et finalement destructeur pour les fondements de la civilisation".

Morgan : " Que faites-vous si l'un de vos six enfants vous dit : " Papa, mauvaise nouvelle, je suis gay " ?

Cameron : "Je m'assiérais avec lui et j'aurais une discussion à bâtons rompus avec lui, tout comme je sais que vous le feriez avec vos enfants".

Morgan : " Si l'un de mes enfants me disait cela, je lui dirais : c'est bien mon fils, tant que tu es heureux. Que diriez-vous ?"

Cameron : "Je ne dirais pas que c'est génial, mon fils, il y a toutes sortes de problèmes que nous devons résoudre dans nos vies et ce n'est pas parce que vous ressentez quelque chose que nous devons agir en fonction de tout ce que nous ressentons".

Morgan : " Et pourtant, certaines personnes diraient que dire aux enfants qu'être gay est un péché ou que se marier est un péché, c'est en soi incroyablement destructeur et dommageable. Et il y a maintenant sept États qui l'ont légalisé." Cameron : "Mais vous devez comprendre que vous utilisez une norme de moralité pour dire que dire aux gens que tel ou tel comportement est un péché. Vous utilisez une norme de moralité et vous dites que c'est terriblement destructeur, donc tout le monde va avoir une norme par rapport à ce qu'il pense..."

Morgan : "Non, non ! Je ne suis pas américain. Je fais remarquer que sept États américains ont légalisé les mariages homosexuels."

Cameron : "Eh bien, Piers, vous parlez à un chrétien, et je crois que nous sommes tous pécheurs. Je suis le premier à dire que j'ai besoin d'un sauveur. Plus que quiconque, j'ai besoin d'une refonte de mon cœur. C'est ce que j'enseigne à mes enfants. Je leur enseigne les valeurs qui me sont chères. Je chéris le Dieu qui m'aime et qui me pardonne mes péchés. C'est ce que j'enseigne à mes enfants et j'ai une relation merveilleuse avec eux, comme je l'ai avec ma femme, et j'y travaille tous les jours. Ainsi, votre système de valeurs, mon système de valeurs, nous allons tous choisir une norme par rapport à laquelle nous jugeons notre comportement sur le plan moral. Toutes nos vies, en fin de compte, si elles sont essentielles, seront basées sur une évaluation morale".

La réaction de la Gay and Lesbian Alliance Against Defamation a été rapide et attendue :

"Kirk Cameron semble encore plus dépassé que son personnage de télévision des années 1980", a déclaré Herndon Graddick, directeur principal des programmes de la GLAAD (The Gay and Lesbian Alliance Against Defamation). Il a écrit : "Kirk Cameron est en décalage avec une majorité croissante d'Américains, en particulier les croyants qui pensent que leurs frères et sœurs gays et lesbiennes devraient être aimés et acceptés sur la base de leur caractère et non condamnés en raison de leur orientation sexuelle".

Graddick, directeur principal des programmes de GLADD, a écrit au sujet du mariage gay : "Avec un nombre croissant d'États reconnaissant l'égalité devant le mariage, les Américains constatent que le mariage concerne des couples engagés qui veulent faire la promesse à vie de prendre soin l'un de l'autre et d'être responsables l'un de l'autre, et qu'ils ont besoin d'une sécurité et d'une protection juridique égales. Il ne s'agit pas de "redéfinir" quoi que ce soit.

L'animateur, Piers Morgan, a fait remarquer qu'il était "courageux" d'exprimer ses convictions. Il a estimé que Cameron "était honnête dans ce qu'il croyait, même si la plupart des gens trouvent ses opinions "désuètes"".

Ce dont nous sommes témoins, c'est que la communauté gay avance à toute allure, ouvrant la voie pour que les Américains les plus sympathiques se rangent du côté de la question du mariage gay. Satan joue habilement sur la corde sensible de l'opinion publique en faveur du mariage gay. Avec ces interviews réalisées aux heures de grande écoute, ils forcent l'Amérique et le monde à accepter le mariage gay ou à être considérés comme des méchants à l'ancienne. Ils forcent le public à penser comme il le souhaite - d'une certaine manière, nous sommes programmés pour ne pas prendre une position négative sur cette pilule amère, que Satan est habilement en train de nous faire avaler. Nous ferions mieux d'être d'accord avec Dieu et de voir les choses telles qu'il les prononce : "Le salaire du péché, c'est la mort, mais le don de Dieu, c'est la vie éternelle. Regardons les choses en face. C'est soit le paradis, soit l'enfer. C'est nous qui choisissons où nous allons avec la vie que nous menons aujourd'hui. Beaucoup insistent sur le fait que Jésus n'a jamais mentionné le mot homosexualité dans les Écritures du Nouveau Testament. C'est vrai, mais il a également dit : "Soyez saints, car je suis saint" (1 Pierre 1:16). Jésus n'a jamais commis d'acte pécheur, pas même une seule pensée pécheresse.

Par conséquent, si nous voulons suivre son exemple, nous devons chaque jour nous efforcer de ne pas commettre d'actes pécheurs. Nous devons tout particulièrement nous efforcer de ne pas commettre les péchés que Dieu le Père a qualifiés d'abominables (Lévitique 20:13, 18:21-22), Genèse 19:5, 19:13, Juges 19:22, Deutéronome 23:17-18, 1 Rois 14:23-.

24, 15:12-13, 2 Rois 23:6-8, 1 Corinthiens 6:9-10, Romains 1:26-27, Romains 8:1-3, 1 Timothée 1:810, Jean 1:16-17).

Et concernant la Bible et la loi de l'Ancien Testament

La loi de Moïse régissait presque tous les aspects de la vie à l'époque de l'Ancien Testament. Mais avec la venue du Christ, Dieu a établi une nouvelle alliance de foi et d'amour avec l'humanité. Les chrétiens ne sont pas tenus de suivre les règles de l'Ancien Testament concernant les crimes et les châtiments, la guerre, l'esclavage, la circoncision, les sacrifices, la pureté rituelle, etc. Cependant, les enseignements moraux et éthiques de Jésus et de ses apôtres appellent à une autodiscipline encore plus grande que celle de l'Ancien Testament.

Nous devons nous rappeler que l'homosexuel ne doit pas s'efforcer de devenir hétérosexuel, mais qu'il doit plutôt s'efforcer d'atteindre la sainteté. Nous devrions tous nous efforcer de ressembler à Jésus : "Soyez saints, car je suis saint" (1 Pierre 1:16). N'oubliez pas que ce ne sera pas facile, vous aurez besoin du Christ pour vous aider chaque jour, surtout avec toutes les tentations qui vous bombardent à chaque heure. Le problème, c'est que vous ne pouvez pas vous changer vous-même, votre nature est pécheresse, mais il y a un Dieu qui peut vous garder, son nom est Jésus. Il est capable "de vous empêcher de tomber. Il vous présentera irréprochables devant la face de sa gloire, avec une joie extrême" (Jude 1:24, 25 ; Hébreux 13:20, 21 ; I Thessaloniciens 5:23 ; II Thessaloniciens 2:16:17 ; Ephésiens 6:24 ; II Corinthiens 9:8, 13:11, 13:14). Pour tous ceux qui cherchent des réponses, Jésus a dit : "Cherchez-le et vous le trouverez", "Demandez et vous l'aurez". Je vous mets au défi de l'essayer et de ne pas vous contenter de l'opinion négative de tout le monde. Essayez-le aujourd'hui ; je vous GARANTIE qu'il se présentera et qu'il se montrera fort en votre faveur (Jérémie 33:3). Si vous aviez été le seul individu vivant sur cette terre, Jésus aurait souffert la même mort atroce pour vous seul. C'est dire à quel point il vous aime - et il ne peut pas mentir et ne mentira pas !

Dupé pendant des années, j'ai accepté le mensonge de Satan en croyant que j'avais été créé gay et qu'il n'y avait pas d'issue. J'ai commencé à faire des expériences et je suis entré dans toutes sortes de la douleur, de l'échec et de l'esclavage satanique. Dieu dit au chrétien de ne pas pratiquer ces péchés, car cela donne à Satan le droit de détruire sa vie en toute impunité. Dieu doit se tenir à l'écart. Il ne peut pas aller à l'encontre des lois qu'il a établies. La désobéissance aux lois a des conséquences.

Nombreux sont ceux qui se demandent s'ils doivent s'adonner à ce mode de vie. Je dirais : n'essayez pas, c'est une pente glissante qui mène à la servitude. Dès que vous faites le premier pas, il vous faut deux fois plus d'efforts pour vous en détacher. Ce n'est pas ce que Dieu veut pour votre vie. Il a prévu quelque chose de plus grand pour vous, mais vous devez regarder plus loin que la convoitise de votre chair. La chair est votre ennemie. Il y a beaucoup plus dans la vie. Si vous y réfléchissez bien, le sexe est minuscule par rapport à ce que la vie représente vraiment (le désir de Dieu d'avoir plus de fils comme Jésus). Vous devez commencer à lire votre Bible. Modeler votre vie sur Jésus, l'exemple parfait. Entrez en contact avec Dieu, adorez-le et cherchez-le. Je suis certain que beaucoup ne seront pas d'accord et débattront même de la question de savoir si l'homosexualité est le produit d'une motivation extrinsèque ou intrinsèque (pulsion extérieure par opposition à une pulsion intérieure). D'après mon expérience, je pointe du doigt la variable démoniaque. Tout comme Dieu charge des anges de garder ses enfants pendant leur marche sur terre, Satan charge lui aussi de nombreux démons de suivre, d'encourager, de tenter, de favoriser et de pousser l'humanité dans des activités qui conduisent les âmes à la corruption et font d'elles des candidates à l'enfer.

Jésus n'a jamais pointé le doigt pour accuser. Lorsqu'il a été témoin d'un péché grave, il a pardonné, mais a insisté sur le fait que "Va et ne pèche plus, sinon il t'arrivera quelque chose de pire" (Jean 5:14). Suivez son exemple et témoignez de Dieu auprès des autres. Son pouvoir est plus grand que tout ce que Satan peut imaginer. Cette vérité vous soutiendra, et la puissance du Saint-Esprit est toujours présente pour réconforter et guider ceux qui se soumettent

totalement et veulent vivre à la manière de Dieu. Il est important que nous nous aimions nous-mêmes et que nous apprenions à aimer les autres. Nous ne devons pas prendre Satan à la légère. Sachez qui il est ; étudiez ses plans de destruction de la création de Dieu, en particulier de l'humanité. Il sait tout de vous, de vos faiblesses.

Assurez-vous de connaître le point de vue de Dieu sur le mode de vie des homosexuels, qu'il vous empêche ou non d'entrer au paradis. Il est l'auteur de la vie. Considérez la terre comme une arène d'essai, votre façon de vivre sur cette planète détermine où vous passerez l'éternité. Et lorsque nous partageons notre foi avec d'autres, nous ne devons pas manquer de suivre le plus grand commandement de notre Seigneur : "Aimez-vous les uns les autres, comme je vous ai aimés". Rappelez-vous que personne n'aurait échappé à la damnation éternelle sans Jésus, car l'Écriture le dit clairement : tous sont restés en deçà de la gloire de Dieu. Jésus était le seul sacrifice que le Père pouvait accepter. Si Jésus n'avait pas été là, si Jésus n'avait pas été là, nous serions tous en enfer. Dieu est à l'œuvre en nous ! Le bon travail qu'il a commencé, il le mènera à son terme, et nous nous unirons un jour au ciel avec nos proches et nos témoins fidèles ! Continuons à être vrais-Dieu honore les gens qui sont vrais, Il peut aider les humbles, mais les orgueilleux Il leur résiste. Restez dans la prière constante (1 Thessaloniciens 5:17). Et n'oubliez pas de résister au diable lorsqu'il vient avec ses tentations, ses mensonges et ses fausses promesses (Jacques 4:7).

La voie large ou la voie étroite

Ceux du monde sont pris dans le flux et le reflux de ce qu'on appelle la culture "hippie" (une culture qui propage les querelles, qui cherche à satisfaire les plaisirs de la chair plutôt qu'à suivre Dieu). Ceux qui ont une mentalité de "mangeur de chien", qui ne se soucient pas du bien-être des autres, sont assurés de la ruine et de la destruction.

C'est l'un des plus grands mensonges que Satan utilise dans son arsenal. C'est un mensonge né de l'esprit d'hypocrisie (la fausse prétention d'avoir des principes, des croyances ou des sentiments admirables). L'hypocrite vit dans le mensonge, et nous savons que la Bible dit : "Les lâches et tous les menteurs auront leur part dans l'étang ardent de feu et de soufre, qui est la seconde mort" (Apocalypse 21:8).

Cet esprit a aveuglé de nombreux chrétiens, au point qu'ils refusent de reconnaître ce péché pour ce qu'il est vraiment. Ces chrétiens aiment le monde, la chair et Satan. Ils préfèrent rester dans le péché. Pourtant, ce qu'ils Le péché aime la compagnie et peut inviter une foule d'autres esprits, la luxure, la perversion, la dépression, le suicide, le meurtre, le viol, etc. Et il n'y a pas de limite à la quantité de mal que l'on peut héberger - tout cela à cause d'un seul péché - le seul péché que l'on croit si inoffensif. N'oubliez pas qu'un peu de levain peut faire lever tout le pain, et que de petits renards peuvent détruire la vigne. Nous devons capturer ces péchés, les chasser de notre cœur, de notre esprit, avant qu'ils ne prennent racine et finissent par causer la destruction. Tout ce que Satan veut, c'est mettre le pied dans la porte. Ensuite, il prend peu à peu le dessus.

Jésus a dit : "Le maître de ce monde n'a aucun pouvoir sur moi. Mais comme il vient, je ne m'entretiendrai plus longtemps avec vous" (Jean 14:30). Nous ne comprenons pas que Satan est un fin stratège. Il connaît parfaitement la parole de Dieu car il a exercé autrefois la fonction de prophète (celui qui donne la parole de Dieu au peuple). C'était l'une de ses tâches dans le passé (je reviendrai sur ce point dans un autre chapitre). Il connaît donc bien les lois de Dieu, et parce que vous avez laissé le péché entrer dans votre vie, il peut être comparé à un avocat véreux, connaissant toutes les lois, mais choisissant de tourner cette connaissance contre Dieu et ceux qu'il aime tendrement.

Il y a des hommes et des femmes qui travaillent dans l'église, qui prêchent, qui chantent dans la chorale, qui exercent un ministère auprès des gens ou qui sont huissiers dans la maison de Dieu, mais ils vivent dans le mensonge. Ils se faufilent à l'intérieur ou à l'extérieur de l'église, ils prétendent vivre dans la sainteté, mais ils ont des relations homosexuelles ; ils trompent leur femme et le Christ. Ils gardent ces liaisons secrètes et le plus triste, c'est qu'ils croient s'en tirer à bon compte. Rien n'échappe au regard de Dieu ; ils se mentent à eux-mêmes. Il voit toutes les transgressions secrètes et les anges enregistrent toutes les paroles prononcées (Hébreux 4:13-16). Les livres de Daniel et de l'Apocalypse parlent de l'ouverture de ces livres lors du jugement de l'humanité déchue (Daniel 7:10 ; Apocalypse 20:12).

Satan a leur esprit. Il les a dans ses poches. Bien sûr, ils peuvent être prospères, mais rappelez-vous : "Que sert-il à un homme de gagner le monde entier, mais de perdre son âme ?" Il y a une place spéciale dans le cœur de l'enfer pour hypocrites. Satan n'a plus besoin de se battre pour leurs âmes ; elles sont déjà siennes. À moins qu'ils ne se repentent, ils sont condamnés à l'enfer. Même les ministres tombent dans ce péché de perversion. Ils gardent leur fornication pour eux. Et Dieu a commencé à tirer les couvertures et à exposer la plupart de ces activités dans l'église. Si vous souffrez de ce péché, repentez-vous avant d'être exposé. Rappelez-vous que le jugement de Dieu commence d'abord dans l'église. Et beaucoup sont exposés ces jours- ci. Cependant, remercions Dieu pour cette exposition de ce côté-ci de la gloire, car si l'on quitte cette vie sans avoir été honnête et sans s'être repenti, on subira des horreurs inimaginables en enfer.

Ils doivent se repentir et se mettre d'accord avec Dieu sur l'erreur de ce péché. Satan espère qu'ils continueront à se mentir à eux-mêmes et à Dieu - de cette façon, il les aura pour toujours. Dieu est miséricordieux, il donne un temps pour se repentir, mais ils doivent dire la vérité, se repentir et abandonner le péché avant qu'il ne soit trop tard. Demain n'est pas garanti, rappelez-vous que c'est aujourd'hui qu'il faut venir à Christ (2 Corinthiens 6:2).

Dieu tient de bons registres. Rien ne lui échappe. Beaucoup se sont vendus pour la richesse, la gloire et l'amour de leurs péchés secrets. Le

Seigneur se moque d'eux parce qu'ils pensent le tromper. Ils disent : "Oh, Dieu connaît mes besoins. Je ne suis pas en train de tuer et de voler des gens". Pourtant, Dieu connaît votre fin, et il ne vous laissera pas vous en sortir parce que vous avez une libido débordante. Vous devez exposer le péché pour ce qu'il est, le voir tel qu'il est classifié dans la Parole, et mesurer votre vie en fonction de cela, et non en fonction de vos suppositions. Soyez agressif en exposant votre péché car "le salaire du péché, c'est la mort, mais le don de Dieu, c'est la vie éternelle".

Dieu ne reviendra pas sur cette parole. Il a établi cette vérité dans les cieux. "L'herbe se dessèche et la fleur se fane, mais la parole de notre Dieu subsiste à jamais" (Isaïe 40:8) ; "Le ciel et la terre passeront, mais mes paroles ne passeront pas" (Matthieu 24:35) ; "A jamais, Seigneur, ta parole est fixée dans les cieux" (Psaume 119:89).

Les horreurs de l'enfer sont si dévastatrices que même les condamnés s'efforcent d'avertir les vivants d'éviter ce lieu de tourment (Luc 16:19-31). Cependant, l'Écriture indique que même si l'on revient avertir les vivants, cela tombera dans l'oreille d'un sourd, à moins que l'auditeur ne soit motivé de manière innée (ce besoin intérieur souvent suscité par la douleur et la souffrance).

Ne nous voilons pas la face. Cette génération est blasée, elle a tout vu et tout entendu, par rapport à la plupart des pays, et elle est riche, elle n'a besoin de rien. Grâce à la merveilleuse technologie du vingt-et-unième siècle, les gens sont paradoxalement plus faibles en ce qui concerne le discernement spirituel, bien qu'ils soient plus sages en ce qui concerne l'accumulation de connaissances livresques. Beaucoup de cœurs et d'esprits sont endurcis (ils ont la conscience brûlée comme par un fer chaud). Cette obscurité et cette confusion pourraient-elles contribuer à leur incapacité à honorer Dieu pour ce qu'il est et pour ses soins providentiels ? (Romains 1:21-32). Je crois que le Christ appelle cette génération à s'enflammer d'amour et d'adoration pour lui. Il appelle des soldats à le chercher et à s'enrôler dans son armée pour chercher et témoigner auprès des perdus (Apocalypse 3:14-21).

De nombreuses vies sont perplexes, dysfonctionnelles, assoiffées de vérité, à la recherche de l'illumination. Ils peuvent emprunter de nombreux chemins tout au long de leur vie (bouddhisme, shintoïsme, Krishna, sorcellerie, satanisme et autres cultes mystiques) ; ici, cette recherche est vaine, car ces mortels ou ces anges ne sont que des êtres créés dont les pouvoirs sont inexistants ou, au mieux, limités. Le christianisme est le seul chemin qui mène à un Sauveur vivant. Ses enseignements étanchent la soif du voyageur fatigué, et le chercheur sincère s'en va en se réjouissant du plus grand des trésors, "la Perle de grand prix" (Matthieu 13:26).

Si les efforts de ce livre ne touchent qu'une seule âme insatisfaite des chemins qui mènent à des promesses vides, si cet appel de clairon ne trouve qu'une seule oreille réceptive, s'il réussit à faire connaître le nom de Jésus et à avertir de son apparition prochaine, alors il n'aura pas été vain.

L'apôtre Paul nous exhorte à partager la parole de Dieu de toute urgence, à tout moment, car chaque génération devient plus difficile à atteindre, car elle n'écoutera pas la vérité trouvée dans la parole de Dieu. Ils chercheront plutôt des enseignants qui leur disent ce qu'ils veulent entendre, ils suivront aveuglément leurs propres normes erronées (2 Tim., 4:1-5).

Nous devons atteindre nos jeunes ; ils deviennent la proie de devins et de doctrines diaboliques, se laissant influencer par l'appel d'Internet, pour faire appel à des astrologues et à des lecteurs psychiques avec des solutions instantanées aux maux sociaux de la vie. Ils ne se rendent pas compte que cette voie les mène tout droit sur le large chemin de Satan, fait de tromperies et de mensonges. Beaucoup disent qu'ils ont essayé Dieu mais qu'ils n'ont pas eu de réponse. Se pourrait-il que Dieu parle, mais qu'ils choisissent de ne pas écouter ?

L'ignorance n'est pas une excuse

Beaucoup d'entre nous ouvrent leur vie à Satan parce qu'ils ne sont pas conscients du mal que les symboles et les idoles font à la vie. Ainsi, beaucoup d'entre nous achètent de petits bibelots que nous voyons dans les magasins sans rien savoir de leur origine ou de ce qu'ils représentent. Satan se moque de ce que vous ignorez. En fait, il espère que l'on reste mal informé, afin de pouvoir continuer à faire des ravages dans la vie des gens.

Je me souviens avoir parlé avec une jeune réceptionniste lors de mes visites hebdomadaires au cabinet de mon chiropracteur. Elle avait récemment rendu visite à son frère et à sa famille qui s'étaient installés en Chine. Il semble qu'il ait eu un emploi formidable dans une banque. Ce jour-là, elle portait un étrange pendentif doré autour du cou. Pendant qu'elle m'administrait mes traitements musculaires, je lui ai posé des questions sur son pendentif - ce qu'il représentait ? (Elle était également chargée d'administrer les simulations musculaires des patients). Elle m'a répondu qu'il s'agissait d'une urne bouddhiste représentant les cendres de quelqu'un. Je lui ai demandé si c'était sa religion et elle m'a répondu par l'affirmative. La conversation s'est poursuivie et elle m'a informé que des choses étranges se produisaient dans sa voiture : la radio s'allumait et s'éteignait d'elle-même et le volume augmentait et diminuait à volonté ; sa voiture se déplaçait parfois d'elle-même et elle semblait parfois hantée.

Je l'ai informée que des démons étaient probablement en train de la visiter. À sa bouche ouverte, j'ai compris qu'elle était un peu décontenancée. D'abord, elle ne croyait probablement pas aux démons, et elle ne voulait pas poursuivre la conversation. Je me suis donc dit que j'allais attendre et permettre au Saint-Esprit de susciter la prochaine conversation sur ce sujet. Je me souviens lui avoir parlé dans le passé de ma croyance aux démons. Cependant, j'ai appris à ne pas forcer les gens, mais à travailler avec le Saint-Esprit. Elle sait comment engager la conversation. Dieu demande au chrétien d'être capable de fournir des réponses à ceux qui cherchent à comprendre la vérité. Soyez toujours prêts à donner une réponse à tous ceux qui vous demandent de donner la raison de l'espérance que vous avez. Mais faites-le avec douceur et respect (1 Pierre 3:15).

Méfiez-vous des fétiches, des icônes, des tatouages, des piercings, des images, des bracelets et de ces babioles que vous avez appris à chérir - tout ce qui est autorisé à prendre la place du Très-Haut. Les démons ne peuvent pas attaquer les gens à leur guise. Dieu ne le leur permet pas et ne le leur permettra pas, pas plus que les anges n'ont le droit d'empiéter sur la liberté de choix des êtres humains. Les démons doivent avoir des droits légaux pour envahir la vie de quelqu'un. Les forces de Satan ne sont pas invincibles, même si elles semblent parfois l'être. La plupart des gens ignorent les règles bibliques. Dieu nous dit que "mon peuple périt faute de connaissance" (Osée 4:6). En connaissant parfaitement les paroles et les lois de Dieu, Satan aura toujours du mal à faire ce qu'il veut de nous. Si nous ne voulons pas être malmenés par cet ennemi, c'est pour cette raison que nous devons connaître méticuleusement la parole de Dieu. Le Père Dieu respecte notre libre arbitre et accepte tout ce que nous choisissons ; notre ignorance permet à l'ennemi d'entrer dans nos vies et de ruiner les vies humaines. Par notre ignorance, nous donnons à Satan le ßee contrôle. Dieu nous pardonnera et nous rétablira de la brèche ouverte par Satan, mais pour la plupart, nous payons un prix énorme pour gagner en maturité dans le royaume de Dieu. Nous devons étudier quotidiennement la parole de Dieu et nous assurer que nous revêtons toute l'armure de Dieu pour éviter les fléchettes enflammées de Satan (Éphésiens 6:11, 13).

J'ai entendu parler d'un autre cas, celui d'une femme qui collectionnait les hiboux et les chiens (céramiques, tableaux, macramé, planches Ouija, etc.). Les médecins ont tout fait

Ils n'ont pu que constater que la femme n'avait plus que très peu de temps à vivre et qu'elle dépérissait. Elle ne pesait plus que soixante-cinq kilos. Un jour, un homme de Dieu doté d'un esprit de discernement a pu l'avertir des mauvais esprits contenus dans les objets qu'elle aimait. Comme son état s'aggravait progressivement, elle a résisté, mais a fini par détruire ses idoles (Proverbes 1:7). (Tout ce qui nous intéresse plus que Dieu devient une idole). En désespoir de cause, elle a nettoyé la maison de ces objets. Elle a retrouvé la santé en priant au nom de Jésus et en se confiant aux mérites de son sang versé. Elle s'est totalement rétablie.

Le Christ au-dessus de tout

Sans l'accomplissement désintéressé du Christ, il n'y aurait pas de terre, pas de vie telle que nous la connaissons. Satan et ses hôtes continueraient à faire la pluie et le beau temps, à corrompre les choses encore plus, à faire de tout un enfer. C'est pourquoi nous devons rendre hommage à ceux qui le méritent. D'accord, Hollywood - qui mérite les Oscars, les Grammy's, les accolades et tout le culte ? Nous devons tous nous incliner et donner les plus grandes louanges à la Superstar qui nous revient de droit, "car Dieu a élevé le Christ et lui a donné un nom au-dessus de tout nom" afin que nous confessions que Jésus-Christ est Seigneur (Philippiens 2:9-11). L'Agneau est digne ; vous êtes saint !

Oui, en effet, tous les genoux fléchiront, sur la terre et sous la terre, et confesseront que Jésus est le seul à avoir pu vaincre Satan, cet adversaire habile, trompeur et perfide. Dieu savait que l'humanité n'était pas à la hauteur de Satan. Il aurait, sans aucun doute, trompé, contraint et finalement vaincu n'importe quel combattant humain ou la plupart des combattants angéliques. Il est tout simplement diabolique, trompeur et impitoyablement méchant, avec des forces et une mentalité qui défient l'entendement humain.

Jésus (l'homme-Dieu) a gagné ! C'est pourquoi le Père veillera à ce que chacun lui rende l'hommage dû à son nom puissant. Oh, quel merveilleux Seigneur ! Le Père l'a hautement exalté ! Merci, Père, pour vos plans et votre Grâce étonnante.

Satan nous désavantage. Il a été un régent qui a apporté les lois de Dieu aux anciens, "Ceux qui te verront te regarderont de près et t'examineront, en disant : Est-ce là l'homme qui a fait trembler la terre, qui a ébranlé des royaumes ?" (Esaïe 14:16), même aux habitants d'autrefois. Il était roi, prêtre et prophète (Ezéchiel 28:12- 19). Seuls Jésus et Satan possédaient ces fonctions. Cet ennemi possède des pouvoirs et une intelligence que seul le Christ peut soumettre.

Il existe depuis des siècles. Il connaît toutes les forces et les faiblesses de l'humanité. Il sait comment attirer, tenter et placer l'humanité dans divers niveaux de péché et dans des pièges sans fin qui nous font trébucher en permanence. Il connaît les profondeurs du péché - les règlements qu'il peut utiliser pour accuser et insister sur le juste jugement de Dieu. Le Christ n'a que des compétences pour le combattre et le vaincre. Il a usurpé le droit de domination du premier Adam. Il est donc normal que seul le Christ, le second Adam/l'homme-Dieu, apporte la restauration.

Il serait dangereux pour un employeur de faire licencier un salarié irrité, surtout si ce dernier connaît tout de l'entreprise. Il pourrait s'avérer extrêmement destructeur. Satan est cet employé mécontent. Il connaît les tenants et les aboutissants des créations de Dieu. Il sait ce que le Très-Haut tolère et quels sont les péchés ou les actes de perversion qui lui vaudront le châtiment suprême. J'en suis totalement convaincu, nous n'existerions pas si Jésus n'avait pas pris le parti de combler le fossé que l'anarchie de Satan avait créé, mais Dieu nous a "ressuscités et fait asseoir ensemble dans les lieux célestes en Jésus-Christ".

(Éphésiens 2:6). L'enfant de Dieu occupe une position exaltée en tant que saint dans l'Épouse du Christ. Pour cette seule raison, l'humanité ne devrait jamais cesser de louer, d'adorer et de diriger toute son adoration vers Celui qui nous a délivrés, nous a mis à l'abri et nous a placés là où nous sommes assis et où nous régnons avec Lui éternellement. Sa louange devrait être au-dessus de tout. Audessus de toutes les puissances, de tous les rois, de toutes les sagesses et de tous les royaumes. Il était là avant que le monde ne commence. Aucun autre ne pouvait faire ce que le Christ a fait. Le Père est satisfait (Matthieu 3:17 ; onze occurrences dans la parole de Dieu).

Le Christ est notre couverture

Satan, grâce à sa prescience, à sa ruse et à sa perfidie, a facilement vaincu Adam et Ève. Il les a dépossédés de leur titre de propriété, de leur autorité et de leur domination terrestre. Il savait que s'il pouvait amener le couple à désobéir à l'ordre de Dieu, ils devraient renoncer à leur gain, et il gagnerait par défaut tout ce que le premier couple avait perdu en tombant. Néanmoins, la question qui se pose à ce stade est la suivante : comment Satan a-t-il pu acquérir cette connaissance préalable ?

À une époque sans date, Satan était l'émissaire de Dieu ou le régent terrestre. Il avait pour tâche d'apporter les lois de Dieu aux habitants et, en retour, d'apporter leur culte, leurs louanges et leur adoration au Dieu tout-puissant. Il était équipé de toutes sortes d'instruments de musique, ce qui ajoutait un grand mélange de sons harmonieux et de louanges aux oreilles attentives de Dieu. Car Dieu aime les louanges de son peuple et, en fait, l'Ecriture nous dit qu'il habite ces louanges : "Mais tu es saint, toi qui habites les louanges d'Israël" (Psaume 22:3).

Cependant, cette activité s'est produite des millions, voire des milliards d'années avant la restauration de notre terre actuelle. Comme Satan était autrefois le régent de la terre, il était au courant de toutes les règles et de tous les règlements que Dieu avait établis. Au cours de cette période, il a été doté de la plus haute intelligence.

C'était un être spirituel extrêmement puissant. Dieu a placé sur lui la somme de toute beauté (Ezéchiel 28:12).

Malgré cela, Dieu tout-puissant a placé une malédiction sur cet ennemi - une promesse de destruction qui viendrait par son Fils, Jésus. Dans Genèse 3:1, Dieu dit : "Je mettrai une hostilité entre toi et la femme, entre leur postérité et sa postérité". Il a mis l'inimitié entre Satan et "sa semence". Il a dit : "Il t'écrasera la tête, et tu lui écraseras le talon", ce qui annonçait la promesse du Messie à venir (Genèse 3:15).

L'eau vivante

Dieu aidera ceux qui recherchent sincèrement les précieuses vérités de l'Ecriture : "Car Dieu a tant aimé le monde qu'il a donné son Fils unique..." (Jean 3:16). Sur l'autoroute d'aujourd'hui, parsemée de vies dysfonctionnelles, Jésus a la réponse. Observez le scénario biblique de la "femme au puits". Cette femme cherchait la vérité sans relâche, mais elle la cherchait au mauvais endroit : elle avait eu cinq maris et l'homme avec qui elle vivait n'était pas son mari (Jean 4:1-43).

Les Écritures ne nous renseignent pas sur la raison de ses nombreux mariages. Aurait-elle tenté désespérément de combler le vide de son âme en le satisfaisant de la seule manière qu'elle connaissait - par la compagnie et l'amour d'hommes lors d'escapades sexuelles illicites?

Alors que Jésus traversait la Samarie, son zèle pour les âmes perdues était plus impérieux que le besoin de nourriture physique ; et toute âme aujourd'hui, à la recherche de réponses spirituelles aux perplexités de la vie, doit rapidement réaliser que la faim intérieure ne peut être satisfaite par ce qui est physique.

Nous assistons à une perte sans précédent de l'une des ressources les plus précieuses de ce monde, l'innocence des enfants. Nombre d'entre eux, à peine sortis de l'adolescence, sont exploités lorsqu'ils sont contraints de quitter la sécurité d'un foyer aimant pour se retrouver dans les rues dangereuses, où ils sont traités comme du bétail, leurs faveurs sexuelles étant échangées contre de la drogue, de l'argent, de la nourriture et un endroit sûr où passer la nuit. Nombre d'entre elles sont vendues comme esclaves et font l'objet d'un trafic vers des pays étrangers, où elles finissent comme prostituées ou esclaves amoureuses pour le compte d'un riche client. Cependant, pour la majorité de ces "enfants des rues", la vie est un combat quotidien pour l'existence ; il ne s'agit pas seulement d'une lutte pour satisfaire leur bien-être physique, mais d'une quête incessante de spiritualité - l'illumination qui éclaire les questions les plus perplexes de la vie : Qui suis-je ? Pourquoi suis-je ici ? Où vais- je

? Et est-ce que la souffrance est tout ce que je peux attendre de cette vie ou y a-t-il quelque chose d'authentique, de fiable et de durable, quelque chose dans lequel je peux planter une graine d'espoir ?

Dans la parabole de la Samaritaine au puits, le Père l'a incité à faire une visite spéciale pour accorder à cette femme un don de délivrance. Se pourrait-il qu'en désespoir de cause, elle ait appelé Dieu dans la prière, implorant son aide et son intervention ? Cette femme, comme tous les Samaritains de son époque, était méprisée et détestée par les Juifs, la classe dirigeante qui ne voulait même pas parler à un Samaritain. Je crois que la raison pour laquelle cette femme était si exceptionnelle aux yeux de Dieu et la raison pour laquelle il est intervenu, en accordant une visite spéciale de la part du "Roi des rois", c'est que cette femme connaissait le Messie promis, Jésus- Christ. Ainsi, une graine de foi a été semée dans une bonne terre, car l'Écriture dit : "... Quiconque croit en Jésus, même s'il est mort, vivra." Et personne ne peut venir à Jésus si le Père ne l'attire pas. Dieu exauce les prières, surtout celles d'un cœur fatigué et lassé par les ravages du péché.

La situation de la Samaritaine n'est pas sans rappeler celle des "enfants des rues" d'aujourd'hui. Eux aussi sont des exclus - perdus et cherchant un moyen d'échapper à l'écueil du péché ; perdus et ne connaissant pas l'amour éternel de Dieu et son don : "Car Dieu a tant aimé le monde qu'il a donné son Fils unique, afin que quiconque croit en lui ait la vie éternelle".

Dieu a l'obligation de respecter sa parole. Et rien ne peut nous éloigner de l'amour de Dieu présenté dans la présence et la personne de son Fils, le Christ Jésus. Néanmoins, tout comme la Samaritaine, ces "enfants des rues" sont préoccupés, cherchant des remèdes charnels à leur liberté ; et pour la plupart, ignorant que la solution à leur dilemme n'est pas entièrement physique, mais qu'il y a un combat spirituel qu'il faut comprendre.

Alors que son ßame de référence était principalement centré sur le physique, Jésus a attiré l'attention de cette femme sur son besoin le plus pressant - la délivrance spirituelle. La nature humaine n'a pas radicalement changé au cours de ces nombreux siècles, mais alors que nous essayons de résoudre les problèmes mortels de la vie, nous provoquons des ravages en nous empêtrant plus profondément dans les sables mouvants des mauvais vices : la luxure, l'envie, la colère, la gourmandise, la paresse, l'orgueil et l'avarice. Ces péchés majeurs ont des conséquences lorsqu'ils sont commis.

Néanmoins, Jésus peut descendre et remettre à flot chaque captif ; aucun péché n'est trop grand. Lui seul peut nous libérer. Souvenez- vous toujours que rien n'est trop difficile pour le Christ. Seigneur, aide-nous à ouvrir nos yeux spirituels pour voir et contempler ta grandeur :

Prière pour Délivrance

Je me libère de l'esprit du monde, de la convoitise de la chair, de la convoitise des yeux et de l'orgueil de la vie. Je m'élève au-dessus du monde par la puissance du Christ et du Saint-Esprit (I Jean 2:16).

Se libérer des pièges du péché

Dans le remède du Christ, des réponses vraies et durables sont établies - "l'eau vive" qui apaise toute poussée. En général, dans la Bible, chaque fois qu'il est question d'eau, cela renvoie à la troisième personne de la Divinité, le Saint-Esprit. Sur terre, elle est notre enseignante, notre guide. Les enfants obéissants de Dieu, Il les sépare du monde, les met à part et les scelle de Sa marque dans le monde des esprits. Ils sont ainsi reconnus comme Lui appartenant et mis à part de ce monde et de l'autorité de Satan : "Je bâtirai mon Église, et les portes de l'enfer ne prévaudront pas contre elle" (Matthieu 16:18). Être séparé du monde et de sa haine pour les choses de Dieu devrait être le but de chaque croyant, car le monde est en inimitié avec Dieu (Jacques 4:4). C'est pourquoi l'enfant de Dieu est jugé digne d'échapper au jugement qui s'abat sur Satan, sur ce monde et sur tous ceux qui sont déterminés à suivre sa voie.

Le Saint-Esprit habite le croyant ; par conséquent, la présence de Dieu est toujours là, conduisant ses enfants dans toute la vérité. Elle est cette eau vive. Elle est cette compagne constante qui conduit le croyant dans la recherche de la vérité tout au long de sa vie. Cette recherche se poursuit tout au long de cette marche terrestre, "car nous voyons à travers un verre obscur". Tout au long de cette marche terrestre, Dieu accorde chaque jour la vérité à tous: "Les cieux racontent la gloire de Dieu, et l'étendue du ciel raconte son œuvre." Dieu est fidèle. À l'origine, l'enfer a été créé pour le diable et ses anges, et non pour l'humanité, mais ceux qui choisissent de rejeter Dieu et ses commandements partageront le sort du diable. Rassurez-vous, Dieu s'efforce résolument de faire sortir l'humanité du royaume des ténèbres pour la conduire sur le chemin du salut. Il révèle continuellement à tous ceux qui l'écoutent à quel point ils sont spéciaux pour Lui, et le don ultime qu'Il accorde, par la foi, à ceux qui reconnaissent leurs péchés, se repentent, et acceptent le seul remède de Dieu pour se réconcilier avec le Père. À ceux qui acceptent le Christ, Dieu offre une vie éternelle de domination et de règne avec son Fils (Romains 8:17).

En parcourant cette vallée de larmes et de chagrin, nous n'atteindrons jamais la plénitude de la vérité, car ce n'est pas censé être le cas. Nous ne connaîtrons l'image complète que lorsque nous verrons notre Seigneur face à face. C'est alors que nous deviendrons comme lui. Alors, toutes les questions qui ont tourmenté l'humanité à travers les âges trouveront une réponse ("Nous voyons à travers un voile obscur"). À ce moment-là, nous serons revêtus de sa ressemblance, de son esprit ; nous serons cohéritiers dans son royaume (1 Corinthiens 13:12-13).

Malheureusement pour Salomon, l'homme le plus sage qui ait jamais vécu, après le Christ, il ne vivait pas dans notre présent âge de grâce, car il cherchait la vérité sur les chemins de l'indulgence : la richesse, le sexe, la nourriture, etc. Sa quête s'est achevée là où elle avait commencé, par un élan et une faim insatiables d'indulgence. Et la récompense de son illumination : "Vanité, tout est vanité". Nous pouvons tirer un grand profit de la révélation de Salomon. Sa recherche était vaine, car il cherchait à satisfaire la chair, et nous savons que la chair n'est jamais satisfaite. Tout comme sa recherche de la vérité était vaine, notre quête spirituelle l'est également, à moins que le Père ne crée dans nos cœurs une faim de vérité ; cette faim ne peut être apaisée qu'aux pieds de son Fils, Jésus-Christ, qui est le plus grand don de Dieu accordé à ce monde confus et troublé. N'oubliez pas que Jésus est passé par là et que son voyage a plu au Père. Il est donc logique qu'en suivant son chemin et son enseignement, nous soyons guidés vers la vérité, "le chemin, la vérité et la vie...", car il dit : "Prenez mon joug sur vous et apprenez de moi, et vous trouverez le repos de vos âmes" (Matthieu 11:29).

Douceur Tacticien

L'une des tactiques de Satan consiste à semer le doute dans l'esprit de l'humanité. Cette tactique a fait ses preuves à travers les âges, et il ne la change pas pour la génération actuelle. Il s'est approché de la première famille et a planté une graine : "Aucun des ßuits du jardin ? Dieu dit qu'il ne faut pasen manger ?". (Genèse 3:1). Ève fut la première à accepter la semence de doute de Satan : "Bien sûr, nous pouvons en manger. Seule la combinaison de l'arbre au centre du jardin, nous ne pouvons pas la manger, ni même la toucher" (Genèse 2:3).

Satan est appelé le "trompeur", le "père du mensonge", et c'est à juste titre que, fort de sa vaste expérience et des dons que Dieu lui a accordés, il s'est approché d'Ève, la plus faible, avec furtivité et ruse, réalisant sans doute qu'Adam représenterait un défi bien plus grand. Dieu a placé Adam à la tête du jardin. Il était la figure d'autorité ; le pouvoir administratif, la sagesse, le discernement et l'onction de Dieu étaient canalisés à travers Adam, le gardien. (Les hommes d'aujourd'hui sont les défenseurs de la famille que Dieu leur a donnés. L'homme de la maison, ayant été doté du don de protéger et de défendre sa famille et son foyer, est la première défense lorsque Satan attaque la famille).

L'épouse et les enfants ne doivent pas usurper cette délégation. Satan craint généralement une confrontation avec l'homme, car, pour la plupart, l'homme peut discerner les tromperies, les nombreuses ruses et les tactiques de Satan.

L'homme est le prêtre désigné dans la famille. Doté de la sagesse et de l'autorité de Dieu, l'homme devient la figure d'autorité de la famille. Il doit diriger la famille dans la prière et bénir les enfants, comme l'ont fait les patriarches pour leur progéniture et les générations futures. La femme doit respecter un homme fort et s'en remettre à son autorité et à sa sagesse. Cette hiérarchie, Satan la comprend. C'est pourquoi il s'approche toujours de la deuxième figure d'autorité dans la chaîne de commandement de Dieu, et contourne ainsi l'ordre voulu par Dieu. Nous devons nous rappeler que Dieu est le même hier, aujourd'hui et éternellement. Il veut toujours voir un homme prendre la position qui lui revient de droit et repousser les ruses de Satan.

L'approche de Satan était une magistrale déformation de la vérité, mais un mensonge malgré tout ; les résultats étaient tout aussi dévastateurs. Nos ancêtres y ont adhéré et, à travers les âges, l'humanité a souffert de la perte du meilleur de Dieu pour la race humaine.

Ce stratagème a permis à Satan d'obtenir le titre de propriété de ce monde, c'est pourquoi on l'appelle le dieu de ce monde (ses systèmes économiques), qui tient sous son emprise les gouvernements et les dirigeants, les cultures, la politique, de nombreux chefs religieux et les institutions. C'est la raison pour laquelle Jésus nous rappelle que nous ne devrions pas nous associer aux systèmes de ce monde. Nous ne sommes que des pèlerins à la recherche du royaume du Christ et de la "nouvelle terre" qu'il établira et gouvernera pendant mille ans, afin de prouver à tous que la paix et la justice sont accessibles. Lorsque Jésus, le "Prince de la Paix", régnera sur cette terre, celle-ci connaîtra enfin une véritable harmonie. Satan, notre adversaire, n'abandonne jamais, tant qu'il peut introduire le plus petit élément de méfiance dans nos esprits, et nous faire penser négativement - en doutant des promesses de Dieu - il gagne la moitié de la bataille. Eve a laissé une marge de manœuvre à cet être malicieux ; elle aurait dû tenir bon et le diriger vers son mari.

Jésus a mis fin à l'influence néfaste de Pierre en disant : "Retire-toi de moi, Satan". Il ne voulait pas permettre à cette influence négative de jeter une ombre sur le plan glorieux de Dieu (Matthieu 16:23). Jésus était parfaitement conscient de la tactique de Satan, qui consiste à devancer la volonté des autres pour tisser une toile de tromperie. Pierre n'était pas mauvais, mais Satan semait le doute dans l'espoir de détourner ou de contrecarrer la mission du Christ. Jésus, qui sait tout, ne peut pas être trompé. Il est allé directement à la source et a ordonné à l'initiateur de cet acte de disparaître.

Adam et Ève avaient également de l'autorité. Ils auraient pu ordonner à Satan de quitter leur jardin, et celui-ci aurait dû leur obéir. Par conséquent, nous ne devons pas permettre à Satan de jeter le doute et le négativisme sur nos objectifs et les plans que Dieu nous a donnés. Si Dieu nous donne une promesse, c'est une affaire réglée. N'oublions pas que nous marchons par la foi et non par la vue. (2 Corinthiens 5:7)

Lignes sur le sable

Durant mon enfance, je me souviens de disputes intenses avec des enfants voisins pour de petites choses : ne pas être invité à lafête d'un ßiend, être battu dans une partie de billes, etc. Comment régler des questions aussi lourdes ? Chaque partie adverse traçait alors une ligne horizontale, et un dialogue s'engageait : "Je te défie de franchir cette ligne !". En général, cela déclenchait un dialogue et mon adversaire répondait : "Oui ? Et je vous mets doublement au défi!" Je lui répondais alors : "Je vous mets au triple défi - il suffit de placer un petit orteil sur cette ligne - allez, un seul !" Alors que l'un d'entre nous sortait rapidement de l'impasse et franchissait la ligne, la bataille commençait. Ces désaccords houleux ne duraient jamais. Cependant, nous réglions généralement nos différends en marchant bras dessus, bras dessous, jusqu'à l'épicerie du coin pour acheter une glace.

En raison des luttes quotidiennes des adultes dans nos salles d'audience, celles-ci sont pleines à craquer. Des lignes de démarcation sont tracées aujourd'hui dans les tribunaux de la famille pour un divorce, la garde des enfants, les droits de visite, les ordonnances restrictives et les pensions alimentaires ; à l'inverse, dans le monde des affaires, nous assistons souvent à des procès pour des dommages et intérêts, des ruptures de contrats et des droits de propriété. Dans la plupart des pays, il existe des lignes de démarcation ou des frontières. Au fil des siècles, de nombreuses batailles ont été menées pour préserver ces frontières. Chaque jour, des lignes sont tracées dans le sable à travers le monde et chaque partie réclame justice. Alors que ces batailles terrestres font rage, des rencontres similaires ont lieu dans le monde spirituel. Là aussi, des lignes sont tracées et de nombreuses âmes sont en jeu.

Au cours du processus de naissance, Dieu place une âme (cette partie intérieure de l'humanité, qui contient toutes les expériences d'une vie donnée - les motifs, les buts, les sentiments et les pensées qui sous-tendent chaque acte, qu'il soit bon ou mauvais) dans un corps humain. Tous les composants de cette âme sont stockés dans nos ordinateurs mortels indestructibles et existeront pour toujours, destinés à passer une éternité à jouir des plaisirs du paradis ou à souffrir des flammes de l'enfer.

Oui, Dieu a soufflé dans l'humanité et l'homme est devenu "une âme vivante" (Genèse 2:7).

L'enveloppe extérieure de l'humanité, le corps, finira par vieillir, passer et retourner à la poussière. Malgré cela, l'âme - cette partie spirituelle de l'être humain - se tiendra devant le Christ, lors du jugement (pour les chrétiens, un jugement de récompenses ; les non-sauvés comparaîtront lors du jugement du Trône blanc de Dieu le Père). Et il faudra rendre compte des actes accomplis dans le corps : "Car tous doivent comparaître devant le tribunal du Christ, pour rendre compte des actes accomplis dans le corps" (2 Corinthiens 5:10).

Toutes les âmes, à l'exception des croyants dont les péchés ont été lavés et couverts par les mérites du sang rédempteur du Christ, comparaîtront devant le jugement final du Trône blanc de Dieu. En fait, nos péchés sont jugés chaque jour. Il nous est demandé de confesser nos péchés chaque jour et de demander pardon, car une fois que nous quittons ce monde, c'est soit le paradis, soit l'enfer ; nous apparaissons instantanément avec Dieu ou en enfer. À cette fin, nous devons garder notre ardoise propre et, plus important encore, nous ne devons pas entretenir le manque de pardon. Si nous ne pardonnons pas aux autres, nos péchés ne seront pas pardonnés, quelle que soit la force de nos supplications (Matthieu 6:12 ; 1 Pierre 4:8).

Il y a un combat quotidien pour la violation territoriale des lois de Dieu et la défaillance des âmes humaines (l'âme est la partie éternelle de la conscience et de la liberté humaines). Ceux qui appartiennent au Christ sont scellés par le Saint-Esprit qui les habite, jusqu'au retour du Christ. Le Saint-Esprit habite leur esprit, et Satan n'y a aucun droit. L'inverse est l'âme qui rejette Dieu et qui est déterminée à ne jamais croire au remède de Dieu pour l'humanité déchue

; le giV du salut vient de la mort et de la résurrection de Son Fils, Jésus-Christ - c'est le seul remède. Ces âmes pécheresses appartiennent à Satan par défaut. Il les contrôle dans ce monde et après la mort parce qu'elles ont refusé d'accepter la promesse de salut de Dieu.

Lorsqu'un enfant de Dieu enfreint ses lois et tombe sciemment dans un péché grave (homosexualité, fornication, etc.), ou ce que les apôtres Paul appellent des péchés

Jusqu'à la mort, cela donne à Satan l'occasion de s'approprier cette vie. Ainsi, la protection de Dieu peut être violée, et Satan peut attaquer le corps par la maladie, l'infirmité, ou il peut violer l'âme ou l'esprit en plaçant des démons pour contrôler les domaines de la vie d'une personne où le péché a une place forte. Un esprit de convoitise peut s'installer dans la vie d'un chrétien, où il peut ressentir une puissante envie de convoitise qui va au-delà de ses dispositions habituelles et le rend impuissant à la contrôler. La personne qui a l'habitude de regarder de la pornographie pourrait se voir attribuer un démon de la luxure, de la perversion, du viol, de l'inceste, etc. pour contrôler ses processus de pensée. Lorsqu'il désire des pensées saines, il est forcé de penser ou de regarder des choses dégradantes, ce qui le plonge encore plus profondément dans le royaume du péché où Satan espère que l'individu se sentira impuissant, sans aucun moyen de s'échapper, et où le suicide sera son seul recours.

SECTION V

DES ENFANTS AVEC DES DONS - ET D'AUTRES AVEC DES DÉMONS

Parents, il vous incombe d'éduquer vos enfants selon les voies de Dieu (Proverbes 22:6). Les parents d'aujourd'hui doivent s'armer, car les points de vue de notre société moderniste concernant l'égalité culturelle et enseignés par les médias et les écoles sont opposés à nos principes bibliques. Et chaque jour, nous constatons que notre autorité parentale ne correspond pas toujours aux nouvelles conceptions de l'égalité sociale qui se répandent rapidement et qui sont enseignées par les médias et les systèmes éducatifs. Néanmoins, le chrétien doit obéir à Dieu plutôt qu'aux hommes. Il est sage que nous fassions un effort concerté pour exposer nos enfants aux lois de Dieu, à celles de l'homme et à celles de la nature.

Je crois fermement que les enfants doivent connaître les divinités chrétiennes (le Père, le Fils et le Saint-Esprit). Ils doivent être conscients de l'existence du paradis et de l'enfer ; et certainement, les lois de l'homme leur permettront d'être en règle avec les autorités et d'éviter la prison. Les lois de la nature, telles que la gravité, devraient être enseignées pour les aider à éviter les fractures s'ils décident de sauter d'un immeuble de dix étages, car ils se blesseront eux-mêmes.

Qu'ils choisissent d'accepter le Christ comme Sauveur ou d'embrasser l'athéisme, ils doivent savoir que le Dieu tout-puissant s'est révélé et que, par conséquent, l'ignorance n'est pas une excuse lorsque Dieu juge l'humanité. Il s'est révélé de manière générale dans la nature, les montagnes, la majesté des mers, les étoiles ; la terre et les autres planètes suspendues dans les cieux sur le néant, toutes créées par une conception intelligente. Les choses ne sont pas apparues par hasard. S'il y a une conception, il doit y avoir un concepteur. Du télescope au microscope, Dieu tout-puissant déclare son existence (Isaïe 24:44 ; 45:18 ; Amos 4:13).

Ne vous y trompez pas, Dieu ne laisse aucune pierre non retournée. Pour ceux qui doutent de son existence à travers le témoignage de la nature, il s'est également déclaré, spécifiquement par Jésus-Christ, sa Parole et son Fils ; il n'y a donc pas d'excuse (Jean 3:16 ; Psaumes 40:7).

Pendant trop longtemps, la télévision a été utilisée comme une source temporaire d'amusement, permettant aux enfants de rester sous les pieds des adultes ou comme un substitut de baby-sitter. Vous savez aussi que tout ce qui va au-delà de ce qui est bon pour eux peut leur nuire.

Il est important de partager un peu d'histoire à ce stade, afin d'exposer les tentatives subtiles de l'ennemi pour endoctriner et asservir des générations à ses pratiques occultes.

Pendant des années, nos enfants ont été instruits et programmés de manière flagrante par les médias pour une tromperie autoritaire. Qui sont les coupables ? Walt Disney et d'autres sont responsables de la production d'un grand nombre de films occultes. Prenez, par exemple, le film "Fantasia". Fantasia a été considéré comme trop démoniaque pour l'époque et a été retenu jusqu'à ce que le public en sache suffisamment pour embrasser ces sujets comme il le fait aujourd'hui. Prenons également l'exemple du film "Cendrillon". Cendrillon était fortement imprégnée de sorcellerie, même si le film a fait passer la sorcellerie pour quelque chose d'amusant et de bon. Cependant, la Bible nous dit clairement dans (Deutéronome 18:10- 11), "Il ne se trouvera parmi vous personne... qui use de divination, ou qui soit observateur des temps, ou enchanteur, ou sorcier, ou charmeur, ou qui consulte les esprits familiers, ou magicien, ou nécromancien." Néanmoins, nous avons ignoré l'avertissement de Dieu et embrassé le mensonge, comme Satan savait que nous le ferions. Sa tactique : continuer à introduire un sujet, et il finit par devenir une seconde nature. L'avertissement perd de son mordant en raison de l'exposition fréquente.

Nous devons comprendre que nos yeux et nos oreilles sont les portes de l'âme. Tout ce que nous regardons pénètre dans l'âme et devient une partie de ce que nous sommes, de notre personnalité, de notre comportement, de ce que nous aimons, de ce que nous n'aimons pas, de ce que nous deviendrons. L'Écriture nous dit de garder notre cœur, car c'est de lui que viennent les choses de la vie (Proverbes 4:23). Satan le sait ; c'est la raison pour laquelle il introduit subtilement des saletés dans nos vies. Elle s'introduit et finit par faire partie de notre vie.

des concepts que nous n'aurions jamais acceptés auparavant. Grâce aux yeux et aux oreilles de nos gardiens abaissés, ces concepts maléfiques deviennent plausibles. Nous pouvons nous identifier à tous les mensonges et efforts d'endoctrinement à venir, ce qui détermine notre évolution, notre caractère, ce que nous devenons.

La raison pour laquelle Disney corrompt les jeunes esprits - une grande partie de son œuvre contient des références au satanisme, à la pornographie, à la magie noire, à la mythologie occulte et aux maux du monde qui détournent l'esprit de Dieu vers des fantasmes d'adoration et/ou d'autres significations spirituelles sous la forme de symboles ou d'autres informations ambiguës que vous ne verrez pas, mais que le subconscient verra. Comment l'esprit peut-il prendre ces informations brouillées et inintelligibles et les rendre intelligibles à l'avenir ? L'Écriture nous dit : "Nous sommes d'une fabrication redoutable et merveilleuse" (Psaume 139:14). Dieu a créé notre corps pour qu'il accomplisse des tâches exceptionnelles. Satan le sait et retourne nos capacités contre nous.

Le subconscient fonctionne de plusieurs manières. Toutes les informations que nous voyons sur un écran passent par notre esprit conscient et, bien que nous n'en soyons pas conscients, le subconscient prend note de chaque iota d'information subliminale qui lui est envoyé. Lorsqu'un enfant grandit, certains événements de sa vie vont déclencher ces ancrages subconscients mis en place. De la même manière que l'odeur du chlore lui rappelle ses moments préférés - la baignade en été - lorsqu'il était plus jeune et le renvoie à ces émotions et à ces sens pendant une fraction de seconde.

Les adeptes de l'occultisme ont un programme diabolique. Ils savent bien qu'une société corrompue est plus facile à contrôler. Qu'en résulte-t-il ? Des familles dysfonctionnelles comme celles que l'on voit dans Jerry

Springer (les mères couchent avec le petit ami de leur fille ; la fille, star du porno, conteste la colère de sa mère, etc.)

Le visage satanique de Disney

L'ennemi gagne du terrain pour détruire l'église future. Il a dirigé ses fléchettes pour détourner les enfants de Dieu ! Il y parviendra si nous manquons à notre responsabilité d'être des gardiens vigilants et des protecteurs pour eux. Dans cette présentation, je m'efforce de faire la lumière et d'exposer quelques-uns des problèmes qui se posent à nous.

les méthodologies sataniques. Il existe un programme diabolique visant à endoctriner les enfants dans la spiritualité occulte et gnostique du nouvel âge, du nouvel ordre mondial. De nombreux parents ne se doutent pas que quelque chose de diabolique est en train d'envahir l'âme de leurs enfants.

Pour ceux qui ont grandi en regardant des dessins animés dans les années 90, il est choquant de constater que ces dessins animés faisaient la promotion des Illuminati et du symbolisme satanique, ainsi que des enseignements du Nouvel Âge concernant l'endoctrinement de l'antéchrist. Parmi ces dessins animés, citons He-Man et d'autres. Ces personnages de dessins animés et de films ont été conçus pour désensibiliser les jeunes enfants. Pendant des heures, ces ténèbres qu'ils regardaient les exposaient au royaume de l'antéchrist.

Ces programmes ont été conçus clandestinement pour les désensibiliser à la méchanceté à la télévision, au point où nous en sommes aujourd'hui. Inondés de spiritualité New Age, ces dessins animés mettent en scène la sorcellerie et la démonologie.

De l'occultisme à l'état pur ! Sans même s'en rendre compte, des enfants sont devenus des experts des concepts associés aux philosophies du Nouvel Âge. Ils sont devenus des experts de l'hindouisme et des pouvoirs occultes sans même savoir qu'ils recevaient une telle éducation.

Les dessins animés de Thunder Cats sont un message du "troisième œil". Après avoir acheté leurs épées de jeu, ils ont placé l'œil sur le front, là où se trouve le troisième œil, et ont commencé à réfléchir au troisième œil. Le troisième œil, c'est la même idée que l'on trouve dans l'occultisme depuis de nombreuses années - l'idée que l'on peut regarder au-delà de notre œil naturel et sentir le sixième sens et voir au-delà de ce que l'œil naturel ne peut pas voir, ce qui nous fait entrer dans le domaine du pouvoir psychique, en particulier de la télékinésie. Et les enfants sont plus enclins à essayer ces choses. Le rêve de l'occultisme est d'ouvrir le troisième œil par la méditation et la thérapie de relaxation, et les enfants reçoivent un cours accéléré ici même dans les dessins animés Thunder Cats. Cela semble illogique. Néanmoins, il y a dans le royaume satanique des gens qui savent très bien comment détruire les jeunes esprits. Ils cherchent à les atteindre dans les années de formation, afin de laisser une empreinte permanente et indélébile dans l'âme.

Les Teenage Mutant Ninja Turtles avaient des pouvoirs, un cristal magique brisé en trois morceaux qui, une fois réunis, deviendraient l'œil de Zerna, l'une des images les plus incroyables des pouvoirs occultes. En réunissant les trois parties de l'œil, l'individu aurait des pouvoirs insoupçonnés dans ce monde. Ils ont encouragé l'idée de souhaits positifs si l'on s'y mettait. C'était l'idée de puiser dans le pouvoir du troisième œil, le pouvoir de l'occulte et l'état de conscience modifié. Ils ont également souligné la possibilité d'utiliser le pouvoir d'une partie supplémentaire du cerveau, le sixième sens. Et lorsqu'on y accède, tous les rêves deviennent réalité. Tout comme les Thunder Cats, ils prêchaient le même message. He-man embrasse l'idée du troisième œil, le pouvoir de l'épée et le pouvoir du mysticisme.

Au début, il y a une narration : "Voyagez avec nous à travers les dimensions du temps jusqu'à la planète la plus étonnante des cieux. La terre était connue sous le nom de marais d'Eternia, où des démons invisibles sont à l'affût. Eternia est une terre de sorcellerie et de magie. Des forces puissantes sont à l'œuvre dans tout le pays. Mais aucun endroit n'est aussi magique et mystérieux que le château du Crâne gris. Entre ces murs se cachent de mystérieux secrets et des pouvoirs qui dépassent l'imagination". Ce livre est conçu pour captiver l'imagination de l'enfant et lui ouvrir la voie - avec juste un avant-goût de la démonologie 101.

He-Man dit : "Je suis Adam, Prince d'Eternia, défenseur des secrets du Château Crâne Gris. De fabuleux pouvoirs secrets m'ont été révélés le jour où j'ai brandi mon épée magique et dit : "Par le pouvoir de Crâne Gris, je suis le pouvoir". Remarquez que le personnage de He-Man s'appelle Adam. Vous vous souviendrez qu'il existe un Adam biblique. Dans le jardin, Adam et Ève ont été tentés par le serpent qui leur a offert tout le pouvoir de l'univers s'ils le suivaient. Il leur a dit : "Vous ne mourrez pas, vous serez comme des dieux". Et c'est ce mensonge qui a provoqué

L'humanité a chuté. Nous avons donc ce personnage, le Nouvel Adam (He-Man), qui réalise son pouvoir en brandissant son épée magique et en chantant "Je suis le pouvoir". Cela semble inoffensif, mais c'est une façon hideuse d'endoctriner les jeunes esprits et de leur proposer un autre évangile. Ce nouvel évangile affirme qu'Adam a bien fait d'accepter la promesse de pouvoir de Satan. Vous vous souvenez que Jésus s'est vu offrir tout le pouvoir du monde s'il s'inclinait devant Satan, mais il a refusé de le faire. L'évangile de l'homme est l'évangile précis du jardin d'Eden. Satan, notre ennemi, a été jeté du haut des cieux à cause de cet évangile précis. Cette idée que nous sommes des dieux et que nous avons tout le pouvoir en nous et que si nous pouvons utiliser ce pouvoir, nous deviendrons les maîtres de l'univers ou l'homme le plus puissant de l'univers.

Il y a un autre évangile dans le pays ; et lorsque nos enfants se lèvent et regardent les dessins animés le samedi matin, c'est cet évangile qui leur est prêché. Nous pensons que le seul évangile est celui qu'ils entendent le dimanche matin. Mais cet évangile du samedi matin est aussi profond que vous pouvez l'imaginer. Il a des sous-entendus profonds destinés à piéger Satan et à lui permettre de placer ne serait-ce qu'un orteil de doute dans leur éducation chrétienne. Malheureusement, c'est l'évangile de l'Antéchrist et non celui du Christ.

Vous y trouverez les Thunder Cats, les Teenage Mutant Ninja Turtles, les visionnaires He-Man et She-Ra. Ce ne sont que quelques exemples. Le fait que nos enfants soient prêts à accepter tout ce qui se trouve devant eux, cet évangile alternatif satanique qui leur est secrètement proposé, nous indique que les parents doivent être plus vigilants dans leur formation de ces esprits donnés par Dieu et placés sous leur responsabilité. Ils doivent donc regarder ces dessins animés avec leurs enfants.

Malheureusement, la plupart des parents ne se rendent pas compte que notre Seigneur les tient pour responsables de la formation des personnes dont ils ont la charge. Nous voyons Satan attaquer les jeunes avec ce que nous supposons être des personnages inoffensifs de dessins animés et de films. Ces jouets et dessins animés malveillants trompent des générations entières ; les enfants grandissent en croyant que ces personnages sont plus puissants que leur Seigneur.

Les parents ont pour mission d'éduquer les enfants dans le bon sens, en adorant le Créateur plutôt que les objets créés. Dans la plupart des cas, les enfants ne sont pas surveillés, et Satan façonne ces esprits impressionnables en leur proposant des substituts inacceptables à l'adoration. Ces personnages deviennent des idoles, et Dieu nous avertit de ne rien placer au-dessus de Lui (Exode 20:3). Nous devons veiller à ne pas faire d'objets ou de dessins nos idoles.

Ils ont même des personnages conçus pour attirer les filles. Il y a "SHE-RA", la sœur jumelle de "HE-MAN", la défenseuse du Château de Cristal. Elle est très portée sur l'occultisme. Ils organisent un concours mystique sur le lancer et l'incantation de sorts. De nombreux parents n'ont pas fait de recherches sur ce personnage et ne se rendent pas compte de ce que l'ennemi est en train d'exposer sur l'éducation spirituelle de votre enfant. She-Ra était une déesse mythique pour les enfants ; elle était spécialisée dans la sorcellerie, les sorts, l'occultisme, le paganisme et la religion orientale. Ces concepts spirituels se retrouvent également dans les jouets.

La plupart des lecteurs ne se souviendront pas de ce personnage de dessin animé. Néanmoins, suivez mon exposé sur la progression historique de l'endoctrinement de notre jeunesse. Il y a des années, les Thunder Cats étaient impliqués dans les arts martiaux, inspirés de l'hindouisme et de l'ancien symbolisme païen. Ils étaient mi-hommes, mi-lions. La combinaison homme-bête illustre les dieux des anciens païens - mi-bête, mi-lion - et ils font des choses comme communiquer avec les morts et ont aussi des pouvoirs occultes. L'épée avait l'œil de "Tundera". L'épée de présage que porte le héros est l'objet de contrôle qui apparaît dans tout le dessin animé. L'épée comporte un œil rouge, appelé l'œil de "Tundera". Placé sur le front, cet œil permettait de voir dans l'avenir et de savoir si le danger était proche. D'ailleurs, ce troisième œil est directement issu de l'hindouisme. Si vous voyagez en Inde, vous remarquerez que le troisième œil est presque toujours rouge. Le Troisième Œil est une pratique occulte présentée aux enfants très tôt afin qu'ils grandissent à l'aise avec cette conception. Leurs jeunes esprits sont comme des éponges, ils retiennent l'idée que ce troisième œil fait partie de la vie quotidienne et qu'ils devraient chercher dans leur mode de vie ce qui pourrait s'identifier à l'hindouisme et au l'occultisme et la religion mystique orientale. Il s'agit de créer un désir pour l'occulte. Ils se mettent à parler avec les morts - la nécrologie, selon le Deutéronome à certaines occasions - et c'est une abomination pour nous de parler ou de contacter les morts, qui en réalité ne sont que des démons déguisés, se faisant passer pour le parent décédé. Néanmoins, cela révèle les stratégies de Satan, notre ennemi juré, qui plante des graines dans l'esprit de nos jeunes pour qu'ils deviennent confus. Ainsi, dès leur plus jeune âge, il établit une forteresse dans leur esprit où ils appelleront bien ce qui est mal, et mal ce qui est bien.

L'Écriture nous dit que les morts ne savent rien (Ecclésiaste 9:5). Le héros invoque alors son épée, qui lévite jusqu'à lui. On apprend aux enfants à s'identifier à des choses culturelles (2 Corinthiens 11:3). La Bible parle d'Eve trompée dans son esprit, pas dans sa chair ou son esprit, mais dans son esprit. Et Eve, séduite par les plans du serpent, a été détournée d'une dévotion pure et sincère à Dieu. Nos enfants ne sacrifient pas des poulets et d'autres animaux dans l'arrière-cour, à un dieu lunaire, mais ils sont follement et astucieusement touchés par l'occultisme dans les dessins animés. Certains enfants en viennent même à penser que ces personnages sont plus puissants que Jésus- Christ. On leur enseigne et on les programme pour qu'ils se rebellent contre Dieu. Il suffit que Satan les détourne d'une relation pure et sincère avec Dieu pour qu'il gagne. Il n'a pas besoin de les impliquer totalement dans l'occultisme. C'est alors que naissent le désir et l'appétit. Parents, priez pour vos enfants. Vous avez la responsabilité de les empêcher de regarder des films et des dessins animés nuisibles. Comprenez qu'il s'agit d'un aspect de la bataille pour l'âme éternelle de notre race humaine. Ne soyons pas ignorants de ses mauvais procédés, reconnaissons-le et renonçons-y ; et nous devons protéger l'esprit de ceux qui sont confiés à vos soins.

Ce modèle de prière sert d'exemple à :

AU NOM DE JÉSUS, JE BRISE TOUTES LES FORTERESSES ET J'ORDONNE QUE SATAN PERDE LE CONTRÔLE DE MA MAISON MAINTENANT. AMEN !

Certains se souviennent peut-être du jeu Donjons et Dragons, un jeu exceptionnellement insidieux. De nombreux jeunes ont été tellement pris mentalement et physiquement dans ce monde imaginaire qu'ils sont tombés malades et ont dû faire l'objet d'un suivi psychologique. Dans les cas les plus graves, les enfants étaient incapables de distinguer la réalité de l'imagination et se suicidaient. Ce jeu est caractérisé comme un jeu de flexion et de changement de l'esprit, car "Donjons et Dragons" a fait progresser toutes sortes de religions occultes et païennes dans l'esprit des jeunes. De nombreuses horreurs débilitantes ont tourmenté la vie des participants volontaires. Ce jeu a été conçu avec une grande minutie, jusque dans les moindres détails, pour captiver et détruire au maximum. Le "Player's Handbook", par exemple, comprenait plus de cent soixante pages de sorts à lancer. Je suis certain que beaucoup ont été totalement choqués lorsque ces sorts ont fonctionné.

Le MANUEL DES MONSTRES DE DUNGEONS & DRAGONS AVANCÉS II regorgeait de créatures monstrueuses que les jeunes esprits pouvaient imaginer et explorer. Les développeurs ont compris que l'imagination des enfants est très active et en ont tiré parti. Le maître du donjon était une personne qui jouait le rôle d'un dieu dans le jeu. Il contrôlait toutes les situations du jeu et la façon dont les joueurs se déplaçaient dans les donjons. Et s'il n'aimait pas quelqu'un, il pouvait jouer contre lui. En réalité, le jeu a été développé en sachant pertinemment que la plupart des parents ne détecteraient pas son caractère macabre et son lien occulte sous-jacent. De nombreux jeunes ont été possédés par des esprits maléfiques. Et la triste réalité, c'est que la plupart des parents n'en savaient rien. Il a fallu que les enfants soient frappés de troubles mentaux pour que les parents commencent à s'inquiéter. Ce n'est que lorsque les enfants ont développé des problèmes mentaux que les parents ont commencé à travailler. Ils auraient dû reconnaître l'auteur de cette souillure lorsque, au moment où les morceaux d'images du jeu sont jetés dans le feu, on entend des cris provenant des morceaux en feu.

Dieu nous avertit dans sa parole : "Parce que mon peuple n'a pas de connaissance, il est détruit" (Osée 4:6). Parce que l'humanité ne lit pas le livre d'instructions de Dieu (la Bible), Satan prend effectivement le dessus. Oui, des forces spirituelles habitaient ces pièces de jeu. Satan a abruti Il est si bien connu de nos générations qu'elles en sont venues à croire qu'il n'existe pas, qu'il n'est que le fruit de l'imagination, et c'est ainsi qu'il entre dans nos vies sans relâche, comme un déluge. Il a libre cours dans la plupart des foyers. Ceux qui ont des connaissances spirituelles auraient compris, puisque les pièces du jeu comprennent les sorcières blanches, les magiciens, les nécromanciens et les clercs, qu'ils avaient affaire à des sorciers maléfiques. Il s'agit d'une compétition entre les sorciers blancs et les sorciers noirs, entre le bien et le mal. Mais nous devons comprendre qu'il n'y a pas de bien et de mal contre le mal dans l'économie de Satan, le pouvoir qui vient de lui est conçu pour causer des méfaits, des perturbations et des ravages. Dans la Bible, nous voyons ce déguisement démasqué. Le chef actuel peut avoir pris le contrôle du monde pendant un moment. Néanmoins, il sera vaincu. Nous voyons un usurpateur puissant, qui a pris le contrôle du monde. Son règne sera de courte durée, et nous comprenons que Satan ne gagnera pas.

Nous devons obéir à notre Seigneur et l'occuper jusqu'à ce qu'il revienne (Luc 19:13) ; et il incombe aux parents de s'impliquer pour enseigner à leurs enfants que Jésus est plus grand que Satan. Il est clair que nous avons commis une erreur en désobéissant au commandement du Père : "Ne touchez pas à ce qui est mauvais et je vous accueillerai" (2 Corinthiens 6:17). Dieu nous a ordonné : "[Ne vous faites] pas d'image en forme de quoi que ce soit dans les cieux en haut, sur la terre en bas et dans les eaux en bas" (Exode 20:4). Dieu nous ordonne de ne pas nous occuper de ces sujets pour quelque raison que ce soit. Il veut nous éloigner des motivations destructrices de Satan.

Jésus a gagné la bataille pour nos âmes. Il est le remède pour l'humanité déchue. Il est de notre devoir de le couronner Seigneur de tous, puissant conquérant. Ne perdons pas la guerre en laissant par ignorance nos jeunes s'empêtrer dans l'attirail de Satan, afin qu'ils ne deviennent pas rebelles, irrespectueux et qu'ils n'adoptent pas un comportement insolent à l'égard des figures d'autorité. Il est clair que beaucoup sont devenus tellement impliqués dans le terrain de jeu de Satan qu'ils mettent de côté leurs études et leurs autres activités sociales. Ils sont tellement impliqués qu'ils négligent de s'occuper de leur hygiène personnelle et de leurs repas, juste pour rester attachés aux jeux, aux passe-temps et aux loisirs. Il devrait y avoir un signe révélateur qui mettrait en place un panneau rouge Les parents doivent être en mesure d'émettre un signal d'alarme lorsque de telles dépendances se produisent, nous avertissant ainsi que Satan est à l'œuvre. Les parents doivent agir immédiatement. Plus vite ces problèmes seront découverts et traités, plus grandes seront les chances de sauvetage et de guérison.

"Barbie et Ken" ont également eu un effet néfaste sur nos jeunes. Barbie est parfaite. Elle a des cheveux parfaits, une maison, une voiture, des vêtements et un petit ami impeccable ; tout ce qui est matériel coule de source. Cette poupée crée chez les petites filles des croyances de beauté irréelles qui peuvent conduire à l'anorexie nerveuse, le syndrome de la famine auto-imposée. Les jeunes filles verraient Barbie si parfaite et voudraient s'identifier au personnage, quitte à aller jusqu'à l'extrême et à se priver de nourriture. Cette poupée crée chez les filles des attentes irréelles en matière de beauté. Elles jouent avec ces poupées, alors qu'elles devraient jouer avec des poupées de type maternel à ce stade, où elles pourraient s'entraîner à devenir des mères adultes. Chaque poupée avec laquelle les enfants interagissent les conditionne à vivre leur vie à travers elle. Ils se projettent avec leur imagination dans les jouets ; ils leur donnent de l'enthousiasme, un caractère, des capacités et des talents, et ils façonnent leur environnement en fonction de ces personnages. Les jouets sont des symboles qui guident les jeunes dans différentes situations. Par conséquent, ces symboles préparent le terrain pour les décisions qualitatives qu'ils prendront plus tard dans leur vie.

Par exemple, avec "Donjons et Dragon", les enfants s'identifient étroitement aux personnages ou aux pièces du jeu ; ils s'emmêlent tellement avec les personnages qu'ils perdent pied avec la réalité, et certains se suicident même à cause de leur implication dans le jeu, en raison des connotations cultuelles de l'invincibilité. Des jeux comme les "INFACEABLES", avec la combinaison de l'homme en bête. La transformation d'un homme en animal est un concept occulte et New Age. Dans le jeu "SECTAURS", l'enfant peut interagir avec une marionnette à main, une bête ailée avec un cavalier.

La Bible parle même de personnages similaires dans le livre de l'Apocalypse et, par conséquent, les questions relatives à l'occultisme sont introduites dans tous les foyers. Le Seigneur nous met en garde contre l'occultisme dans le chapitre 18:9-11 du Deutéronome : "Lorsque tu entreras dans le pays que le Seigneur ton Dieu te donne, tu n'apprendras pas à faire les abominations de la terre.

ces nations. Il ne se trouvera parmi vous personne qui fasse passer son fils ou sa fille par le feu, qui se livre à la divination, qui soit un observateur des temps, un enchanteur, une sorcière, un charmeur d'esprits familiers, un magicien ou un nécromancien. Car tous ceux qui font ces choses sont en abomination au Seigneur". L'Écriture dit aussi que si l'on introduit un objet maudit dans sa maison, on sera accusé comme lui. Ainsi, en ce qui concerne les jouets et les dessins animés, dès que les parents allument la télévision ou qu'ils achètent ces objets, ils enfreignent le commandement de Dieu et placent des malédictions sur leurs maisons.

Lorsque nous regardons des programmes impies, nous prenons des informations d'un conseil impie, ce que Dieu interdit. C'est ainsi que les films "STARWARS", "X-Men" et "The Seventh Son" sont des exemples de ce genre de programmes. Ils représentent tous certaines formes de sorcellerie, comme "ET", un film occulte camouflé qui met en scène la lévitation, la guérison psychique, le contrôle de l'esprit, la télépathie et des allusions à l'homosexualité. La créature est devenue la coqueluche de millions d'enfants en raison de son caractère attachant et de ses pouvoirs magiques, et en essayant de faire comprendre aux enfants innocents que le Christ est multiple, qu'il n'y en a pas qu'un seul, comme l'enseignent les hindous, qui affirment que le Christ est multiple et qu'il vient à des moments différents.

Le film ET, qui met en scène un extraterrestre descendant sur terre, mourant et ressuscitant, peut offenser la plupart des chrétiens en raison de son scénario qui ressemble à celui du Christ. Certains enfants peuvent être troublés en pensant que leur Sauveur est également un extraterrestre. De plus, l'ET est mort et ressuscité. Les enfants ont pu être déroutés et imaginer ce personnage comme un type de sauveur. Ils sont très impressionnables pendant les années de formation.

La plupart de ces super-héros ont des super-pouvoirs. Par exemple, pour "Superman", son père décédé lui parle et lui donne des conseils.

"Wonder Woman", dans ses bandes dessinées, consulte des démons et possède des pouvoirs occultes.

Les enfants finissent par imiter chacun de leurs mouvements. Beaucoup finissent par s'envoler du haut des immeubles en imitant leurs super-pouvoirs. Je me souviens d'avoir grandi tellement captivé par Superman que je mettais une cape et m'imaginais voler plus rapides que les balles et sautant de grands immeubles. Heureusement, il s'agissait d'un saut d'un mètre de mon porche, pour calmer ma fantaisie, mais qu'en est-il des enfants qui ne parviennent pas à s'éloigner de la fiction pour revenir à la réalité et qui finissent par sauter du toit de leur immeuble de dix étages ? Les enfants doivent être éduqués avec soin et ne pas être livrés à eux- mêmes.

De nombreux personnages tentent de représenter Jésus sur la croix, la "Chose", la "Sorcière écarlate" et la "Main brûlante" apparaissent sur un pentagramme occulte à cinq pointes, représentant la tête de bouc satanique. Les séries de jouets les plus violentes sont "Masters of the Universe", "G.I. Joe", "Spiderman" et "X-Men". Ces films présentent des scènes de violence tout au long du film, à raison de quatre à six actes violents par demi-heure. Les dessins animés ne sont pas en reste, comme "Bugs Bunny" ou "Roadrunner", qui présentent en moyenne onze actes de violence.

Ces personnages enseignent à nos enfants que la violence et le militarisme sont les moyens de résoudre les problèmes. Les parents achètent des armes, des fusils, des grenades et d'autres accessoires. Ils les apportent à la maison et se demandent pourquoi des manifestations de poltergeist et de démons perturbent leurs habitations jusqu'alors paisibles. Les familles glorifient la violence et les films de héros qui ne se font jamais tuer. Faut-il s'étonner que des enfants, dès l'école primaire, portent des armes dans les écoles et sèment la peur et le désordre ? La télévision, les films et les jeux vidéo extrêmement violents leur inculquent tout cela. L'humanité a été avertie qu'elle devait se tenir à l'écart de ces éléments. Cependant, ils semblent anesthésiés et incapables d'embrasser la réalité. C'est comme s'ils se disaient que tant que les enfants sont hors de vue (dans leur chambre, à la cave, etc.) et hors de l'esprit, ils peuvent les laisser à leur guise. Ils ont oublié que les mains oisives seront certainement utilisées par l'ennemi. C'est comme si on les encourageait à résoudre les problèmes avec des balles et des couteaux. Ils ne font que reproduire ce dont ils sont témoins - tout le sang et l'horreur reproduits sur les vidéos et les écrans de télévision.

Il est impératif que les jeunes comprennent qu'ils ont le choix de vivre pour Dieu ou pour Satan. Ils ont le choix de suivre la voie de Dieu, ou rejetez-le et passez l'éternité en enfer. Servez Satan et l'enfer sera votre destination éternelle. Nos jeunes doivent apprendre qu'une fois qu'ils quittent cette vie, il est trop tard pour choisir leur destination éternelle, car leur destin éternel sera scellé. Vos enfants méritent d'entendre ce message de la part de leurs parents et d'autres adultes bienveillants.

Dites-leur que le Dieu Créateur est bon et qu'il prend soin d'eux. Enseignez-leur aussi qu'il y a des démons qui portent la rébellion, la désobéissance, l'amertume et la haine, de sorte qu'ils ne font pas de bonnes choses, mais font ce qui est mauvais. Tout ce que les enfants voient à la télévision, ils veulent le faire dans la réalité. Enseignez-leur que l'enfer existe ; l'enfer est réel, et même les enfants doivent décider qui ils suivront - Christ ou Satan. Enseignez-leur tôt dans la vie, car Satan ne perd certainement pas de temps.

Il est clairement évident que Satan a un programme pour vos enfants. S'ils regardent la télévision ou la Xbox 360, la Play Station et d'autres appareils de divertissement, soyez assurés que Satan les programme pour la destruction et son Royaume. Ces dessins animés et ces films que l'on voit quotidiennement à la télévision sont les instruments de Satan pour programmer les jeunes esprits et les conditionner à suivre sa voie et les désirs d'un monde luxurieux, égoïste et irrévérencieux - un monde rempli de rébellion, de désobéissance, d'amertume, de suicide, de meurtre et d'un dégoût total pour la sainteté. Les enfants sont programmés de manière subliminale ; les parents constatent leur brusque changement de comportement et se demandent pourquoi. Toutes ces préoccupations ont pour but d'éloigner les enfants de la connaissance de leur Créateur, qui nous dit d'étudier la Parole pour la maîtriser, car ils ont un ennemi qui se dispute leur âme (2 Timothée 2:15). Jésus est venu sur terre dans un seul but : "faire la volonté de celui qui l'a envoyé" (Jean 4:34 ; Jean 6:38 ; 39). Toute l'humanité doit suivre le Christ à cet égard. Des objectifs nous sont assignés lorsque nous entrons sur cette terre. Il nous incombe de rechercher la volonté du Père et, avec ses conseils et son soutien, de l'accomplir avant de quitter cette vie. Rien n'est plus important que de suivre la volonté du Père - Je suis vraiment préoccupé par la façon dont Satan trompe l'humanité, en particulier en ce qui concerne les enfants. J'avais l'impression que tous les enfants étaient destinés au ciel lorsqu'ils quittaient ce monde, mais il en va autrement, selon les témoignages de nombreux frères et sœurs que le Seigneur a autorisés à visiter l'enfer. Ces témoignages prouvent que le diable nous aveugle aussi sur la façon dont il a lié et marqué notre jeunesse pour la détruire. Nous devons tenir compte de ces témoignages, car l'ennemi ne désire rien de moins que l'anéantissement complet de nous tous.

En observant les usines d'avortement d'aujourd'hui, on perçoit immédiatement la haine et les stratégies de Satan à l'égard de nos jeunes. Il souhaite détruire notre assurance pour l'avenir en les décimant avant qu'ils ne deviennent une menace pour son agenda. Imaginez le scientifique qui aurait pu naître pour résoudre les maux de la société. Nos bébés sont un don du Père envoyé pour être une bénédiction pour la race humaine. Satan nous a convaincus que tuer les enfants à naître n'est pas un meurtre, mais un prix dérisoire à payer pour quelques instants d'indulgence sexuelle égoïste. Le cœur du Père Dieu va vers ces bébés.

Il a établi un jugement sur ceux qui assassinent sans discernement des vies innocentes. Ils passeront l'éternité en enfer, contraints d'écouter les cris de milliards de ces enfants, déchiquetés dans le ventre de leur mère.

Il est sage que nous fassions un effort concerté pour exposer nos jeunes aux lois de Dieu, à celles de l'homme et aux lois de la nature. Je crois fermement que nos jeunes doivent connaître les divinités chrétiennes (le Père, le Fils et le Saint-Esprit). Ils doivent savoir qu'il y a un ciel et un enfer, tout comme les lois de l'homme leur permettront d'être en règle avec les autorités et d'éviter la prison. Enseignez-leur l'importance de connaître les lois de la nature, telles que la gravité, qui peuvent leur sauver la vie ou les aider à éviter les fractures s'ils décident de sauter d'un immeuble de dix étages ; il est certain qu'ils se blesseront.

Pendant trop longtemps, la télévision a été utilisée comme une source temporaire de divertissement, permettant aux enfants de rester sous les pieds des adultes ou comme un substitut de baby-sitter.

Comme vous le savez, tout ce qui va au-delà de ce qui est bon pour eux peut leur nuire.

Je pourrais continuer à étiqueter ces films et ces personnages de dessins animés, mais la plupart du temps, tout ce qui concerne le divertissement contient des sous-entendus malveillants.

Le réseau Cartoon

Il est impératif qu'ils comprennent qu'ils ont le choix entre vivre pour Dieu ou pour Satan. Ils ont le choix de suivre la Bible et d'accepter la voie de Dieu et le paradis, ou de vivre fortuitement et de servir Satan et l'enfer sera leur destination éternelle. Il faut leur enseigner cela, car une fois qu'ils auront quitté cette vie, il sera trop tard pour choisir - leur destination est décidée. Ils méritent donc d'avoir une chance de l'entendre de la bouche de leurs parents et d'autres adultes bienveillants.

Les parents doivent partager leurs observations. Sensibilisez les jeunes enfants en leur disant par exemple : "Ce monstre a l'air méchant !" ou "Cette créature me fait penser à un dragon", ou encore "Savais-tu que dans la Bible, les serpents et les dragons représentent toujours Satan et le mal ?". Passez du temps avec les jeunes enfants pour leur enseigner l'attitude biblique à l'égard du mal avant qu'ils ne soient attirés et tentés par des personnages laids et des comportements violents. Faites des commentaires tels que : "Qui voudrait jouer avec ce monstre diabolique ? Je n'aime même pas le regarder". Posez une question qui suscitera l'interaction : "Pensez- vous que Jésus jouerait avec ces monstres sans tête ? Que pensez- vous qu'il aurait fait dans cette situation ?" Il est primordial de les guider et de leur enseigner la vérité dès le plus jeune âge, car cela deviendra plus difficile lorsqu'ils atteindront le stade où la pression des pairs devient une variable.

Pendant vingt-trois heures, une jeune équatorienne nommée Angelica a vu les royaumes du ciel et de l'enfer et le retour du Christ (Zambrano 2011). Elle a vu Jésus pleurer en contemplant des armées d'âmes perdues à jamais, un monde qui l'a rejeté et une Église qui, pour la plupart, n'est pas préparée à son retour. La plupart des membres de son peuple ont cessé de témoigner L'industrie du divertissement attire aujourd'hui les enfants vers Satan pour la gloire et la richesse.

Angelica raconte qu'ils se sont approchés d'un jeune garçon en enfer qui n'arrêtait pas de pleurer et de crier. "J'ai vu des démons autour de ce garçon, des démons qui ressemblaient à des personnages de dessins animés. Il y avait Dragon Balls Z, Ben 10, Pokémon, Doral, etc. Seigneur, pourquoi ce garçon est-il ici ? Elle raconte que Jésus lui a montré un grand écran sur lequel apparaissait la vie de ce garçon. J'ai vu comment il passait tout son temps devant la télévision, à regarder ces dessins animés. Jésus lui a dit : "Ma fille, ces dessins animés, ces films, ces feuilletons que l'on voit tous les jours à la télévision sont les instruments de Satan pour détruire l'humanité. Regarde, ma fille, comment cela s'est passé". Angelica a vu que le garçon était rebelle et désobéissant à ses parents. Quand ses parents lui parlaient, il s'enfuyait, jetait des objets et leur désobéissait. Un jour, une voiture l'a écrasé et a mis fin à ses jours. Jésus lui dit : "Depuis lors, il est resté dans ce lieu".

Angelica a poursuivi : "Le garçon était torturé par des démons pendant qu'elle regardait. Jésus a dit : "Ma fille, va dire aux parents d'instruire leur enfant comme il est écrit dans ma parole (Proverbes 22:6)". La Parole de Dieu est réelle, elle nous dit de corriger un enfant avec la verge, mais pas à chaque instant, seulement quand l'enfant a désobéi à ses parents (Proverbes 22:15). Le Seigneur m'a dit quelque chose de très triste et douloureux. Il m'a dit : "Ma fille, il y a beaucoup d'enfants ici à cause des dessins animés, à cause de la rébellion". Je lui ai demandé : "Seigneur, pourquoi les personnages sont-ils responsables de cela ? Il m'a expliqué : "Parce que ce sont des démons qui transmettent aux enfants la rébellion, la désobéissance, l'amertume et la haine ; et d'autres démons entrent dans ces enfants, de sorte qu'ils ne font pas de bonnes choses, mais font ce qui est mauvais : tout ce que les enfants voient à la télévision, ils veulent le faire dans la réalité". L'enfer existe, l'enfer est réel, et même les enfants doivent décider avec qui ils iront. J'ai dit : "Seigneur, dis-moi, pourquoi les enfants sont-ils dans ce lieu ? Et Jésus a répondu : "Une fois que les enfants savent qu'il y a un ciel et un enfer, ils doivent choisir leur place".

Rassurez-vous, les parents seront tenus pour responsables de ne pas avoir guidé leurs enfants ou d'avoir refusé de prendre le temps de partager l'Évangile. Et il existe de nombreuses façons pour les familles de partager la parole de Dieu avec leurs petits :

Tout d'abord, examinez le point de vue de Dieu sur les jouets, les jeux et les dessins animés contemporains ; en famille, lisez les Écritures telles que EPHÉSIENS 5:8-16 ; EPHÉSIENS 6:10-17 (l'armure de Dieu) ; PHILIPPIEENS 4:8-9 ; et COLOSSIENS 2:8 Comparez-les au type de valeurs encouragées par Pokémon (abréviation de "pocket monster", c'est-à-dire les dessins animés et les films basés sur les personnages).

Les personnages sont censés être des monstres dotés de pouvoirs spéciaux qui partagent le monde avec les humains, et il existe d'autres jeux de rôle autour de ces personnages).

Parents, donnez l'exemple d'une prise de décision avisée. Les enfants copient ce que les parents font et disent. Ne soyez pas un père ou une mère insincère. Soyez ouvert à vos enfants et ils apprendront de votre exemple. Enseignez-leur la cruauté de la "pression des pairs". Ils doivent apprendre l'importance de connaître la parole de Dieu. Aidez-les à comprendre que de nombreux problèmes auxquels ils sont confrontés sont abordés dans le plus grand livre jamais compilé - la Bible.

C'est une grande responsabilité que d'élever des enfants aujourd'hui, car nous devons veiller à les orienter, les guider et les corriger selon les principes énoncés dans la loi de Dieu. Les enfants sont des dons précieux, mais temporaires, de la part de Dieu. Nous devrons répondre de nos actes au jour du jugement ! Nous devons utiliser ce temps précieux où les enfants sont jeunes pour parler avec eux, les écouter et les préparer à être forts dans leur capacité à défendre le "bien" et à se détourner du "mal". Satan attend de les emmener dans son royaume, et il ne lésine pas sur les moyens. En tant que chrétiens, nous devons les protéger contre ses méthodes sournoises en les entraînant à rester fermes dans la bataille du Seigneur. Et cette marche sur terre n'est pas une partie de plaisir - c'est une bataille ; le temps est court, et le prix à payer est élevé. Nous ne gagnerons la bataille que si nous restons proches du Seigneur.

C'est notre espoir, notre joie et notre très grande récompense. Instillons-nous ces objectifs dans les cœurs, les âmes et les esprits de nos jeunes - ceux qui nous suivront et ramasseront la bannière tachée de sang de notre Seigneur, Sauveur et Roi qui reviendra bientôt ?

Voici des textes bibliques à étudier plus en détail :

1 ROIS 11:9-13 1 SAMUEL 2:22-24
TIMOTHÉE 3:4
JUGES 6:25-32
TIMOTHÉE 1:5
PROVERBES 19:18
PROVERBES 22:6
EXODUS 20:3
DEUTÉRONOME 6:5-7
HÉBREUILS 12:5-8

Rappelez-vous l'Écriture suivante lorsque vous êtes tenté d'acheter un jouet, un jeu, une vidéo ou un film impie, car Dieu l'ordonne en disant : *"Il n'y aura pas de violence dans ton pays... mais tu appelleras tes murs Salut, et tes portes Louange"* (Ésaïe 60:18).

La malédiction de Harry Potter

Ceux qui pratiquent la sorcellerie peuvent être assurés que la colère de Dieu est en route. De nombreuses familles ont souffert de toutes sortes de problèmes moraux, physiques, financiers et spirituels parce qu'un membre de la famille s'adonnait à des pratiques occultes. Souvent, cela s'est fait dans l'ignorance, et la personne concernée n'était pas consciente des dangers (Lévitique 18:21 et 20:1-5). Malgré cela, nous ne devons jamais oublier que Dieu permettra à tout ce que nous décidons d'ouvrir notre vie. Il respecte notre droit à la volonté. C'est pourquoi nous devons avancer dans ce monde avec prudence, car de nombreux pièges attendent l'enfant de Dieu qui ne se doute de rien. N'oubliez pas que, dans ce combat spirituel, la force des chrétiens dépend de leur connaissance de la parole de Dieu. Plus vous connaissez la Parole, plus vous pouvez exercer de pouvoir dans la lutte contre les ruses de Satan.

Selon les messages prophétiques de nombreux hommes et femmes de Dieu d'aujourd'hui, Dieu tient les nations pour responsables de leurs péchés collectifs. En désobéissant au Tout-Puissant et en prenant le péché à la légère, notre nation s'est ouverte à l'accélération des jugements et de la colère de Dieu. L'Amérique et l'Angleterre sont toutes deux confrontées à de sévères jugements. Il s'agissait de nations majoritairement chrétiennes : "Repentez-vous, car cette méchanceté vient de vos pays, et vous n'avez rien fait pour l'arrêter." Il n'y a pas eu d'avertissement de la part des chefs d'église, pas de cris d'indignation dans les journaux ou sur les ondes. Il n'y a pas eu de boycott des magasins qui faisaient la promotion de cette sorcellerie et des possessions démoniaques. Pendant qu'ils se régalaient, les parents ne protestaient pas et ne refusaient pas de faire la queue pendant des heures pour acheter ce qu'ils cherchaient depuis longtemps. Il faut être clair. Toute implication dans les objets occultes incriminés causera à vos enfants, ainsi qu'aux générations futures, un préjudice considérable. La situation est grave aux yeux de Dieu. La justice élève une nation, mais le péché est l'opprobre d'un peuple (Proverbes 14:34).

L'Amérique s'est certainement éloignée de ses valeurs établies : dévotion et sainteté, lucidité et honnêteté. Elle s'est éloignée de ces valeurs qui ont fait sa grandeur. Les chrétiens doivent être le sel de la terre. Cependant, cette grande nation ne craint plus les choses que Dieu a clairement exprimées dans sa parole. Ces choses que Dieu déteste : "Tu n'introduiras point d'abomination dans ta maison, de peur d'être comme elle un objet de malédiction ; mais tu la détesteras entièrement, et tu l'auras en horreur, car c'est un objet de malédiction" (Deutéronome 7:26). Dieu est très clair lorsqu'il dit : "Les méchants retourneront au séjour des morts, toutes les nations qui oublient Dieu" (Psaume 9:17). C'est pour cette raison que Dieu a demandé à Israël de chasser les sept nations de Canaan. Cependant, comme cela a été révélé à l'époque d'Abraham, Dieu a retardé le jugement sur ces sept nations principales, parce qu'elles n'avaient pas atteint un point où leur anarchie était si répugnante qu'il les détruirait. Dieu peut retarder le jugement jusqu'à ce que leur péché ait atteint sa limite et que la nation soit trouvée dans le besoin - leur iniquité est pleine ou entière. Notre Dieu fait preuve de miséricorde, comme il l'a fait avec Ninive : "Dieu vit qu'ils s'étaient détournés de leur mauvaise voie, et il se repentit du mal qu'il avait dit". qu'il leur ferait, et il ne l'a pas fait" (Jonas 3:10). Dieu donne toujours un avertissement adéquat avant d'exécuter un jugement.

L'Amérique a abandonné son premier amour, le Dieu qui a fait sa grandeur. Il y a une histoire concernant George Washington, notre premier président - c'était un chrétien fervent. Lorsque la nation a été confrontée à des crises graves, il a organisé une journée de prière, de jeûne et de recherche de Dieu. Et la nation a évité une grande crise. C'était un homme en phase avec Dieu. Il craignait et respectait Dieu pour ce qu'Il est, Dieu le Créateur et le Soutien de nous tous. Nous n'existerions pas, et ne pourrions certainement pas exister, s'il ne s'occupait pas de nous.

Pourtant, aujourd'hui, notre nation pratique bon nombre des péchés que Dieu abhorre et pour lesquels il a chassé les Cananéens de leur pays. Ils sacrifiaient des enfants, utilisaient la magie et la sorcellerie pour prédire l'avenir, jetaient des sorts et communiquaient avec les esprits des morts.

Dieu chassait ces nations à cause de ces graves péchés (Deutéronome 18:9-14). Dieu a averti Israël de ne pas participer à ces mêmes crimes.

Néanmoins, l'Amérique a adopté des pratiques similaires, telles que les avortements (bébés brûlés vifs dans des solutions salines ou déchiquetés dans les avortements par naissance partielle, et utilisation d'une pilule qui fait mourir le bébé de faim dans l'utérus). Il y a eu des milliards d'avortements depuis Roe vs. Wade. L'humanité ne comprend pas - l'avortement n'est rien d'autre que des sacrifices lucifériens. On nous a dit que les femmes ont le droit de choisir, mais on ne nous a pas dit qu'un tel meurtre aide les causes de Satan, en donnant à son royaume du pouvoir dans le monde des esprits.

Comment la race humaine a-t-elle pu aller jusqu'à assassiner des bébés innocents ? Dieu est en colère et mécontent de l'assassinat des jeunes, et le jugement s'abat sur toutes les nations impliquées dans cette industrie, comme l'ont prophétisé des prophètes de renom, tels que Bob Jones et le Révérend Kelley (Elijah) (Jones 2010).

Et qu'on le sache, lorsque l'iniquité de cette nation sera "complète", cette nation et d'autres seront effectivement éliminées par la justice vindicative de Dieu.

Dieu a fait de l'Amérique un phare de lumière et de liberté, un grenier à blé et un soutien pour le monde, mais elle a abandonné son appel, sa mission et son but. Si notre nation ne se repent pas de ces péchés flagrants, la justice de Dieu est à la porte, si nous ne tenons pas compte de ses avertissements et si nous ne nous repentons pas.

L'Écriture nous rappelle : "Heureuse la nation dont l'Éternel est le Dieu, et le peuple qu'il a choisi pour son héritage". L'Amérique a perdu de vue ces préceptes pieux. Au lieu de cela, elle s'adonne à l'occultisme et accepte les films, livres et vidéos maudits qui propagent et désensibilisent le monde aux abominables arts sombres et aux horreurs maléfiques de l'enfer. Ces péchés ont atteint le ciel et sont une puanteur pour un

Dieu saint. L'Amérique et l'Angleterre ont ouvert les portes du mal, accélérant ainsi l'apparition de l'antéchrist. Les pécheurs doivent payer le prix de leur impénitence. Dieu a donné une démonstration graphique de sa colère à Jérémie, et le jugement a été prononcé sur cette nation, "à cause de leur méchanceté à m'abandonner, à brûler de l'encens à d'autres dieux et à adorer ce que leurs mains ont fait" (Jérémie 1:16). Dieu tient les nations pour responsables de leur péché collectif.

Je suis certain que beaucoup se disent : "Qu'avons-nous fait de si terrible que Dieu doive nous réprimander ?" Eh bien, c'est d'abord cette obsession pour Harry Potter. Les parents ont si facilement invité ce matériel malsain dans leurs maisons et ont permis aux enfants de voir ses films, ses livres et ses jeux vidéo. Ils ont nourri leurs familles d'un régime régulier d'occultisme, de sorcellerie, de démonisme, de satanisme et de chamanisme - et les enfants sont devenus possédés par le démon. Parents, permettez que l'âme des enfants soit souillée. Même les païens savent que les enfants ne doivent pas avoir de pouvoirs occultes. Ils savent que la sorcellerie est un péché, et pourtant les ondes de l'Amérique et d'autres nations encouragent un tel sacrilège. Soyez avertis, notre société va engendrer un mal incessant, ce mal, lorsqu'on lui en donne l'occasion, peut décimer spirituellement tout ce qu'il touche.

La parole de Dieu dit qu'une sorcière doit être brûlée en enfer et dans l'étang de feu. En effet, ceux qui ne voient pas les erreurs commises en promouvant et en autorisant la sorcellerie dans les foyers, les communautés et les écoles, risquent de subir les flammes de l'enfer une fois qu'ils auront quitté ce monde. Vous ne vous rendez pas compte ? Satan veut les âmes de vos enfants, et vous les lui avez données sur un plateau d'argent ? Il veut introduire l'anarchie dans vos foyers, avec l'esprit de rébellion, de meurtre, de vol et de désobéissance. Ils se disent chrétiens et juifs, mais ils laissent leurs enfants se nourrir de ce mal. Dieu le Père vous a donné des enfants avec le mandat de les protéger. Jésus a mis en place un instinct paternel chez les mères et les pères, pour protéger leurs enfants même au prix de leur vie.

Les pères sont la couverture de la famille, afin de la fournir et de la protéger. Vous avez abaissé la protection donnée par Dieu et favorisé l'accès de Satan pour causer une plus grande destruction dans tous les domaines de la vie. Repentez-vous ; interdisez à vos enfants de regarder ces films. Enseignez-leur les vérités, la beauté, l'honneur, la justice et la miséricorde tels qu'ils sont décrits dans la parole de Dieu avant qu'ils ne vous soient retirés et que leur possession soit considérée comme un délit. Vous avez précipité l'esprit de l'anti-Christ en ne supprimant pas ce grand mal. Vous avez irrité Dieu le Père et Jésus. Il vaudrait mieux, au jour du Jugement, qu'une meule de moulin soit et vous vous êtes noyé ! Ne vous attendez pas à ce que Dieu entende vos prières, lorsque vous criez à Lui parce que vous voyez vos enfants possédés par des démons ! Avez-vous écouté Dieu lorsqu'Il vous a averti par la petite voix tranquille de son Saint- Esprit - lorsqu'Il vous a averti du danger ? Ne soyez pas surpris quand vos enfants commencent à s'entretuer et à sacrifier leurs animaux. Ne soyez pas surpris quand les démons entrent dans vos enfants, et que vous n'avez plus un enfant qui veut lire la Bible ou même entendre le nom du Dieu que vous servez ; quand votre enfant déteste tout ce qui est saint.

Attention, des enfants du monde entier, dans toutes les langues, seront possédés, et si vous ne le voyez pas immédiatement, ne soyez pas surpris, car certaines manifestations démoniaques peuvent prendre un certain temps avant de se manifester. Les démons resteront en sommeil et attendront. Vous rendez-vous compte du nombre d'âmes qui seront sacrifiées à Satan à cause de ces films occultes, et de tous les livres qui nourrissent vos enfants ? Ces questions sont réelles, il ne s'agit pas d'une plaisanterie. Ceux qui pratiquent Dieu, refusant d'être ridiculisé, nous informe que ceux qui ne se repentent pas de ces péchés flagrants, ceux qui s'adonnent à ces arts obscurs, paieront certainement pour leurs péchés après la mort, s'ils ne se repentent pas. Même ainsi, la plupart des chrétiens qui se disent "tournés vers l'avenir" voudront contester cette affirmation. Néanmoins, ceux qui pèchent, même s'ils ignorent leur péché, paieront pour avoir emmené leurs enfants voir les films de Harry Potter ; vous vous êtes ouverts à la possession démoniaque. Vous auriez dû boycotter les écoles qui permettent que cela fasse partie de leur programme. Vous auriez dû faire renvoyer les enseignants qui insistaient pour enseigner la sorcellerie à vos enfants. Interdisez- leur de continuer à nourrir vos enfants de ce mal. Les enseignants le regretteront. Les écoles qui y participent le regretteront, car si elles pensent qu'elles ont déjà des problèmes avec les élèves, attendez que ce que les enfants voient dans les films et les livres de Harry Potter soit utilisé pour expérimenter sur les enseignants et les parents.

Satan donnera à vos enfants des pouvoirs occultes qui leur permettront de faire des ravages. Vos enfants deviendront vos pires ennemis. Ces démons encourageront vos enfants à se rebeller, à désobéir et à causer des perturbations dans vos maisons, à l'école et d'une manière que vous n'auriez jamais imaginée. Vos enfants sont des bébés innocents ; ils dépendent de leurs parents pour être guidés et instruits. L'Amérique aurait dû boycotter les chaînes de télévision et interdire les annonceurs qui faisaient la promotion de ces ordures démoniaques. Ce que vous avez fait, c'est que vous les avez encouragés à regarder et à étudier la sorcellerie, le satanisme, le chamanisme et le démonisme. Ce que vous appelez l'humour léger les a nourris d'un régime diabolique. Au fond de votre cœur, vous savez que c'est mal, mais vous n'avez pas voulu décevoir vos enfants lorsqu'ils ont fait pression sur vous pour que vous leur permettiez d'être comme les autres enfants. Vous savez que Dieu a appelé les chrétiens à être différents et à ne pas se modeler sur le monde (2 Corinthiens 6:17). Harry Potter a été autorisé à planter des graines de malice dans l'esprit de nos jeunes. Ces petits dont l'esprit est si malléable et au lieu du bien, vous avez permis à l'immoral Harry Potter de semer le mal dans leur esprit, leur corps, leur esprit et leur âme. Vous ne le savez peut-être pas, mais vos enfants aspireront à ces pouvoirs démoniaques. Ils deviendront avides de connaissances sur ces pouvoirs et, avant que vous ne vous en rendiez compte, vous aurez des générations de sorciers, de sorcières et de chamans dans vos communautés - dans vos nations. Le mal se répandra et vous vous demanderez ce qui l'a provoqué. Et vous savez que Satan sera plus qu'heureux de leur donner tout ce qu'ils recherchent.

Ce dont vous vous moquez avec tant d'ignorance est une vérité. Dieu nous donne la libre volonté, et Satan s'en assure. C'est pourquoi Satan a emballé Harry Potter de manière très sournoise. Il sait très bien que ces chants et paroles démoniaques ont un pouvoir. Et ils ont été placés dans ces livres et ces films. Même le titre se moque des caractéristiques de notre Sauveur, car Jésus est notre potier, et sous Sa direction, nous, parents et tuteurs, façonnons leur vie et aidons nos enfants à devenir de dignes fils et filles du Père Dieu. Le titre Harry Potter est très démonstratif, car lui aussi façonnera l'esprit de générations d'enfants sur des chemins d'un mal indicible. Nous devons être sages et traiter cela comme nous le ferions avec du poison. Satan se moque de l'humanité parce que nous sommes si crédules, tandis qu'il nourrit nos enfants de doses énormes de mal. Et la plupart des gens n'admettent pas qu'il existe.

D'après les constatations de l'auteur, nos enfants ont été ensorcelés ; des sorts qui les poussent à désirer et à avoir soif de plus. C'est pour cette raison que des files de clients affamés courent à l'extérieur et le long du pâté de maisons des magasins ; ils n'ont pas pu étancher leur soif. Satan s'enorgueillit des actes impies de sorcellerie de cette auteure et la récompense par la célébrité et des milliards de dollars. Cet agent satanique s'est assuré d'appliquer des sorts maléfiques dans tous ses écrits et dans les films qui amènent le public à désirer ces pouvoirs personnellement. Manipuler ouvre la porte au contrôle de l'esprit, à la manipulation de l'esprit, à l'altération de l'esprit et à l'esprit anti-Christ avide de pouvoir. De nombreuses personnes ont fait l'expérience de l'invasion de leur maison par des esprits de passage et des esprits de l'ombre.

Liberté de choix

En vérité, le don de Dieu de la liberté de choix est une belle chose ! Nous avons le droit d'être homosexuels ou hétérosexuels. Et Dieu n'annulera pas la voie que nous avons choisie.

Cependant, il nous met en garde : "les choses de ce monde - la convoitise des yeux, l'orgueil de la vie, les relations sexuelles hors mariage et les déviances sexuelles - sont contraires à la loi de Dieu et doivent être évitées par tous.

Grâce à mon expérience personnelle, j'ai appris que le monde des esprits est réel, qu'on le connaisse ou non ; tous les humains sont affectés par les esprits de cette dimension - ce que l'on appelle le monde des esprits. Même ceux qui ne croient pas aux êtres spirituels subissent néanmoins cette influence. En effet, la réalité du monde des esprits ne repose pas sur la raison humaine, mais sur une réalité invisible à l'œil humain.

Nombreux sont ceux qui trouvent une certaine satisfaction à nier son existence, en particulier dans le monde occidental. Je pense que c'est parce que ce royaume est énigmatique ; on en sait si peu à son sujet que c'est peut-être la raison de la peur et du déni. Ils ne comprennent rien et, comme l'autruche proverbiale, ils se contentent de se cacher la tête dans le sable et de faire semblant - loin des yeux, loin du cœur.

En effet, beaucoup ont fait de la science leur religion et misent donc leur éternité sur la compréhension scientifique ; même ceux qui doutent de la validité de l'immortalité de l'âme s'imaginent qu'ils ont raison. Ou, du moins, ils l'espèrent. Quant à ceux qui ne sont pas chrétiens, ils espèrent simplement qu'il n'y aura pas de "mauvaise éternité". Ils espèrent que les choses se dérouleront en leur faveur. C'est la raison pour laquelle les chrétiens sont avantagés : ils fondent leur avenir éternel sur celui qui vit et marche dans cette réalité invisible. Le Christ Jésus est le seul témoin qui a traversé ce royaume et a tout sacrifié pour que ceux qui croient et suivent son affirmation puissent régner avec lui pendant toute l'éternité (2 Timothée 2:12). Beaucoup de ceux qui ont vécu des expériences dans cette dimension confessent : "Ce monde est plus réel que le monde physique ; la sensibilité humaine y est plus fine, plus claire et plus aiguë. Lorsque l'on compare ce monde à ce monde physique, ce dernier est moins réel".

J'ai entendu un témoignage intéressant du frère Emmanuel Eni (un Américain qui a été libéré du royaume des ténèbres). Il a grandi dans une société américaine très pauvre. Sa mère et son père sont décédés.

À l'âge de seize ans, il a épousé une jeune femme de vingt-quatre ans qu'il avait rencontrée dans son enfance. Elle l'a invité à venir vivre avec elle au Nigeria. Il lui a dit qu'elle travaillait dans une banque, qu'elle avait toujours beaucoup d'argent et tout ce dont elle avait besoin. Tout allait bien jusqu'à ce qu'il découvre qu'elle s'adonnait à l'occultisme et au spiritisme. Il se réveillait le matin en découvrant qu'il dormait avec un boa constrictor, ou parfois que son corps était transparent. Conformément aux engagements pris, on lui a demandé de boire le sang d'un bébé assassiné et de manger son corps. Plus il s'enfonçait dans ce culte, plus il perdait tout sentiment humain ; il devenait sans pitié et sans amour.

Il a voyagé dans les cieux et a reçu des pouvoirs. Il disait que plus il recevait de pouvoirs, plus il n'était jamais satisfait. Il a fini par rencontrer une belle femme qui l'a initié plus profondément dans le royaume des ténèbres, où il a reçu des pouvoirs encore plus grands. Il a dit qu'elle était si puissante qu'ils ont voyagé dans cette dimension non-mondaine à la vitesse de la pensée. Il a été invité à l'accompagner chez elle. Il dit qu'ils se sont enfoncés dans les fonds marins et ont découvert des villes sous la mer ; ils ont marché le long d'une voie rapide. Il a ensuite visité des laboratoires scientifiques et des usines. Elle lui a présenté d'autres beaux jeunes hommes et femmes. Mais il n'y avait pas de personnes âgées. (De nos jours, de nombreuses personnes assistent à des plongées à bord d'ovnis et à des destinations sous-marines passionnantes ; cela pourrait-il faire partie des stratégies diaboliques de Satan pour la fin des temps).

Emmanuel dit que dans ces villes, Satan a des usines, où des scientifiques, des psychologues et d'autres conçoivent de belles voitures tape-à-l'œil, les dernières armes, les parfums, les cosmétiques - toutes les innovations qui viennent de sortir en matière d'électronique et d'informatique.

Il a vu des télévisions où des téléspectateurs démoniaques identifiaient les vrais chrétiens parmi ceux qui se contentaient de socialiser. Il a vu ceux qui élaborent des plans et des projets pour tromper l'humanité imprudente. Les esprits de ce royaume des ténèbres font en sorte que beaucoup de gens dans l'église dorment pendant les cultes et n'entendent pas l'Évangile. Ils maudissent les hommes et les femmes, les prédicateurs et les dirigeants ; ils les poussent à commettre des péchés romantiques, afin d'affaiblir leur témoignage et de les éloigner de l'Église.

La protection de Dieu. Je sais que c'est difficile à croire, mais j'ai appris à ne rien tenir pour acquis. Ce que nous voyons dans le monde physique ne fait qu'effleurer la surface de la réalité. Il se passe beaucoup de choses dans le monde spirituel, que notre imagination ne peut même pas saisir. Si nous pouvions voir l'envers du décor, nous courrions tous vers le Christ pour être sauvés. Le monde des esprits est le terrain de jeu de Satan, son laboratoire où il conçoit ses méthodes de destruction massive de l'humanité.

Saviez-vous que même Hollywood, Bollywood et toutes les industries cinématographiques modernes des États-Unis, de l'Inde, de Hong Kong, de l'Indonésie, de l'Égypte, du Nigeria et d'autres pays sont utilisés par Satan pour corrompre ce monde ? Disons que toutes les grandes industries cinématographiques produisent des saletés et des tromperies visant à voler et à piéger les esprits. Ces industries endoctrinent aveuglément l'humanité pour qu'elle pense et suive les programmes destructeurs de Satan. Le monde entier est en train d'être mis en place, et l'humanité reste assise et boit toutes ses suggestions. La plupart des gens ne croient pas qu'il existe. Les Écritures nous avertissent que Satan "égarera le monde entier" (Apocalypse 12:9).

Il nous vole notre temps, dans notre vaine quête de divertissement ; ce temps que nous devrions consacrer à l'adoration du Dieu tout-puissant, à découvrir qui nous sommes en Christ, et à découvrir nos dons, notre potentiel et notre place dans le Royaume de Dieu. Nous devrions identifier et concevoir des tactiques pour vaincre cet ancien ennemi.

Pendant des années, j'ai remis en question ces témoignages : comment ces royaumes maléfiques peuvent-ils résider sous l'eau ? Comment peuvent-ils respirer ? Grâce à mes recherches, je me suis rendu compte que Satan a de nombreux royaumes et agents démoniaques opérant sur cette planète et dans les cieux. Ils opèrent dans différentes dimensions ; en général, ils doivent obtenir la permission de Dieu pour sortir et entrer dans nos vies par le biais de nos péchés, les péchés individuels ainsi que les péchés de nos ancêtres, et notre ignorance de la parole de Dieu. Satan se cache sous le manteau de notre ignorance en nous gardant préoccupés par les soucis, les peurs, les séries télévisées, les musiciens et acteurs populaires, les sports et autres passe-temps idolâtres.

En ce qui concerne les portes ou les voies d'entrée, il y en a une qui me préoccupe actuellement. Vous avez certainement entendu parler de l'expérience du CERN (un laboratoire qui réunit des scientifiques et des chercheurs du monde entier. Le laboratoire est financé par les Etats membres). L'une de ses principales missions est la recherche de la particule de Dieu, une petite unité dont les chercheurs soupçonnaient depuis longtemps l'existence. Néanmoins, d'autres sous-produits de cette recherche sont découverts, qui sont autant de "portes et de dimensions" en ces derniers jours. Les individus voient des tourbillons et d'autres anomalies. Ce qui m'interpelle, c'est qu'ils plongent dans le monde des esprits, ces royaumes que le Créateur a créés pour empêcher les entités indésirables de submerger l'humanité. Selon les Écritures, Satan est l'ennemi diabolique qui désire la destruction de tous les humains. Dieu, en revanche, a élevé l'humanité au-dessus des anges. Satan est totalement envieux de ce que Dieu a offert aux hommes et travaille désespérément à les empêcher tous d'accéder aux splendeurs du ciel et à l'adoption de la filiation et d'être cohéritiers avec Jésus-Christ.

Oh mes frères et sœurs, vous rendez-vous compte de qui vous suivez si vous niez l'existence de Jésus-Christ ? Jésus est le Créateur. Il est le Seigneur des démons, des anges et des humains - de toute la création. Et tous ceux qui ont choisi de suivre Satan n'échapperont pas au jugement du Trône blanc de Dieu le Père.

Le diable, en effet, a péché de trois manières : par orgueil, par envie et par amour de sa volonté. Il était orgueilleux, dans la mesure où il voulait être le seigneur de Dieu et voulait que Dieu soit soumis à lui-même. Satan enviait Dieu ; il l'aurait volontiers tué pour être lui-même Seigneur et s'asseoir sur le trône. Sa volonté lui tenait tellement à cœur qu'il ne se souciait pas de la volonté de Dieu. Il est facile de comprendre pourquoi une personnalité aussi rebelle a dû quitter le ciel. Lui et tous ses sujets ne pouvaient pas rester dans un environnement aussi pur. Les ténèbres ne peuvent pas coexister avec la lumière. Il n'était plus un ange, il était devenu un esprit espiègle.

Il a séduit Adam et Ève, et il est devenu le maître de ce monde, afin que le monde ne puisse pas voir la lumière de l'Évangile qui manifeste la gloire du Christ, qui est l'image de Dieu (2 Corinthiens 4:3). Frères et Sœurs, réveillez-vous et reconnaissez notre véritable ennemi, Satan, et ses agents. Ils haïssent et envient l'humanité. Ils n'ont aucune chance de salut. Le sang de Jésus ne pourra jamais laver leurs transgressions.

Nous n'osons pas imaginer le monde sans notre précieux Créateur. Il nous aime tellement. Il a fait faillite au ciel pour racheter sa famille déchue. Je pense souvent à la vision dont a été témoin le frère Freddy Hayler. L'archange Michel l'a emmené près d'un "grand trône avec un brouillard brillant, entouré de nuages d'une hauteur incalculable, avec une multitude d'éclairs et de tonnerres bruyants qui l'entouraient. Il vit des êtres angéliques qui chantaient des chants magnifiques, et certains faisaient la roue dans le ciel". J'imagine la joie dans le ciel lorsque l'armée céleste embrasse la beauté, la force et le contrôle impressionnant de notre Père céleste tout-puissant. Et je me rends compte que cette joie indicible ne s'arrêtera jamais.

De nouveau à l'horizon, il vit au loin un trône glorieux sur lequel siégeait le Dieu et Roi rayonnant le plus excellent. Et au-dessus de son trône, un arc-en-ciel émeraude, dont l'arc, avoua-t-il, était d'une hauteur incommensurable, trop impressionnante pour être décrite. Les tourbillons le poussaient plus haut vers le trône du Très Saint. Il constate qu'aucune chair ne peut contempler directement la face du Père ou voir sa forme. Aucun mal ne peut demeurer en sa présence. Aucune chair ne peut se glorifier en sa présence. Cependant, il a déclaré que l'ampleur du visage du Saint-Père est incompréhensible et sans mesure ni analogie. Pour lui, voir cette partie de la vision, c'était se fondre dans le néant. C'est pourquoi il a crié à l'ange : "S'il vous plaît, sauvez ma vie", car les lèvres du Seigneur sont comme une fournaise de feu - il n'y a pas de métaphore ou de mots dans le langage terrestre pour décrire tout cela. Le visage de notre Dieu est

indescriptible dans le langage terrestre. Néanmoins, de sa face glorieuse, ont été émises des étincelles et des lumières de vie pour tout l'univers. La lumière du visage de Dieu est plus brillante qu'un billion d'étoiles solaires. Sa Sainte Face, dit-il, ressemble à un homme, mais elle est translucide et incandescente, et d'une beauté et d'un plaisir indicibles, incomparables. Sa bouche et son être émettent des voix puissantes et puissamment mystérieuses, d'une ampleur incompréhensible, des voix multiples et des milliards d'ordres, des ordres simultanés. Des armées de millions d'anges qui obéissent à ses moindres pensées et caprices, qui exécutent ses ordres, s'occupent de sa forme.

vénérer sa sainte face en chantant sans jamais se taire. Il a dit que la gloire de l'Éternel omnipotent est éblouissante, au-delà de toute description.

Il dit alors que ce merveilleux archange le regarda et dit : "Pourtant, même le plus petit des saints élus est le frère de Jésus-Christ, votre Seigneur. Oui, tu chanteras un chant que nous, les anges, ne pourrons jamais chanter. En effet, par le sang de Jésus-Christ, vous avez été adoptés et vous faites partie de la famille royale de Dieu, et vous chanterez pour toujours le chant des rachetés, et vous régnerez avec notre Dieu.

Pensez à l'alternative. Pouvez-vous imaginer Satan prenant la place de Dieu ? Nous avons vu son œuvre (la mort, la destruction, l'envie et les querelles) et, personnellement, je ne veux rien avoir à faire avec lui. Cependant, Jésus a dit : "Le voleur ne vient que pour voler, tuer et détruire ; je suis venu pour qu'ils aient la vie, et qu'ils l'aient en abondance" (Jean 10:10).

L'humanité doit se réveiller, car beaucoup suivent aveuglément les traces de Satan. Et cela est considéré comme une haine profonde envers le Dieu tout-puissant.

L'humanité fait preuve de mépris à l'égard des préceptes de Dieu ; elle rejette même la pensée de Dieu de son cœur comme un poison répugnant ; elle crache Dieu de sa bouche comme quelque chose de pourri, et elle semble abhorrer sa vue comme s'il s'agissait d'un lépreux ayant la pire des puanteur. Néanmoins, ils embrassent le diable avec ses mensonges, ses ruses et ses divertissements. Ils l'embrassent avec amour et accueillent ses idées à bras ouverts. Malgré cela, rejetant délibérément Dieu, la plupart des gens sur terre invitent Satan dans leur cœur sans le savoir, font sa volonté avec plaisir et joie, et suivent ses mauvaises suggestions. Réveillez-vous, car vous êtes sur un large chemin glissant où vous recevrez votre récompense en enfer, avec le diable - éternellement sans fin.

La bataille fait rage. Et dans la balance, les âmes sont pesées. Il est grand temps de se réveiller : c'est le paradis ou l'enfer. Satan, "le dieu de ce siècle, a aveuglé l'intelligence des infidèles, pour qu'ils ne voient pas la lumière de l'Évangile de la gloire du Christ, qui est l'image de Dieu" (2 Corinthiens 4:4). Quand je pense à tous les jeunes esprits qu'il a capturés, en les programmant à travers des mères et des pères célibataires, plaçant ainsi une malédiction sur leurs bébés non désirés, je peux voir que ces enfants seront détestés toute leur vie à cause de cette malédiction invoquée sur l'utérus. La société n'embrassera jamais cet enfant comme les autres qui sont aimés. La malédiction ne permet pas à leur esprit de l'accepter. De nombreux enfants sont maudits dans le ventre de leur mère lorsque celle-ci dit : "Oh non, je voulais un garçon, pas une fille ! Que puis-je faire de cette fille ?"

Ce que ce parent ne réalise pas, c'est que nos paroles ont le pouvoir de maudire et de bénir. Les entités démoniaques sont toujours à l'écoute et surveillent l'humanité pour nous piéger par nos propres paroles. Lorsque le parent prononce ce mot, un esprit d'homosexualité donne à la fille une disposition de garçon manqué, et l'enfant prend ainsi la personnalité d'un homme. Et c'est exactement le contraire qui se produit pour un enfant de sexe masculin, lorsque le parent dit : "Je voulais une fille, pas un garçon!". Ce mécontentement se transforme en malédiction. Nous devons apprendre que nos paroles ont un pouvoir. Satan en est conscient et saisit toutes les occasions pour en tirer un avantage juridique. Ephésiens 4:29 dit : "Qu'aucune parole corrompue ne sorte de votre bouche." Les Proverbes disent : "Celui qui garde sa bouche garde sa vie, mais celui qui ouvre grand ses lèvres est voué à la ruine.

Il y a des milliers de jeunes hommes qui refusent d'accepter l'idée de la paternité à un âge aussi précoce ; leur vie et leurs opportunités sont détournées vers celle du salarié, de la femme au foyer, avec la soi-disant réalité du boulet qui sabote tous leurs espoirs et leurs projets.

Regardez toutes les cliniques d'avortement que l'on trouve dans nos communautés. Ce sont les cliniques de la mort de Satan. L'Amérique assassine 4 400 bébés par jour lors d'avortements. Comment un peuple bienveillant qui donne aux œuvres de charité, qui sauve les sans-abri et les animaux maltraités, peut-il rester silencieux lorsque des bébés subissent de telles horreurs - brûlés à mort avec une solution saline, coupés en morceaux, et les carcasses jetées dans des sacs à ordures. Quelle perplexité !

Pensez aux jeunes bébés que Dieu a essayé d'amener sur la terre en tant que prédicateurs avec des dons de guérison, avocats, enseignants, ou scientifiques qui auraient pu découvrir des remèdes pour le cancer, le diabète, le SIDA, ou toutes les autres maladies majeures qui affligent actuellement l'humanité. Satan détruit sauvagement ces petits êtres avant qu'ils ne sortent du ventre de leur mère pour servir le Très-Haut.

Considérez les programmes qu'il a conçus pour corrompre nos jeunes ; les productions télévisées telles que MTV, Real World, Made, Room Raiders, les émissions de rencontres qui prêchent, les rencontres et le fait de dormir d'un lit à l'autre sans aucune conséquence, sont la réalité acceptée. Tout le monde le fait. Les médias endoctrinent et élèvent des drogués du sexe avant le mariage qui sautent d'un lit à l'autre sans aucun remords pour leurs péchés. Ils brisent des cœurs, détruisent des familles et découragent ceux qui veulent être vierges ou ceux qui veulent rester célibataires jusqu'à ce qu'ils trouvent leur future épouse et mère dans le cadre d'un véritable modèle familial ordonné par Dieu (un homme et une femme, pour la vie).

Quelle douleur et quels ravages il a infligés à nos jeunes ! Des personnages de dessins animés démoniaques programment même nos bébés. À l'école, on leur apprend ce qu'il faut penser de la sexualité et de ce qui constitue une famille de nos jours. Oui, Satan n'a pas une once de créativité dans le corps. C'est pourquoi il a recours aux services de l'humanité gavée. Vous pouvez les repérer en observant ceux qui gagnent le plus d'argent chaque année. Ce sont eux qui se sont vendus à Satan. Ce sont eux qui causent le plus de dégâts à notre monde, mais nous les applaudissons et leur décernons des prix et des trophées. Oh oui, Satan nous a lavé le cerveau pour que nous fassions des ravages sur nous-mêmes et que nous soyons toujours payés ou récompensés dans les processus. L'humanité est comme un mouton que l'on mène à l'abattoir, et Satan se moque de notre docilité.

Cependant, Dieu est en train de lever une armée de croyants qui verront au-delà de cet écran de fumée de mensonges et de tromperies. Ils verront les bras ouverts de notre Père aimant qui leur fait signe de venir à ses côtés, un Dieu qui les appelle à venir régner avec lui dans son royaume de grâce, d'amour et de gloire éternels.

Quand on y pense, n'est-ce pas ce que Satan voulait depuis le début, mais il s'y est mal pris ? Il voulait être comme Dieu. Mais Dieu a vu plus loin et a choisi des hommes faits de poussière, des "vases d'argile" (2 Corinthiens 4:7), pour partager son trône. Ainsi, personne ne pourra se glorifier à ses yeux. Toutes les louanges et adorations appartiennent à Dieu tout-puissant ! Amen et Amen ! (Romains 8:17 ; Éphésiens 3:6)

Les lois de Dieu ont été établies pour nous aider, nous instruire et nous mettre à l'abri du danger et des manœuvres de Satan. Lorsque nous enfreignons les lois de Dieu, nous nous maudissons nous- mêmes et les répercussions s'ensuivent, car le salaire du péché est la mort, alors que le don de Dieu est la vie éternelle. Lorsque nous désobéissons à Dieu, la malédiction du péché commence à détruire l'âme. Nous devons nous rappeler que nous nous identifions ou devenons comme ceux avec qui nous nous alignons. Il y a une terrible réalité dans le monde des esprits, qui est tout aussi réelle, mortelle et peut-être plus nuisible. Quand embrasserons-nous la Vérité, "Car notre combat n'est pas contre la chair et le sang, mais contre les autorités et les pouvoirs, contre les dominateurs de cette nuit, contre les esprits du mal qui sont dans les cieux" (Ephésiens 6:12).

Je me souviens d'une expérience dont j'ai été témoin il y a de nombreuses années ; j'étais en congé médical de l'armée de l'air américaine (contraint de s'enrôler ou d'affronter le service militaire obligatoire de deux ans ; j'ai opté pour un service de quatre ans afin d'éviter les combats au Viêt Nam).

Un jour, alors que j'étais en congé de maladie, j'ai reçu une ordonnance pour de nouvelles lunettes. Je savais que j'économiserais quelques dollars en les achetant sur la base militaire. Sur place, un préposé, un blondinet d'environ vingt-huit ans, s'est montré serviable ; il m'a lentement apporté des sélections de flammes. J'ai vu une paire avec des jantes dorées, qui correspondait exactement à ce que je voulais. Il a accepté, a pris mon ordonnance et m'a dit qu'elle serait prête dans une semaine. J'ai pris mon reçu, je l'ai remercié pour son aide et je suis sorti du bâtiment. Alors que je me trouvais à quinze mètres sur le trottoir, le préposé a couru et s'est jeté devant moi pour me dire : "Nous organisons une fête chez moi ce samedi à 19 h 30. De nombreux membres de ce poste seront présents. Nous aimerions que vous veniez." Il a donné la direction, que j'ai rapidement ignorée. Je n'ai rien dit - en fait, j'étais choqué et je me demandais pourquoi il m'avait choisi. Il a continué : "Nous voulons que vous veniez. Vous êtes censé être l'un d'entre nous."

C'est alors que j'ai commencé à comprendre. Le préposé était manifestement gay, et clairement possédé par des démons. Ce n'était pas lui qui parlait, mais les démons qui parlaient à travers lui. Il faut bien comprendre. J'étais un chrétien né de nouveau, fréquentant une église évangélique remplie d'Esprit. Je ne vivais absolument pas dans le péché ; cependant, le diable essayait impitoyablement de me recruter pour la communauté homosexuelle. Il ne le savait pas, mais il m'a donné beaucoup d'informations. J'ai compris que les démons existent et qu'ils cherchent toujours à pénétrer dans les corps humains, à les égarer et à les placer sur un chemin destructeur vers l'enfer et la damnation éternelle. Vous voyez, ils sont en colère contre Dieu à cause de leur état déchu, et leur principale motivation est donc de détruire ce que Dieu aime et a créé - principalement l'homme. Tout comme le Seigneur cherche à nous atteindre dans notre jeunesse, Jésus nous encourage à venir et à servir activement son royaume, Satan, lui aussi, poursuit les jeunes. Il désire programmer cet individu pour qu'il commette autant de mal qu'il peut lui en inspirer dans sa vie.

Ici, ces démons me disaient qu'à un moment donné, ils avaient vu mon histoire. Ils ont peut-être introduit l'idée de l'homosexualité. Ils me disaient : "Vous êtes censé être l'un d'entre nous. Rejoignez notre fête. Nous allons avoir beaucoup de gars du poste ici. Nous voulons que vous vous joigniez à nous aussi". Dieu merci, j'étais un chrétien fidèle et pratiquant - vendu au Seigneur. Je n'allais pas donner à ces sales rebelles une porte ouverte sur ma vie, afin qu'ils ne me mettent pas progressivement en esclavage, qu'ils ne détruisent pas ma vie (en volant et finalement en tuant), et qu'ensuite ils ne me fassent pas de mal. m'envoyer en enfer. Ce préposé n'avait aucune idée de ce qui se passait. Ces démons menaient la danse. Ils contrôlaient sa vie.

C'est pourquoi le Seigneur nous avertit : "Soyez maîtres de vous et vigilants ; votre ennemi, le diable, rôde comme un lion rugissant, cherchant quelqu'un à dévorer" (1 Pierre 5:8). Si l'on n'est pas responsable de ses choix, on peut se retrouver avec une âme fortifiée par de mauvaises habitudes, trop d'indulgences, et de mauvais compagnons qui s'adonnent à l'occultisme. La vie prend des chemins et des directions erronés, et peut causer plus de mal que de bien. Nous sommes responsables devant notre Créateur et devons rendre des comptes.

- Nous devons rechercher l'intention de l'auteur pour toutes les missions de la vie ;
- Notre vie doit refléter l'image de Dieu (amour, miséricorde et justice) ;
- Nous devons marcher humblement devant Dieu ;
- Ne croyez pas tous les esprits, éprouvez-les et voyez s'ils sont de Dieu (1 Jean 4:1).

Lorsque nous retournons à Dieu, nous devons avoir quelque chose de vertueux à montrer (Matthieu 25:14-30). Nous ne devons pas cacher nos talents, mais les investir dans l'œuvre de notre vie, pour le bien et non pour le mal. Nous ne devons pas prostituer nos dons au monde. Apprenez à entendre la voix de Dieu et à suivre ses directives ; et rappelez-vous que nous n'aurons pas de royaumes pour nous-mêmes. Nous sommes cohéritiers du Christ. C'est lui qui est le Seigneur, pas un homme, pas nous, et certainement pas Satan. Nous choisissons de nous abandonner uniquement à Jésus.

Dans cette bataille pour la domination de la terre, vous serez employé soit par Satan, soit par le Seigneur ; vous n'aurez pas de royaume pour vous-même. Lors de la tentation du Christ, Satan s'est vanté d'avoir l'autorité sur ce monde et de pouvoir la donner à qui il voulait. Jésus ne le nie pas ; il sait que Satan a volé l'acte d'Adam. Néanmoins, le Christ savait qu'il finirait par en reprendre possession. Satan savait que les ruses ancestrales qu'il utilisait auparavant sur la majorité de l'humanité ßail s'étaient avérées efficaces dans le passé. Il faisait simplement appel à la cupidité, à la vanité et à l'orgueil de chacun. Jésus, lui, a gagné en utilisant la parole, en connaissant le cœur de ses Pères et en étant déterminé à ne pas s'en écarter, à servir quelqu'un...

Le Père est plus grand que tout, personne ne peut nous arracher de ses mains" (Jean 19:29) "Le Père est plus grand que tout, personne ne peut nous arracher de ses mains" (Jean 19:29). Nous devons suivre l'exemple du Christ ; alors personne ne peut nous vaincre lorsque nous suivons son plan explicite - sa parole et la volonté du Père.

Dieu a le pouvoir de créer, de donner naissance et de restaurer la vie. Satan ne le peut pas, il vole et recourt à l'extorsion pour créer ou accomplir son dessein. Il réduit l'humanité en esclavage en lui promettant richesse, célébrité, pouvoir et influence. Nombreux sont ceux qui ont vendu leur âme au moindre murmure des offres enivrantes de Satan, pour découvrir, à la fin de leur vie, qu'ils avaient donné tout ce dont Dieu les avait dotés (créativité, jeunesse, force et génie), et qu'ils avaient tout vendu à Satan, pour gagner le monde et de vaines promesses. Ils ont gagné le monde mais ont perdu leur âme éternelle. Cela me brise le cœur de voir ces célébrités qui ont prostitué leurs dons, pour découvrir à la fin que l'enfer est leur récompense éternelle. La gloire et la fortune que Satan leur fait miroiter ne valent pas le prix d'une âme immortelle : "Car que servirait-il à un homme de gagner le monde entier, s'il perdait son âme ?" (Marc 8:36 ; Matthieu 16:26).

Majeure ou Mineure

- Jésus a souligné les commandements que nous devons suivre :
- Aimez le Seigneur de tout votre cœur, de tout votre esprit et de toute votre âme. Aimez votre prochain comme vous- même.

Nous devons aimer notre prochain comme nous prenons soin de nous- mêmes. L'amour est un mot efficace. Paul nous dit dans 1 Corinthiens 13 que si nous n'avons pas d'amour, notre témoignage et notre ministère ne seront qu'un symbole qui s'entrechoque sans importance. Beaucoup de chrétiens se sont transformés en juges orgueilleux, arrogants, vantards, critiques et zélés. Le verre est toujours à moitié vide et, au lieu de soutenir les autres et de leur témoigner de l'amour, ils sont pleins de condamnation et de haine. S'il est vrai que l'Évangile doit être proclamé dans son intégralité à tous, même le tourment éternel de l'enfer, si nous voulons être authentiques par rapport à la parole de Dieu, nous ne devons pas édulcorer le malheur imminent qui attend ceux qui refusent le don d'amour de Dieu.

En Luc 13, 15, le Seigneur lui répond : " Hypocrites ! Chacun de vous ne détache-t-il pas, le jour du sabbat, son bœuf ou son âne de l'étable et ne le mène-t-il pas dehors pour lui donner à boire ? Cette femme, fille d'Abraham, que Satan tient liée depuis dix-huit longues années, ne doit-elle pas être libérée le jour du sabbat de ce qui l'a liée ? Notre Seigneur nous propose cet exemple. Il délivre une femme pieuse de démons et est réprimandé par les pharisiens pour avoir travaillé le jour du sabbat, alors qu'ils n'hésiteraient pas à sauver leur âne le jour du sabbat. C'est triste, mais certaines églises construisent d'énormes édifices pour choyer leurs membres tout en négligeant les exclus et les pauvres qui vivent autour d'elles. Les sans-abri n'ont pas besoin d'un bâtiment coûteux ; ils seraient reconnaissants d'une aide de base.

Matthieu 23:23-24, "Malheur à vous, docteurs de la loi et pharisiens hypocrites ! Vous donnez la dîme de vos épices - menthe, aneth et cumin - mais vous négligez les choses les plus importantes de la loi : la justice, la miséricorde et la fidélité. Mais vous avez négligé les choses les plus importantes de la loi : la justice, la miséricorde et la fidélité. Vous auriez dû pratiquer la dernière sans négliger la première. Guides aveugles ! Vous arrachez un moucheron et vous avalez un chameau.

Montrer de l'amour et des graines de justice n'est pas possible lorsque nous devenons analytiques et que nous sélectionnons des cerises dans la Bible. Nous devons nous concentrer sur les absolus et montrer la miséricorde et le pardon que Dieu nous a donnés.

Lorsque nous sommes ses brebis, nous entendons sa voix et nous le suivons. Nous le faisons en obéissant au Saint-Esprit, celui qui a été envoyé pour nous guider dans toute la vérité. L'Esprit ne va pas nous guider pour que nous devenions un mauvais juge. C'est notre orgueil humain, ou pire, inspiré par un démon. Il est facile de tomber dans cette hypocrisie du jugement ; Satan aime utiliser l'orgueil comme une incitation. Voici quelques passages que nous devrions mémoriser pour contrer cette guerre inévitable avec notre chair.

Matthieu 7:3-5 : "Pourquoi regardez-vous le grain de sciure dans l'œil de votre frère et ne faites-vous pas attention à la planche qui est dans votre œil ?

Comment pouvez-vous dire à votre frère : "Laisse-moi enlever la paille de ton œil", alors qu'il y a toujours une poutre dans le vôtre ?

Hypocrite, ôte d'abord la poutre de ton œil, et alors tu verras clair pour ôter la paille de l'œil de ton frère.

L'histoire de la femme prise en flagrant délit d'adultère est souvent enseignée pour excuser le péché. Si on la divise correctement, cette histoire montre comment Jésus expose le jugement hypocrite des Juifs qui accusent la femme. Jésus n'excuse pas le péché de la femme ; il dénonce le péché impénitent dans le cœur des Juifs et la partialité dont ils ont fait preuve en ne jugeant que la femme et non l'homme. Jésus a montré son amour et son pardon ; il nous pardonne à tous ceux qui confessent leurs péchés. Jésus a terminé cette histoire par son commandement : "Va et ne pèche plus" (Jean 8:7-11). (Jean 8:7-11) Comme ils continuaient à l'interroger, il se leva et leur dit : "Celui de vous qui est sans péché, qu'il lui jette d'abord la pierre."

1. Et de nouveau, il s'est baissé et a écrit sur le sol.
2. Ceux qui l'avaient entendu, convaincus par leur conscience, sortaient les uns après les autres, en commençant par les plus âgés jusqu'aux derniers. Jésus resta seul, et la femme se tenait au milieu.
3. Quand Jésus se fut relevé et qu'il ne vit plus que la femme, il lui dit : "Femme, où sont tes accusateurs ? Personne ne t'a condamnée ?"

4. Elle répondit : "Personne, Seigneur." Jésus lui dit : "Je ne te condamne pas non plus ; va, et ne pèche plus."

Lors de ma récente réunion prophétique, lorsque le Seigneur m'a commandé ce témoignage, il m'a dit : "Les gens ici te regardent. Ils observent tout ce que tu fais" (il parlait des autres prophètes présents à la réunion). Il m'a également dit qu'il voulait que je partage mon témoignage, que je leur fasse savoir comment Jésus m'avait sauvé et restauré de l'homosexualité, et que je commence à travailler en réseau avec le groupe.

Cependant, la haine et la répulsion pure et simple que j'ai reçues de leur part étaient les plus efficaces. Ce groupe a réussi et s'est imposé de manière écrasante ; à tel point que j'ai commencé à me HAÏR, bien que j'aie été célibataire la plus grande partie de ma vie. Oui, cet ordre prophétique était composé de chrétiens nés à nouveau, mais ils souffraient du péché d'HYPOCRISIE et d'auto-justice. Avaient-ils tort? Oui, ils étaient des bébés dans leur compréhension des profondeurs de l'amour et de l'expiation du Christ envers ceux qui, par la grâce, sont sauvés et libérés de la prison de Satan. Il semblait bien que j'étais le seul homosexuel converti qu'ils avaient rencontré lors de ces conférences. Et ils ont continué à me le faire savoir, peut-être plus pour se rassurer eux-mêmes : "Vous ne seriez pas ici si ce n'était pas la volonté du Seigneur. "Et la seule consolation que le Seigneur pouvait me donner était : "Je travaille sur eux." J'avais envie de dire : "Mon Seigneur, vous rendez-vous compte du temps qu'il leur faudra pour mûrir, et même pour voir l'erreur de leur comportement ? Néanmoins, je dois admettre que le Seigneur y travaillait et que j'étais au milieu de tout cela. "Celui qui a commencé une bonne œuvre l'achèvera au jour de Jésus-Christ" (Philippiens 1:6).

Il travaille en effet collectivement sur le cœur de l'Église. Et certes, un jour pour le Seigneur est comme mille ans, et mille ans comme un jour. "Mais n'oubliez pas une chose, chers amis : Pour le Seigneur, un jour est comme mille ans, et mille ans sont comme un jour" (2 Pierre 3:8).

Vos dons

Bienvenue, jeunes, sur le chemin de la vie ! Sachez que le Créateur a placé en vous tout ce dont vous aurez besoin pour accomplir ce voyage. Regardez-vous - vous êtes un gros paquet de possibilités. Vos dons sont multiples. À quel point votre Dieu est-il impressionnant ? Vous pouvez être capable de chanter, d'enseigner, de prêcher et de prophétiser ; vous pouvez avoir le don de guérir ou être un génie en sciences. Cependant, puis-je vous donner un conseil particulier - dans tout ce que vous faites, assurez-vous que c'est pour la gloire de Dieu.

Permettez à Dieu tout-puissant de recevoir l'honneur et la gloire pour les dons qu'il a placés en vous. Il n'y a pas de limites à ce que Dieu a choisi de faire pour bénir ses enfants. C'est pourquoi l'avortement est si tragique et si inutile.

Nous avons envoyé un scientifique sur terre pour qu'il guérisse le cancer, le sida ou qu'il nous sauve d'autres maladies menaçantes ; pourtant, à cause d'un acte d'avortement négligent, il se peut que nous ne soyons pas témoins d'un tel événement avant de nombreuses générations.

Néanmoins, à mesure que vous grandissez et que vous trouvez vos ailes - vos talents - et que vous commencez à déployer vos ailes, vous devrez éventuellement prendre une décision. Satan s'approchera de vous et fera une offre pour votre âme. Il vous fera une offre exceptionnelle, vous encourageant à lui vendre votre don en échange d'argent, de célébrité ou de gloire. Je vous encourage à faire la sourde oreille car il a conduit des millions d'enfants prometteurs sur ces chemins - il les a utilisés - oh oui, il a tenu parole. Il les a très bien payés, mais avec l'esprit vide, ils ont atteint cet endroit où ils ne pouvaient plus entendre la voix de Dieu qui les appelait - les avertissant de revenir à Lui. Dieu est leur premier amour. Personne ne peut aimer comme la Divinité (Père, Fils et Saint-Esprit). Puis, tragiquement, lorsque votre vie se sera écoulée dans la vanité, il se moquera de vous et vous accueillera en enfer, votre récompense pour l'avoir si fidèlement servi. N'oubliez pas que, dans cette vie, vous devez décider qui vous voulez servir. C'est soit le Christ (l'auteur de vos dons), soit Satan, le menteur et le faussaire par excellence.

Nous sommes nés dans le royaume de Dieu sous forme de semences, chargées de fertilité et de la capacité d'apporter du profit, mais pas sans passer par le processus de Dieu. Il est dangereux de marcher dans cette dimension, avec nos agendas préconçus. C'est cette idée de volonté propre, d'expression personnelle, qui a causé la chute de Lucifer. Rappelez-vous qu'avant d'entrer dans le ventre de votre mère, le Père savait ce qu'Il voulait que votre vie exprime sur cette terre (Jérémie 1:5).

Nous passons par le processus de maturité du Père et apportons au monde le "bon ßuit" de la filiation lorsque nous mûrissons et commençons à travailler dans son royaume par l'éducation, l'acceptation de nos rôles de genre, de notre ethnicité et de notre statut économique, et le maintien d'un excellent nom de famille.

Néanmoins, cela ne nous qualifie pas pour être des graines ou des fils dignes de ce nom. Ce n'est que par sa bonté et sa grâce que Dieu nous choisit, nous appelle à sortir des ténèbres et nous donne une vie toute neuve, pleine d'objectifs, de puissance et de destinée.

Vous avez pour mission d'accomplir la volonté du Père sur cette terre. N'oubliez jamais que c'est le monde de votre Père. Dieu vous a implanté sur cette terre pour que vous fassiez sa volonté. Nous apprenons en étudiant la vie du Christ. Le Christ s'est humilié et a permis à la volonté du Père de se répandre dans le monde à travers lui. Satan, en revanche, était tout le contraire ; il a prononcé son "je veux", au lieu de céder et de permettre au Père d'exprimer sa volonté à travers lui. Rappelez-vous que vous échouerez dans cette vie si vous cherchez à faire votre propre volonté. Si vous voulez exprimer la volonté du Père, vous devez abandonner votre volonté et ne laisser couler que la sienne, en faisant tout ce que le Père exige de vous (Hébreux 11:17-1). Nous devons abandonner notre volonté et notre agenda personnel pour embrasser la volonté et le plan de Dieu dans tous les domaines de la vie.

Et Jésus, votre Sauveur aimant, vous rappelle : "Vous n'aurez pas de royaumes pour vous-mêmes", seul ce que vous faites pour le Christ compte pour l'éternité. Je suis certain que vous serez d'accord avec moi : le Christ en vaut la peine. Il a tout accompli pour vous à la croix. Si vous considérez que votre don ne vous est que prêté, vous conviendrez qu'il est destiné à rendre gloire à l'auteur de la vie. Rappelez-vous que votre vie ici-bas n'est qu'une vapeur, un simple grain de sable sur le chronomètre de l'éternité. Sa Majesté, le Roi de toute éternité, attend votre décision, "car son don est sans repentance" (Romains 11:29). Cependant, lorsque vous atteindrez la fin de votre vie, assurez-vous d'être en mesure de dire : "Seigneur, merci pour ton don. J'ai mené un bon combat. Voyez ce que vos dons vous ont valu".

N'entendez-vous pas qu'il accueille ses enfants fidèles à la maison en leur disant : "Bienvenue, vous avez été dignes de confiance pour certaines choses. Venez, je vous ferai régner sur beaucoup de choses. Entrez dans les joies de votre Seigneur ! (Matthieu 25:23).

"Soyez tranquilles et sachez que je suis Dieu. Au cours de ce voyage dans le précipice de la vie, souvenez-vous que "celui qui a commencé une bonne œuvre l'achèvera au jour de Jésus-Christ" (Philippiens 1:6). Allez-y, regardez les montagnes, les vallées, les rivières et les ruisseaux. N'oubliez pas que ces symboles représentent les hauts et les bas de la vie, et que vous en aurez certainement votre part. Il y aura des moments où les épreuves feront couler vos larmes comme des ruisseaux, et des moments où vous vous sentirez plus à l'aise.

Des rivières de doutes vous traverseront l'esprit. Cependant, apprenez à entendre la voix de Dieu et rappelez-vous que vous n'êtes jamais seul ; en tant que personne ayant accepté le Christ comme Sauveur, l'Esprit de Dieu habite en vous.

Et pour ceux qui sont confrontés à des défis supplémentaires, n'y voyez rien d'étrange, car votre Seigneur sait que vous pouvez y faire face. Restez simplement près de Lui. Considérez les endroits rugueux pour y appliquer du papier de verre, pour lisser et polir les endroits grossiers de votre esprit ; pour façonner non seulement vous mais aussi ceux qu'Il a placés près de vous, car votre expérience peut aider positivement d'autres personnes. Malgré tout, ne retournez jamais votre douleur vers l'intérieur et ne devenez jamais amer et en colère contre vous-même et contre Dieu. Aux personnes atteintes du syndrome de Down, vous renforcerez vos familles et serez l'exemple même de l'amour, de l'éducation et de l'attention de Dieu. Pour le serviteur idiot, vous exprimerez le génie inexpliqué au monde pour qu'il soit témoin de l'œuvre de Dieu et sache que seul Dieu, dans sa sagesse et son dessein infinis, a pu créer de tels fardeaux pour nous aider à grandir. Dieu a planté ces giVs dans le ßail et les corps faibles de beaucoup.

Sois fidèle à toi-même et à Dieu. À mes frères et sœurs homosexuels, faites attention aux pensées pécheresses que vous ressassez ou contemplez, car Satan veillera à ce que vous les obteniez. Je remercie Dieu - au cours de mon épreuve, j'ai appris à me tenir à l'écart de ce que Satan lance sur mon chemin. Tout ce qui est attrayant n'est pas toujours ce qu'il y a de mieux pour nous. C'est pourquoi nous devons étudier la parole de Dieu et la laisser nous guider. Faites attention à ce que vous demandez - Satan pourrait bien vous le donner.

Je ne l'oublierai jamais : il fut un temps où j'avais désespérément besoin d'un ßiend, d'un copain, avec qui parler et socialiser. À l'époque, je travaillais dans un bâtiment municipal. Deux jeunes hommes qui travaillaient là ont mystérieusement croisé mon chemin et m'ont aidé à comprendre que Satan participe activement au développement des relations. Vous devez comprendre que j'avais parcouru les chemins - être exposé à des individus prédisposés à l'activité démoniaque, et s'avérer, en fin de compte, être dangereux, sinon aussi mortel que la peste. Et je ne veux plus jamais revivre cette expérience. C'est pourquoi je ne toucherai pas une personne qui semble contrôlée par des démons. Ils sont experts en tromperie.

Une dame, une collègue de travail, m'a informé que les deux types qui se promenaient dans le complexe de bureaux du gouvernement étaient des homosexuels connus qui pratiquaient l'échangisme. Me souvenant du mal qui m'avait été infligé dans le passé, le mal provenant du royaume démoniaque, j'ai immédiatement décidé dans mon cœur de ne rien avoir à faire avec eux. Ces démons ne jouent pas avec leurs victimes ; ils attendent qu'un enfant de Dieu ignorant pèche et leur donne ainsi l'occasion légale d'envahir une vie et de commencer une campagne de destruction implacable.

Un après-midi, je suis descendu dans le hall d'entrée à la recherche du distributeur de bonbons. Pendant que je faisais mon choix, ce jeune homme est entré lentement et avec curiosité et a consciemment rivalisé pour attirer mon attention, a laissé tomber ses pièces et s'est assuré que j'avais une vue concertée de son jeu. J'ai compris le message : "Faites attention à ce que vous demandez, vous pourriez bien l'obtenir". Cette citation familière a résonné dans mon esprit, et j'ai promis dans mon cœur que je regarderais la prochaine fois, mais que je ne toucherais certainement pas.

Ce scénario particulier a été très bénéfique pour ma croissance vers la perfection. La leçon que j'en ai tirée était importante : Satan aussi est là pour nous accorder les désirs de notre cœur. Dieu nous dit de garder nos cœurs, car c'est d'eux que viennent les choses de la vie. Dans le cas présent, notre cœur désigne notre esprit, nos désirs, le domaine des rêves et des fantaisies mentales.

L'esprit est un domaine où l'humanité est involontairement sensible aux suggestions. Satan s'en donne à cœur joie dans ce domaine - en injectant de l'imagination créative, des images de nudité, des illustrations pornographiques vivantes, des rêves humides, des fantasmes et des envies érotiques. Satan prend l'avantage ici, en amenant notre esprit à rejouer des scènes sexuelles mémorisées de manière répétitive, afin de provoquer une excitation constante. Il sait que cela engendre le péché et des désirs inassouvis. Et nous nous demandons pourquoi tant de viols et d'abus sexuels se produisent à un rythme phénoménal, et pourquoi tant de jeunes gens commettent des viols et d'autres escapades sexuelles diaboliques. Ils ont des flashbacks pornographiques et ne se contentent plus de regarder ; ils sont passés à une participation effrénée, sans se soucier des conséquences juridiques. La pornographie alimente l'imagination et la possibilité d'allumer des feux inextinguibles.

La pornographie est l'outil démoniaque qui se cache derrière. Ne vous en approchez pas. Traitez la pornographie comme la peste. Satan capture un nombre incalculable d'âmes par ce moyen, en particulier par le biais d'Internet. Malheureusement, j'ai dû apprendre à mes dépens. Si quelqu'un m'avait parlé de cela, je ne serais pas tombé dans le piège de Satan. Lorsque les gens regardent de la pornographie, ils sont immédiatement initiés au domaine de Satan. S'ils sont chrétiens, ils ouvrent la porte et donnent à Satan le droit légal d'attaquer. Les démons sont admis dans une telle vie et travaillent à la ruine de l'enfant de Dieu et de ceux qui l'entourent. N'hésitez pas à partager ce secret avec les anciens de l'église ; demandez-leur de prier et de vous oindre d'huile, au nom de Jésus.

Le Christ nous dit de faire attention à notre vie de pensée, car "ce que l'on pense dans son cœur, c'est ce que l'on est" (Proverbes 23:7). Ainsi, nous sommes ce que nous laissons entrer dans notre esprit ; ce que nous sanctionnons pénètre sans retenue dans la porte de notre vie et finit par causer notre perte. L'esprit est un membre puissant ; il peut transformer ce qui n'existe pas en une création unique. Observez la puissance de l'esprit d'un architecte : de sa plume naissent des bâtiments et des édifices urbains magnifiques. C'est pourquoi l'Écriture nous ordonne de "renverser les imaginations et toute hauteur qui s'élève contre la connaissance de Dieu, et de ramener toute pensée à l'obéissance du Christ" (2 Corinthiens 10:5).

Vous avez appris qu'il a été dit : "Ne commets pas d'adultère". De même, je vous dis que quiconque regarde une femme et désire avoir des relations sexuelles avec elle a déjà commis l'adultère avec elle dans son cœur" (Matthieu 5:27-28).

Jésus a dit que le simple fait d'utiliser l'imagination est aussi valable que le fait d'avoir commis un péché en temps réel. Si une personne pèche dans le domaine de l'imagination, lorsqu'elle revient dans le domaine naturel, elle porte avec elle la tache du péché qu'elle vient de commettre. Le domaine de l'imagination libère le réalisme dans le domaine physique. Il est clair que Jésus parle de cela dans un contexte négatif, mais en général, cela valide le pouvoir et l'authenticité dans le domaine de l'imagination. Dieu parle de l'homme qui imagine le péché lorsqu'il dit que l'adultère commence dans le cœur, il fait référence à l'imagination humaine. L'imagination humaine est un terrain de jeu immense, mais terriblement instable.

Néanmoins, imaginez le scénario suivant. Le dernier jour où j'ai travaillé dans ce complexe de bureaux, alors que je partais pour un meilleur poste, l'homosexuel que j'ai mentionné précédemment, accompagné de trois de ses acolytes, marchait sur le trottoir dans ma direction alors que je partais en voiture. Ce type que Satan essayait d'introduire dans ma vie a fait quelque chose que je considère comme humainement impossible. Alors que je passais lentement devant eux, en regardant dans mon rétroviseur, je l'ai vu se pencher, comme s'il avait laissé tomber quelque chose. Il a allongé sa tête, l'a sortie de son corps et l'a placée entre ses jambes ; c'était une performance démoniaque. D'une manière ou d'une autre, il savait que je le regardais. Il m'a fait un énorme sourire, ce qui est impossible à faire pour un humain. Il est impossible que ma tête dépasse à ce point de mon corps, et qu'elle passe entre mes jambes ! J'ai de la chance si j'arrive à approcher ma tête des mollets de mes jambes, sans parler de la faire dépasser d'un pied de mon corps et d'afficher un sourire. Encore une fois, il s'agissait d'un pouvoir démoniaque en action. Ces types étaient habités par de nombreux esprits démoniaques, et le plan de Satan était de leur faire partager leur hôte démoniaque, ce qui ferait que ma vie serait à nouveau sous l'emprise de Satan - même sept fois plus que l'affliction diabolique que j'avais auparavant. Pour cette raison, l'Écriture nous dit de "cesser de pécher ou quelque chose de pire pourrait nous arriver" (Jean 5:14). Je me suis alors demandé comment ces jeunes gens avaient su que je partais. Je n'en avais parlé à personne, pas plus qu'aux autres employés de mon département qui en comptait trois.

Une leçon que j'ai apprise est la suivante : soyez très prudent, car Satan attend et est prêt à vous donner exactement ce que vous désirez. Mais le côté diabolique vient lorsqu'il prend votre désir et le déforme en vous donnant exactement le contraire, et qu'il piège ainsi votre âme, à la fin. Il vous embrigade dans une relation pécheresse, infeste votre âme pure d'une présence démoniaque, et finit par transformer une vie de promesses en cauchemar, dans une tentative de détruire et de bloquer les plans de Dieu. Ensuite, il vous entraînera en enfer. Vous devez comprendre que nous nous battons pour nos âmes et que Satan se bat pour gagner chacun d'entre nous. Cependant, grâce à Dieu, il ne peut pas nous toucher si nous nous abstenons de faire preuve de volonté.

J'aime ce que dit l'Écriture : "Fuyez les convoitises de la jeunesse" (2 Timothée 2:22). Joseph a échappé à l'épreuve sexuelle du diable qui visait son âme immortelle en séduisant la femme de Potiphar (Genèse 39:10).

J'ai beaucoup appris du scénario biblique de Joseph lorsque la femme de son employeur a essayé de le séduire. Joseph a dit : "Comment donc pourrais-je commettre cette grande méchanceté et pécher contre Dieu

?" (Genèse 39:9). Joseph était en contact avec Dieu tout-puissant et n'osait pas perdre cette relation sacrée. Nous avons tous besoin d'une relation étroite avec le Tout-Puissant. C'est à lui seul que nous devons rendre des comptes, le seul que nous devons honorer et à qui nous devons faire tout notre possible pour plaire. Dieu est saint et exige de ses enfants qu'ils reflètent son caractère.

Bien à vous dans l'amour du Christ, Robert Williams

A PROPOS DE L'AUTEUR

En tant qu'éducateur chrétien, j'ai été pris pendant un certain temps par la pornographie et les intérêts homosexuels et j'ai pensé qu'il n'y avait pas d'issue ; j'ai été arrêté et mis de côté par ma famille religieuse et par mes proches. Puis, alors que j'étais au plus bas, le Seigneur m'a sauvé. Il m'a chargé de partager mon témoignage avec d'autres personnes qui ont été rejetées et abandonnées. Il m'a dit de leur parler de son amour. Fonctionnaire à la retraite, je réside dans le nord de l'État de New York ; mes passions sont la lecture, l'écriture, le vélo et le travail de servante qui consiste à partager mon histoire afin de toucher d'autres personnes qui se sont égarées.

Vous pouvez me joindre à l'adresse suivante
Robert Williams
Boîte postale 1321
Fort Mills, S.C. 29716

NOTES

Cher lecteur, merci de m'accompagner dans ce voyage. Cette bagarre de la vie est disproportionnée, Satan et ses armées ont bien plus de données critiques sur chacun d'entre nous, grâce à des millions d'années de surveillance. À tout moment, ils sont six fois plus nombreux que nous. Ils travaillent en réseau et échangent des informations sur nos faiblesses, nos défauts et nos habitudes. Pendant que nous dormons, ils préparent des plans pour nous voler nos finances, notre santé, nos dons et les bénédictions que Dieu nous a accordées. Lorsque notre vie est en ruine, ils élaborent des plans pour nous entraîner en enfer. Et pour couronner le tout, ils jouent parfois le rôle d'équilibre de la justice de Dieu, lorsque nous sommes jugés et corrigés.

Faites de cette information votre priorité - comprenez l'urgence, cette information doit atteindre toutes les personnes que vous connaissez. Assurez-vous qu'elle soit placée dans la main de tous ceux que vous connaissez et qui marchent sur le chemin de l'homosexualité.

Il est indispensable d'être averti des voies d'accès démoniaques par lesquelles ils pénètrent légalement dans nos vies et nous possèdent.

Savez-vous que lorsque vous avez des relations sexuelles avec une personne en dehors du mariage, vous partagez sans le savoir tous ses démons ainsi que ceux de tous les partenaires qu'elle a eus ? C'est pourquoi le Tout-Puissant nous enjoint de ne pas toucher ceux qui sont impurs (2 Corinthiens 6:17), car c'est dangereux et même mortel.

Grâce à Dieu, il m'a ouvert les yeux sur cette vérité. Si je l'avais su à l'avance, j'aurais évité de dévier de la foi.

Cet éclairage vous rendra droit, et je vous promets que vous suivrez l'Éternel à partir de ce jour.

Cet auteur a été catapulté sur le chemin de la vie depuis la ville de Kinston,

Caroline du Nord. À l'âge de dix ans, il a accepté le Seigneur JÉSUS comme Sauveur et a été baptisé par immersion avant l'âge de douze ans. Dès le début, il a commencé à entendre la petite voix tranquille du Saint-Esprit qui m'encourageait et me guidait dans toute la vérité. Au fil des ans, il a fidèlement tenu tous ses engagements. Partager ce témoignage m'a certainement placé sur un chemin passionnant, j'ai essayé d'être un témoin fidèle. J'ai essayé d'être un témoin fidèle. Souvent, pour compléter cette affirmation, j'ai posé mon stylo, mais j'ai été bombardé par une plus grande révélation. Si je n'avais que deux perles de sagesse à offrir au lecteur, ce seraient ces leçons inestimables : toujours obéir au Père Dieu, quels que soient les récalcitrants, et ne jamais désobéir à sa voix..